Desarrollo de bocetos de proyectos gráficos

Álvaro Torres Rojas

ic editorial

Desarrollo de bocetos de proyectos gráficos
© Álvaro Torres Rojas

1ª Edición

© IC Editorial, 2024

Editado por: IC Editorial
c/ Cueva de Viera, 2, Local 3
Centro Negocios CADI
29200 Antequera (Málaga)
Teléfono: 952 70 60 04
Fax: 952 84 55 03
Correo electrónico: iceditorial@iceditorial.com
Internet: www.iceditorial.com

ISBN: 978-84-1184-488-8
Depósito Legal: MA 2724-2024

Impresión: PODiPrint
Impreso en Andalucía – España

Nota de la editorial: IC Editorial pertenece a Innovación y Cualificación S. L.

Presentación del manual

El **Certificado de Profesionalidad** es el instrumento de acreditación, en el ámbito de la Administración laboral, de las cualificaciones profesionales del Catálogo Nacional de Cualificaciones Profesionales adquiridas a través de procesos formativos o del proceso de reconocimiento de la experiencia laboral y de vías no formales de formación.

El elemento mínimo acreditable es la **Unidad de Competencia.** La suma de las acreditaciones de las unidades de competencia conforma la acreditación de la competencia general.

Una **Unidad de Competencia** se define como una agrupación de tareas productivas específica que realiza el profesional. Las diferentes unidades de competencia de un certificado de profesionalidad conforman la **Competencia General,** definiendo el conjunto de conocimientos y capacidades que permiten el ejercicio de una actividad profesional determinada.

Cada **Unidad de Competencia** lleva asociado un **Módulo Formativo,** donde se describe la formación necesaria para adquirir esa **Unidad de Competencia,** pudiendo dividirse en **Unidades Formativas.**

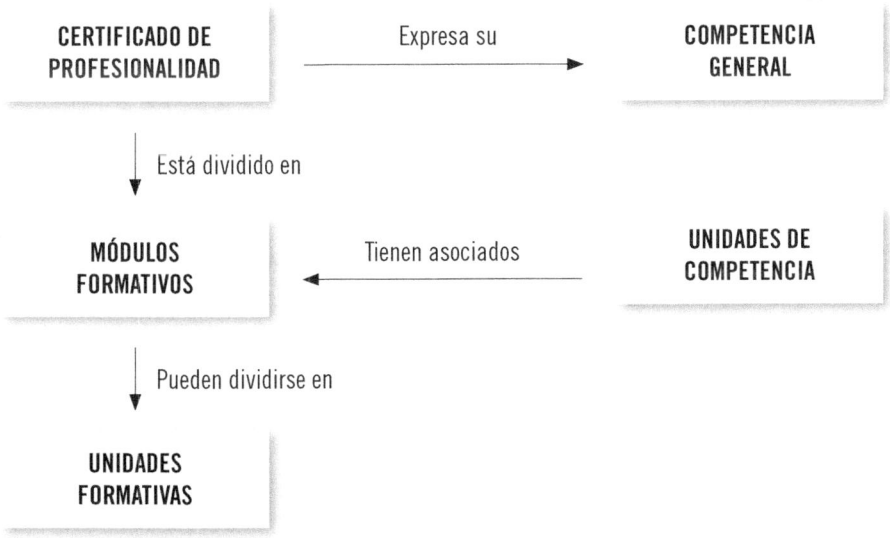

El presente manual desarrolla la Unidad Formativa **UF1456: Desarrollo de bocetos de proyectos gráficos,**

perteneciente al Módulo Formativo **MF0696_3: Proyecto de productos gráficos,**

asociado a la unidad de competencia **UC0696_3: Desarrollar proyectos de productos gráficos,**

del Certificado de Profesionalidad **Diseño de productos gráficos.**

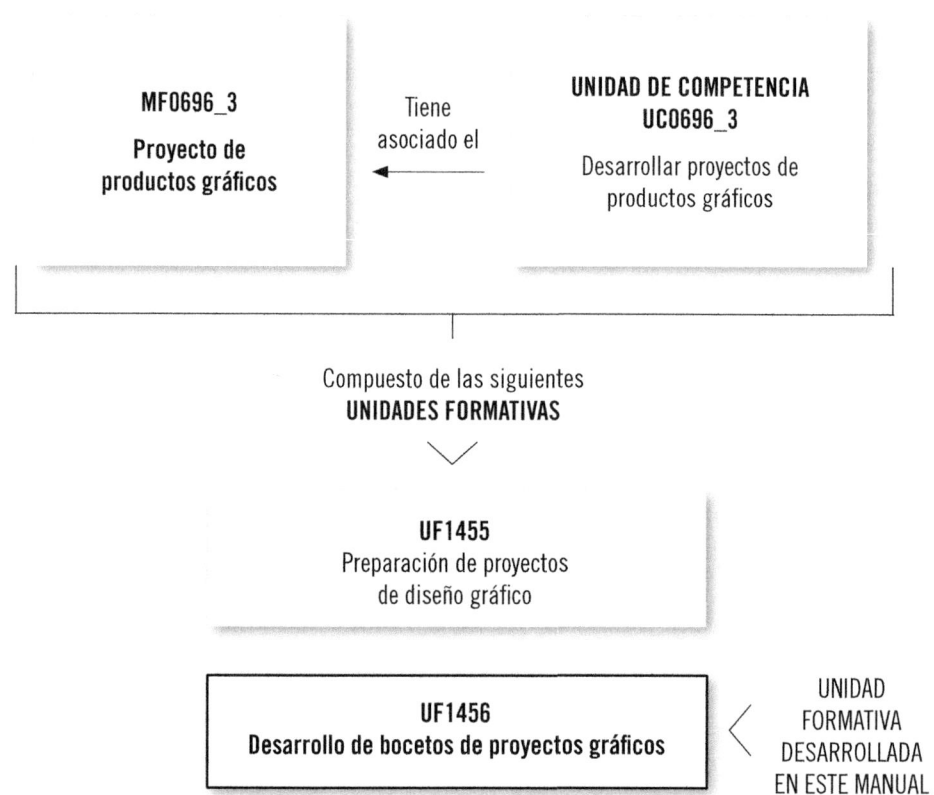

FICHA DE CERTIFICADO DE PROFESIONALIDAD

(ARGG0110) DISEÑO DE PRODUCTOS GRÁFICOS (R. D. 1520/2011, de 31 de octubre)

COMPETENCIA GENERAL: Desarrollar proyectos gráficos a partir de las especificaciones iniciales del producto; elaborando bocetos, seleccionando y adecuando color, imágenes y fuentes tipográficas; creando elementos gráficos, maquetas y artes finales; utilizando herramientas informáticas; realizando presupuestos en función de las características del proyecto y verificando la calidad del producto terminado.

Cualificación profesional de referencia		Unidades de competencia	Ocupaciones o puestos de trabajo relacionados:
ARG219_3 DISEÑO DE PRODUCTOS GRÁFICOS (R. D. 1228/2006, de 27 de octubre)	UC0696_3	Desarrollar proyectos de productos gráficos	• Diseñador gráfico • Grafista • Maquetista • Arte finalista
	UC0697_3	Tratar imágenes y crear elementos gráficos con los parámetros de gestión del color adecuados	
	UC0698_3	Componer elementos gráficos, imágenes y textos según la teoría de la arquitectura tipográfica y la maquetación	
	UC0699_3	Preparar y verificar artes finales para su distribución	

Correspondencia con el Catálogo Modular de Formación Profesional

Módulos certificado	Unidades formativas	Horas
MF0696_3: Proyecto de productos gráficos	UF1455: Preparación de proyectos de diseño gráfico	50
	UF1456: Desarrollo de bocetos de proyectos gráficos	90
	UF1457: Obtención de imágenes para proyectos gráficos	40
MF0697_3: Edición creativa de imágenes y diseño de elementos gráficos	UF1458: Retoque digital de imágenes	70
	UF1459: Creación de elementos gráficos	50
MF0698_3: Arquitectura tipográfica y maquetación	UF1460: Composición de textos en productos gráficos	90
	UF1461: Maquetación de productos editoriales	50
	UF1462: Elaboración del arte final	60
MF0699_3: Preparación de artes finales	UF1463: Arte final multimedia y e-book	30
	UF1464: Calidad del producto gráfico	30
MP0312: Módulo de prácticas profesionales no laborales		40

Índice

Capítulo 1
Metodología para la realización del producto gráfico

1. Introducción   7
2. Fase de proyecto   7
3. Fase de realización   26
4. Fase de presentación al cliente   30
5. Fase de acabado del proyecto   36
6. Resumen   48
   Ejercicios de repaso y autoevaluación   49

Capítulo 2
Fundamentos creativos y técnicos del diseño gráfico

1. Introducción   57
2. La tipografía   57
3. El color   103
4. La imagen   120
5. Composición   137
6. Resumen   162
   Ejercicios de repaso y autoevaluación   163

Capítulo 3
Realización de esbozos en el diseño gráfico

1. Introducción   171
2. Planificación del trabajo   171
3. Reparto de tareas   179
4. Técnicas de incentivación de la creatividad   182
5. Metodología de trabajo para la realización de esbozos   187
6. Elementos básicos del diseño gráfico: la tipografía, la imagen,
   el color, el movimiento y el tiempo   192
7. Jerarquías de la información   196
8. Síntesis visual   203
9. Figuración/abstracción   205
10. Realización de esbozos según los parámetros definidos en el informe
    de registro y el informe técnico   211

11. Resumen   214
Ejercicios de repaso y autoevaluación   217

Capítulo 4
Realización de bocetos en el diseño gráfico

1. Introducción   225
2. Bocetos de imagen corporativa   225
3. Imagen corporativa y mecanismos de funcionamiento   229
4. Los signos básicos   235
5. El sistema gráfico   244
6. Los valores estratégicos de la marca versus el impacto visual   247
7. Principales piezas básicas corporativas   250
8. El manual de imagen corporativa o de normas   256
9. Bocetos para el producto editorial   260
10. Productos editoriales y principios básicos   262
11. Composición, arquitectura de página y retícula   264
12. Tratamiento de textos y tratamiento tipográfico   273
13. Tratamiento de imágenes   275
14. El papel: breve historia, clasificación, características e idoneidad
de utilización   277
15. Resumen   295
Ejercicios de repaso y autoevaluación   297

Capítulo 5
Realización de bocetos especiales

1. Introducción   305
2. Bocetos para *packaging*   305
3. Características del producto multimedia   343
4. Resumen   375
Ejercicios de repaso y autoevaluación   377

Bibliografía   383

Capítulo 1
Metodología para la realización del producto gráfico

Contenido

1. Introducción
2. Fase de proyecto
3. Fase de realización
4. Fase de presentación al cliente
5. Fase de acabado del proyecto
6. Resumen

1. Introducción

El proceso productivo de cualquier producto, desde el objeto más cotidiano o insignificante a la herramienta más complicada, desde una simple hoja impresa de albarán a un tomo de revista de más de mil páginas, debe pasar obligatoriamente por una fase de planificación de proyecto, por un proceso de bocetaje y esbozo que dé forma a la idea inicial.

Cualquiera de los objetos de su hogar, cualquiera de los productos de consumo tales como los alimentos o las bebidas que se suelen ingerir de manera habitual, ha pasado por esa fase previa de estudio de proyecto y esbozo.

Tanto la forma del envase en sí como su sistema de embalaje o empaquetado (actualmente conocido como *packaging*) han tenido que ser primero ideados y bocetados para poder mostrárselos al cliente; tras su aceptación, poder llevarlos a la fase de maqueta; y tras ella, llevar a la práctica y hacerlos realidad en la consiguiente fase de fabricación de producto.

Con los productos gráficos ocurre de igual manera. Todo cartel, libro, página web, revista o folleto debe haber pasado de manera obligada por una fase previa de bocetaje y esbozo, debe haber sido objeto de una maquetación inicial, una aceptación y maquetación final para poder llegar a la fase de impresión, producción y entrega en los puntos de venta.

2. Fase de proyecto

La fase de proyecto será diferente en función del producto final que se pretende conseguir. Así pues, será diferente la planificación y fase de proyecto para la producción de un material gráfico, ya sea multimedia (para televisión, Internet, etc.) o impreso (folletos, revistas, catálogos, etc.), o si se trata del etiquetado de productos, o si lo que se proyecta es la forma del producto en sí o de su empaquetado y envasado.

Nota

Se conoce como *packaging* al aprovechamiento del empaque o envase que preserva a los productos para, mediante el diseño, crear formas atractivas y usar su superficie como reclamo publicitario, como espacio para ofrecer la identidad corporativa de manera atractiva y el uso de la creatividad publicitaria.

Se concibe como fase de proyecto todas esas decisiones en lo referente al diseño que habrá que tomar primero: determinar las necesidades del cliente con respecto a lo que desea, establecer una idea inicial, llevarla a cabo mediante el uso de bocetos, posteriormente unas primeras y básicas maquetas, para que finalmente se pueda llevar a cabo en una posterior fase de realización.

La fase de proyecto comienza cuando el encargado (o encargados) del departamento de diseño, tras una reunión previa con el cliente, deriva la orden de trabajo o el parte de inicio de proyecto al departamento de diseño gráfico. Dependiendo del producto en sí que se pretende diseñar, se establecerán unos criterios u otros para que la fase de proyecto sea efectiva.

Hay que tener en cuenta numerosos factores en esta fase inicial. De hecho, antes de comenzar con los bocetos y los esbozos del producto, hay que conocer el presupuesto del cliente (para ajustarse al mismo), así como la idea inicial que este tiene acerca de lo que desea.

Se debe recordar que la fase de proyecto será diferente según las pretensiones del propio producto en sí. Nunca va a ser igual el inicio de esta fase si el producto final al que se pretende llegar se trata de un material meramente gráfico (multimedia o impreso), o si este va a constituir un artículo final de producción en cadena como un utensilio, herramienta, juguete o envase de productos alimentarios, limpieza o higiene.

Una primera consideración antes de comenzar con la fase del proyecto será saber a ciencia cierta qué producto final se pretende llevar a cabo y en base a eso continuar.

Para ello se deben hacer unas consideraciones previas acerca de qué se pretende conseguir en el punto final del proceso productivo. Cuál va a ser la utilidad o el destino del producto, qué medios van a ser necesarios (estrictamente digitales y gráficos, o proceso de producción material), el tiempo del que se dispone para administrar las fases de proyecto, producción y entrega, qué diseño se pretende obtener en base a los criterios del cliente, qué pautas creativas se van a dar por parte de los diseñadores para sorprender y agradar al mismo, o incluso si va a ser necesaria o no la subcontratación de servicios que no puedan ser efectuados en la propia empresa o agencia de publicidad.

 Importante

En esta fase de proyecto se contemplarán todos los detalles que condicionarán el diseño y por tanto los bocetos y esbozos iniciales.

Se debe hacer un estudio que permita determinar desde el inicio qué materiales se van a usar, qué herramientas se van a necesitar (todo ello siendo consecuente con el presupuesto inicial ofrecido y contando con los costes de producción y posibles imprevistos), si el diseño final del producto gráfico (ya sea en sí como un libro o revista, o si se trata del etiquetado, envase, embalaje.., etc.) va a tener uso del color o simplemente blanco y negro, si va a usar fotografías, diseños vectoriales, simplemente tipografía o ilustraciones, y demás factores a tener en cuenta para que la fase de bocetaje por parte del departamento creativo siga una tendencia o una orientación marcada desde esta fase de proyecto que ayude a evitar pérdidas de tiempo, indecisiones o desviaciones de la idea inicial que el cliente considera.

2.1. Etapas

Se podría decir que la fase de proyecto es una fase de análisis o analítica que se centra en escuchar las necesidades del cliente y definir y preparar el programa de actuación que sirva de guía a las personas encargadas de la fase creativa.

La fase de proyecto se compone a su vez de varias etapas que la definen:

- **Primera etapa:** en esta etapa se elabora el *briefing*. Este es un documento o reunión inicial entre el cliente y el diseñador, donde se establecen los objetivos, alcance, requisitos y preferencias del proyecto. Esencialmente, el *briefing* proporciona al diseñador toda la información necesaria para comprender completamente lo que se espera del proyecto y cómo abordarlo de manera efectiva.
- **Segunda etapa:** fase de recopilación de datos iniciales. En esta etapa hay que tener claro qué se pretende obtener, cómo se van a satisfacer las necesidades del cliente, apariencia, vistosidad y utilidad del mismo.
- **Tercera etapa:** en esta fase, y antes de llevar el parte de trabajo al departamento de diseño, se habrán establecido las necesidades de materiales que se van a utilizar, el tiempo invertido en la creación del proyecto, las herramientas a usar y el uso del color del producto gráfico, así como si será necesaria la subcontratación de servicios (de impresión, de fabricación del envase, embalaje, *packaging,* etc.).
- **Cuarta etapa:** una vez recopilados los datos de necesidades del cliente, calculados los tiempos a seguir y el uso de herramientas y materiales y costes, se crea un parte de trabajo en el que aparezcan todas esas consideraciones y se envía al departamento de creatividad o de diseño para que puedan comenzar con la fase de bocetaje inicial.
- **Quinta etapa:** fase de bocetaje y creación de esbozos. Etapa que, por su complejidad e importancia, se explicará con detenimiento y detalle en el siguiente apartado.

Aplicación práctica

Un cliente ha sido atendido en las instalaciones de un estudio de diseño por una persona responsable en ese cometido de recepción. Tras una reunión en una de las salas de las instalaciones, el cliente se marcha, agradecido por el trato. Pasa un tiempo considerable y la persona responsable, al revisar su agenda comprueba que se acerca la fecha de reunión con dicho cliente. El problema es que no recuerda dónde ha podido dejar el informe donde anotó las sugerencias y deseos del mismo, y decide, por cuenta y riesgo propio, mandar un parte de trabajo al departamento de diseño en el que permite que desarrollen libremente la creatividad sobre dicha empresa sin ataduras. ¿Cree que el procedimiento es el adecuado para la fase inicial del proyecto?

SOLUCIÓN

Aunque los resultados que se puedan obtener permitiendo libertad creativa a los trabajadores del departamento puedan ser óptimos, y sus primeras ideas, esbozos y bocetos agradables, el procedimiento no es el adecuado. Lo más lógico es que se cometan errores evidentes cuando esos bocetos o esbozos se muestren al cliente, que serán fácilmente reconocibles por el mismo. Una primera toma de contacto sirve precisamente para conocer qué necesidades tiene el cliente y qué detalles son los que prefiere frente a otros. De este modo, y dado que el departamento creativo no conoce esas necesidades, puede acabar por plasmar en sus primeras ideas ciertas incorrecciones ya indicadas por el cliente previamente y no reflejadas en ningún informe para que esto no sucediese. El proceso adecuado para que no ocurran este tipo de inconvenientes es que el encargado de recepción y reunión con el cliente redacte y envíe el parte de trabajo con las necesidades del cliente el mismo día que ha mantenido dicha reunión. De este modo nada queda en el olvido, y se atenderán todas las peticiones del mismo sin ningún tipo de problemas.

2.2. Esbozos y bocetos

La etapa de la fase de proyecto más creativa, y en la que se empieza a dar forma al proyecto en sí, es la conocida como **fase de esbozos y bocetos.**

Definición

Esbozo o boceto

Es una representación esquemática dibujada sobre un papel de aquello que se pretende realizar en las fases productivas posteriores. Una vez el departamento creativo o de diseño recibe la orden o el parte de trabajo, se comienza la fase de bocetaje.

Siempre, antes de comenzar el proceso productivo; es más, antes de comenzar siquiera la fase de maqueta o beta de producto es necesaria una previa etapa de esbozos y bocetos.

Existen muchos métodos, y depende en gran parte del creativo o diseñador que se encargue del trabajo de bocetaje el que se actúe de un modo u otro. Así, por ejemplo, y dado que cada vez es más habitual el uso de *software* específico para el diseño gráfico, muchos de los creativos o diseñadores actúan directamente sobre ese tipo de programas para crear el primer boceto. Aunque sigue siendo habitual que se haga una visión esquemática del producto final a mano sobre papel antes de darle otra forma, otra visión.

Esto es debido a que resulta muy cómodo hacer correcciones sobre el papel, y que pese a ser un método que se puede considerar **antiguo** sigue siendo la mejor manera de determinar las primeras líneas de trabajo.

Generalmente, en la etapa de esbozo y bocetaje se determinan las primeras pautas a seguir. Al fin y al cabo un esbozo o boceto no deja de ser una representación esquemática de lo que se pretende realizar.

Así, por ejemplo, si se trata de un envase o de un producto lo que se pretende esbozar, se dibujarán las líneas maestras que se tomarán como ejemplo para que en el proceso de maqueta se comprendan las líneas y curvas básicas que luego habrá que mantener en el diseño tridimensional del mismo.

Ejemplo de boceto o esbozo de producto

Si por el contrario, aquello que se pretende bocetar es la maqueta básica de un producto impreso (folletos, revistas, libros, etc.), la representación suele ser bastante más básica.

En estos casos se suelen representar los bloques a usar (ya sean de texto o de imagen) con figuras geométricas concretas. Con esto se hace referencia al espacio que va a ocupar cada uno de los elementos en el medio impreso.

 Nota

Las representaciones esquemáticas con figuras geométricas simples suelen ser habituales en la etapa de esbozos y bocetos.

Las fotografías o los gráficos se suelen representar mediante cuadrados y rectángulos, y las zonas de texto mediante líneas horizontales, o bien bloques geométricos basados en cuadrados y rectángulos en los que se insertan dichas líneas horizontales para que el observador comprenda que se tratan de bloques de texto diferenciados.

A veces, y si se pretenden destacar ciertas zonas de texto (como por ejemplo en base a negritas), las líneas horizontales que representarían de manera esquemática ese efecto se suelen hacer más anchas que las demás.

Ejemplo de boceto o esbozo de página

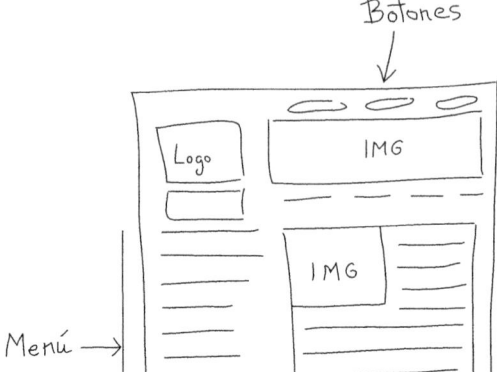

Este tipo de boceto de página maestra se suele llevar a cabo ante cartelería, realización de catálogos o pequeñas revistas y en el diseño de folletos, dípticos o trípticos; y en un principio solo tienen la utilidad de demostrar en unas simples líneas dibujadas en el papel, los espacios que cada elemento va a ocupar en el medio impreso.

El uso de las figuras geométricas es algo generalizado en la fase de esbozo y boceto. Esto es debido a que ayuda a descomponer mejor las formas complejas (en medios impresos, fotografías y textos, en desarrollo de productos las propias formas del objeto) y sirve para reconocer en un simple recorrido visual lo que se pretende representar.

Actividades

1. Para familiarizarse con el uso de los bocetos y esbozos, hágase con un papel y un grafito (lápiz) y plasme sobre él una idea. Suponga que tiene que hacer el esbozo de una campaña para venta de bombillas del tipo LED. Realice varias ideas esquemáticas.
2. Para poder comprender mejor la idea esquemática del boceto, se aconseja un ejercicio práctico basado en la descomposición de figuras en formas geométircas simples. Un camión visto de manera lateral se podría esquematizar reflejándolo con dos círculos que simularían sus ruedas y un par de rectángulos para dibujar la cabina y el remolque. Esquematice varios modelos de objetos para ir familiarizándose con este sistema de esbozo.

El objetivo del boceto es el de mostrar una primera idea de manera clara y efectiva (de ahí que se usen unas mínimas líneas maestras) y a su vez, que permita constantes correcciones sobre el papel, y es por ese otro motivo, por el que no es necesario ni recomendable, realizar excesivos esfuerzos de diseño o de perfección de dibujo en esta primera fase. Este perfeccionamiento se suele llevar a cabo en la siguiente etapa conocida como fase de realización.

 Importante

A menudo los bocetos iniciales no son presentados directamente al cliente, sino que forman parte de una primera toma de decisiones internas entre los departamentos creativos de la empresa.

De ahí que suelan realizarse muchos esbozos y que las correcciones sean constantes sobre el papel.

Pero como es lógico y evidente, esas primeras líneas, continuamente modificadas, tachadas, borradas o redibujadas, no son una buena carta de presentación que mostrar al cliente, y es por ello que se trata de un proceso interno previo a la muestra definitiva que otorgue o no el visto bueno para continuar con el proceso habitual de creación.

2.3. Métodos para fomentar la creatividad en la fase de proyecto: tormenta de ideas. El método simplex

Antes de ponerse a bocetar, hay que despertar la creatividad. Todas las personas no son igual de creativas; es más, incluso cuando las personas son creativas no tienen la misma facilidad para demostrar su creatividad dependiendo del momento, del estado de ánimo, del nivel de estrés, o simplemente dado que ese día en concreto no se despierta la creatividad latente de manera tan sencilla como otras veces.

Para ello existen métodos para fomentar la creatividad en la fase de proyecto. Quizá los métodos más conocidos y efectivos son los de la tormenta de ideas y el método simplex.

La tormenta de ideas o *brainstorm* nace de los estudios de Alex Faickney Osborn en 1938; quién se dio cuenta de que en un proceso de decisión de ideas grupal se conseguían más y mejores resultados creativos que cuando el mismo ejercicio se efectuaba de manera individual.

Alex Faickney decidió ir más allá, y quiso comprobar si se podían lograr mejores resultados limitando el tiempo de decisión, y de este modo nació el método del *brainstorming,* como acabó bautizándolo.

Este sistema se basa en decir absolutamente todo lo que se le ocurre a cada persona integrante del grupo (se aconseja que entre seis y doce personas) en un periodo limitado de tiempo, sin desechar idea alguna, por muy mala o absurda que parezca, anotándolas brevemente.

Importante

En un proceso de tormenta de ideas ninguna idea de las propuestas es desechada. A veces, las mejores ideas han surgido de aquellas que parecían menos buenas.

Una vez acabado el proceso de tormenta de ideas, se procede a determinar cuáles de esas ideas han resultado ser más creativas, e incluso si se pueden combinar algunas de ellas para obtener mejores resultados.

Este método suele funcionar muy bien y ser muy efectivo en un grupo de personas de alto nivel creativo. Ayuda a despertar esa creatividad que a veces parece aletargada en según qué momentos personales. Sirve para estimular a los otros integrantes, también creativos, que por los motivos que sean necesitan de esa ayuda o **empujoncito** en esos momentos bajos que acabe por reactivar el instante creativo.

El método simplex es una herramienta muy útil también para equipos o grupos de trabajo. Y en este caso, no existe una limitación de tiempos, sino una constante revisión de resultados.

Nota

El método simplex fue desarrollado por el matemático norteamericano George Dantzig en 1947. Se basa en un complejo algoritmo matemático. Por ello, se usa en multitud de disciplinas y sirve, entre otras cosas, para simplificar problemas con más de una posibilidad de respuesta.

Para ello se suele utilizar un papel, siendo más recomendable el uso de una pizarra o panel para que todos los integrantes vayan viendo los resultados y sean directamente más activos.

Para ello se plantea lo que el cliente desea, las limitaciones presupuestarias o de materiales y herramientas; y, partiendo de ese punto, los integrantes del grupo creativo comienzan a exponer sus ideas.

Se anotan esas ideas más oportunas, acertadas o creativas y se vuelve a poner en común o se abre de nuevo el debate para concretar si estas han sido las mejores o si pueden ser combinadas.

Tras hacer esta segunda fase grupal, se vuelve a anotar en la pizarra los resultados, y nuevamente se pone en debate si se está actuando correctamente teniendo en cuenta las limitaciones (de material, tiempo, presupuesto, etc.) y si se pueden establecer mejoras.

Al acabar con la nueva revisión de resultados, se escriben aquellas ideas más relevantes y se vuelven a poner a debate hasta que solo queda una, o en su defecto dos, para poder pasar a la fase de bocetaje.

Este método o sistema pretende lograr objetivos depurados basados en la constante revisión de las ideas, por lo que es un sistema basado mucho más en la lógica y la obtención de resultados que el anterior, donde prima la creatividad sobre el razonamiento, la rapidez creativa frente a la cautela.

 ## Aplicación práctica

Para fomentar la creatividad se decide hacer una breve reunión en el departamento creativo para realizar una tormenta de ideas previa a la fase de bocetaje. Se prepara la sala, colocando las sillas de los integrantes en círculo y comienza el proceso de *brainstorming*. Las ideas empiezan a surgir libremente hasta que un compañero del departamento dice una idea que resulta graciosa para el resto, quienes se ríen y mofan de ella, tachándola de absurda. Tras hacer una breve pausa, se continúa con el proceso, pero este compañero abochornado decide no aportar más comentarios con ninguna nueva idea. ¿Se está actuando correctamente?

Continúa en página siguiente >>

<< Viene de página anterior

SOLUCIÓN

No. De hecho se han cometido dos claros errores en el proceso. Cuando se decide usar el método de la tormenta de ideas, en primer lugar, nunca se ha de censurar una idea por muy absurda que sea. Ya no por el hecho de que al final esa idea absurda pueda ser modificada y ser al final muy útil, sino porque, como ha ocurrido en este caso, tras censurar al alguien por su idea, este puede resultar ofendido y no aportar más comentarios al proceso. Un compañero puede tener una idea ilógica o poco útil, pero al ir escuchando las demás quizá pueda mejorarla o aportar ideas mucho mejores.

El segundo error cometido es el de haber parado la prueba para luego continuarla. Al hacerse esta pausa se acaba con el principio fundamental de esta técnica. La tormenta de ideas se debe hacer por un breve periodo continuado y determinado. Si se quiere aportar con mayor creatividad, con mejores ideas, nunca hay que detener el proceso, ni tras una idea absurda que provoque la risa. El método consiste en continuar a pesar de ello. Solo aportando ideas rápidas y escuchando las demás para mejorarlas o aportar algo nuevo tendrá sentido este tipo de reunión.

2.4. Otros métodos para el esbozo y bocetaje. La tableta digitalizadora o *tablet* gráfica

Suele ser habitual que, una vez se han realizado las modificaciones pertinentes sobre los primeros bocetos y esbozos, se dé color mediante el uso de acuarelas (o lápices acuarelables) sobre el boceto final elegido para que sirva de primera muestra para el cliente.

Estas manchas de color dan una imagen más presentable a este tipo de dibujos artísticos y muy personales como suelen ser los primeros esbozos; pero, a la vez, sirven para plasmar una idea mucho más concreta del diseño final del producto, ya sea gráfico o un artículo final en sí.

El uso del color es por tanto muy importante, dado que definirá ciertos aspectos como la propia identidad corporativa de la empresa que solicita los servicios y el diseño de la campaña o producto.

Aunque suele ser muy común y generalizado el uso del boceto manual con grafito y el uso del color posterior (acuarelas, lápices, rotuladores, etc.), y la gran mayoría de los creativos o diseñadores prefieren seguir manteniendo este estilo tradicional de dibujo a mano antes de usar las nuevas tecnologías, existen otros métodos para el esbozo y bocetaje que no por ser más modernos dejan de ser también habituales.

Para el diseño de productos y herramientas, así como para el diseño de envases o embalajes con formas muy específicas, se está cada vez generalizando más el uso de un recurso muy cómodo y de fácil manejo (similar al del dibujo manual), como es el de las tabletas digitalizadoras.

 Sabía que...

Tanto la base como el puntero del estilete de las tabletas digitalizadoras están hechos de material magnético. Gracias a ese sistema basado en la electromagnética, la base (creada con una malla milimétrica) emite impulsos electromagnéticos a la pantalla que indica el paso del puntero sobre su superficie.

Una tableta digitalizadora (también conocida como *tablet* gráfica) se cimienta en una base de superficie plana, generalmente plástica y de forma rectangular, que actúa como la pizarra o el papel sobre el que se dibujaría con un lápiz óptico.

*Tableta
digitalizadora*

Dicha base o superficie de la tableta sería por tanto el lienzo virtual, dado que, aunque se traza el dibujo sobre él, no se dibuja realmente en su superficie.

 Actividades

3. El uso del boceto también es adecuado para otro tipo de campañas como la publicitaria y la audiovisual. En estos casos se hace uso del *story board;* o lo que es lo mismo, una especie de cómic o tebeo simple donde se indican en las diferentes viñetas las acciones que van a seguir los personajes de la campaña para que luego esa esquematización se lleve a cabo en la grabación de los planos. Esquematice una persona en base a formas geométricas simples.
4. Para continuar con el ejercicio anterior, esquematice con formas geométricas simples otro tipo de personas de distinta complexión o sexo. Pruebe con niños, niñas, mujeres, personas ancianas e incluso con ciertos animales domésticos como perros o gatos. Este ejercicio puede serle útil para ir soltando mano y ser un óptimo dibujante de esbozos.
5. Siguiendo las pautas anteriores, cree un *story board* basándose en la campaña anterior de la venta de bombillas de tipo LED. Recuerde el uso de viñetas para las acciones de los personajes y el uso de figuras geométricas simples para hacer más sencilla la esquematización de personajes y objetos.

El lápiz óptico (o estilete) se desliza sobre la superficie (presionando sobre ella), pero sin dejar trazas ni rastro de línea o dibujo sobre la superficie de la tableta. Es la propia punta o puntero del lápiz óptico el que manda señales al ordenador donde la tableta digitalizadora se encuentra conectada para que esas líneas que se van trazando sobre la superficie de la *tablet* se vean traducidas a líneas de gráficos sobre la pantalla del equipo informático.

Actualmente las tabletas digitalizadoras dan la posibilidad de dibujar sobre la misma pantalla, con programas a tal efecto.

También contamos con *tablet* que ofrecen una gran versatilidad y facilidad en su manejo. Teniendo incluso programas como por ejemplo Pro Create, que tiene un gran potencial, haciéndose especial su utilidad en ilustración.

Para que todo esto sea efectivo, evidentemente se han de usar programas o *software* específicos de diseño gráfico, ya sean de retoque o vectorial, aunque generalmente se suelen usar los primeros dado que a los dibujantes o creativos les suele gustar ser lo más fieles posibles a su línea de dibujo real, y no aquellas otras que, pese a ser más perfectas, son generadas en programas de creación de vectores o vectoriales.

Las tabletas digitalizadoras o *tablets* gráficas son muy utilizadas por creativos o dibujantes del sector, dado que se asemejan bastante al resultado del dibujo manual sobre el papel, pero con una serie de ventajas esenciales.

En primer lugar, el resultado queda más presentable y atractivo, dado que se aleja de los tachones o borrones sobre el papel, manteniendo siempre una imagen nítida y limpia pese a que se use el mismo sistema de líneas simples y maestras del dibujo a mano tradicional con grafito.

Una segunda ventaja es que permite el uso de diferentes colores simplemente seleccionándolos de entre toda la paleta de color del programa específico de diseño. Así que se puede ir trazando el esbozo directamente con líneas de color o incluso dar color a las diferentes zonas delimitadas después de crear las líneas maestras del boceto.

Por último, como el resultado suele ser bastante más presentable que el de los bocetos manuales con lápices sobre el papel, este puede ser mostrado directamente al cliente, sin tener que pasar a la siguiente fase del proceso.

Además, al tratarse de un documento digital, puede ser ofrecido o mandado al cliente reproducido en diferentes medios informáticos, ya sea a través de archivo digital (mandado por *e-mail),* o guardado en memorias externas tipo tarjetas, *pendrives,* discos duros externos o CD-DVD, o incluso entregado en formato papel gracias al uso de las impresoras.

 **Importante**

Los diseñadores que hacen uso de las tabletas digitalizadoras suelen verse menos afectados de lesiones en muñecas y brazos que los que usan el teclado y el ratón como sistema habitual de diseño.

Las tabletas sin pantalla presentaban la desventaja de que no captaba fielmente el trazo del diseñador. Pero actualmente, con el desarrollo de estos dispositivos, los trazos y la precisión ha aumentado hasta hacerlas indispensables para un diseñador/ilustrador.

2.5. Otros métodos para el esbozo y bocetaje. Programas de maquetación de páginas

Otro método muy utilizado, sobre todo para hacer una presentación de producto gráfico del tipo catálogo, libro o revista, es el uso de *software* específico o programas de maquetación de páginas.

Al igual que existe la posibilidad de dibujar directamente sobre una plantilla digital que permita reproducir los documentos gráficos en la pantalla de los equipos informáticos, ya sea mediante el uso directo del ratón sobre programas de retoque digital o vectoriales, o con el uso de las anteriormente mencionadas tabletas digitalizadoras, existe la posibilidad de bocetar o esbozar una o varias páginas de texto, imágenes o fotografías gracias al uso de otro *software* específico del sector del diseño gráfico: los programas de maquetación de páginas.

Los programas de este tipo suelen facilitar en gran medida el trabajo de los profesionales del sector, dado que son específicos para este tipo de utilidad y por tanto maneja las herramientas oportunas de manera simple e intuitiva.

Como en el caso anterior, y dado que no a todos los profesionales les agrada abandonar los métodos tradicionales de esbozos manuales, el uso de este tipo de programas para simple muestra de bocetos no está aún muy generalizado en el sector.

Pero como bien es cierto que cada vez su uso es mayor, hay que mencionar que en la fase de esbozo y bocetaje es habitual encontrarse con este uso de programas específicos.

Importante

No se puede olvidar de que, al tratarse de un boceto, generalmente el uso de estos programas informáticos para mostrar resultados al cliente se suele hacer para acelerar el proceso, y no a modo de trabajo final, como es lógico y evidente.

Cuando se usa este tipo de programas informáticos se generan páginas de muestra, donde los textos son inexistentes y solo se delimitan las zonas donde van a encontrarse los bloques de textos y las imágenes con rectángulos de una característica u otra.

Dado que lo que se pretende es plasmar una idea del trabajo que se va a efectuar finalmente, no es descabellado que se usen textos completos para mostrar la o las tipografías a usar en el proceso de maquctación final del producto gráfico.

Al tratarse de una fase previa de bocetaje o esbozo, es evidente que no se usa el texto real final, sino que se recurre en estos casos a textos predeterminados (generalmente textos antiguos en latín o una misma frase repetida en un bucle infinito) donde aplicar simplemente la tipografía elegida para esa zona o zonas de las páginas.

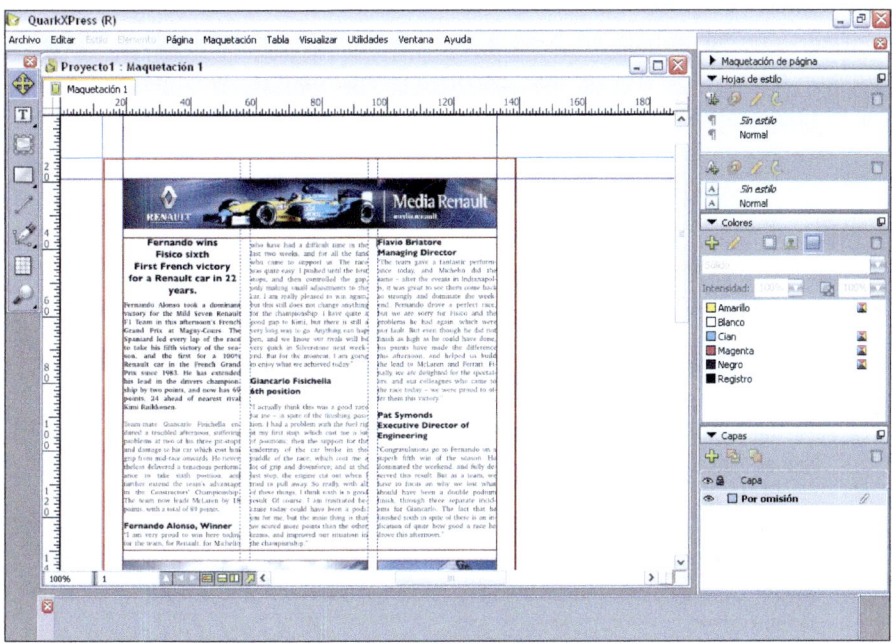

Ejemplo de maquetado digital de página sobre software específico de maquetación

Algo similar ocurre con el uso de las fotografías, se suele repetir la misma imagen o bien simplemente se usa un rectángulo de color que indique la posición que va a ocupar el gráfico o fotografía final.

Hay que recordar que este tipo de esbozo de maquetación o paginación solo servirá de muestra para los superiores del departamento de creatividad o diseño, o para el cliente final, por lo que ha de servir como ejemplo o guía de lo que se va a realizar en el caso de que sea aceptado el diseño de las páginas maestras que conformarán el trabajo impreso (libro, revista, catálogo, díptico, tríptico, etc.).

Como ventajas a destacar, y similar al caso anterior del uso de las tabletas digitalizadoras, permite crear una imagen mucho más aproximada a la realidad para que pueda ser observada por el superior de diseño o el propio cliente; siendo además mucho más limpia y presentable que la maquetación manual que se pudiese esbozar sobre un papel con el uso del lápiz o grafito.

Dado que se trabaja en base a archivo digital, por otro lado permite su difusión a través de *e-mail,* de dispositivos tales como discos duros, tarjetas, memorias externas o CD-DVD, o incluso ser impresos.

Actividades

6. Imagine que le encargan la maqueta de una página de texto e imagen para una revista en concreto y no tiene posibilidad de usar un *software* específico de maquetación para mostrar su trabajo al cliente. Use de nuevo papel y lápiz y mediante el uso de líneas indique dónde cree más oportuno el uso de los bloques de texto y con rectángulos indique dónde irán las imágenes.
7. Para entender mejor el ejercicio, hágase ahora con unas tijeras y unas viejas revistas. Recorte de las revistas bloques de textos de distintos tamaños y unos textos de mayor tamaño a modo de cabeceras o titulares. Haga lo mismo recortando un amplio número de fotografías.
8. Ahora, y sobre una hoja en blanco, vaya colocando a su gusto los bloques de texto y fotografías recortadas en las columnas o espacios que usted prefiera para su composición. Puede hacer varias composiciones distintas, buscando la más adecuada. Esta era la forma en que antiguamente se creaba la primera maqueta de la página, pegando luego dichos recortes sobre el papel para mostrar al cliente. Recuerde que el contenido de los textos no tiene relevancia cuando se presenta un boceto o una maqueta.

3. Fase de realización

Una vez que la fase de boceto y esbozo del producto se da por concluida, el proceso continúa dando paso a la fase de realización.

La fase de boceto y esbozo concluye o cuando estos se han mostrado al cliente en una primera exhibición de prueba (que suele ser en contadas ocasiones), o bien cuando el encargado o jefe de proyecto de la empresa decide que dicha etapa se puede dar por concluida y se puede pasar a la siguiente.

Generalmente, y dado que suelen tratarse de grupos de trabajo y que se suele contar con un periodo de tiempo limitado, el trabajo de bocetaje se da por terminado cuando el jefe del departamento creativo o encargado así lo estima oportuno.

Se denomina **fase de realización** a las etapas en las que todos los elementos compositivos plasmados y elegidos en la fase de esbozo (líneas, colores, tipografía, fotografías, etc.) deben pasar del papel, de la idea original, a un proyecto real.

Es el momento en el que lo reflejado en el boceto debe pasar a la realidad y se ha de crear una maqueta para que el cliente final pueda dar el visto bueno y ese proyecto pueda finalmente llevarse a producción

Cuando se trata de un elemento gráfico impreso (libro, revista, cartel, folleto, etc.) se suele mandar a imprimir un ejemplar completo. En ese modelo impreso se puede observar a modo de prueba el resultado real que cada ejemplar de este producto va a tener cuando se lleve a producción; y ya será algo palpable para el cliente, que observará calidades de impresión, el color, la textura de los materiales, la composición, el diseño y la maquetación.

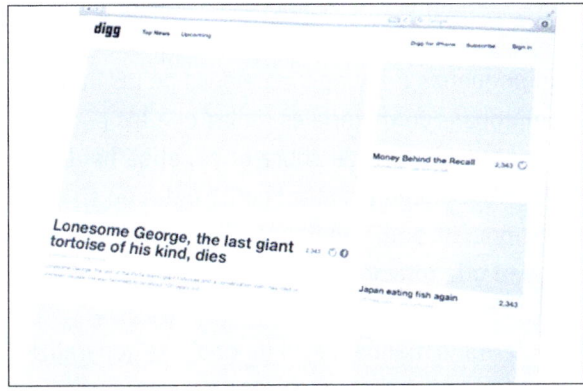

Ejemplo de boceto o esbozo de página impresa efectuado con un software de maquetación de páginas

Pero cuando el proyecto a realizar se trata de un producto en concreto, un envase o un material de embalaje, se debe efectuar una maqueta del producto para observar sus resultados antes de comenzar el proceso de producción en cadena.

3.1. Maquetas

Se conoce como **maquetas** a esas primeras muestras de trabajo que se efectúan a modo de ejemplo para el cliente antes de que se considere el producto como finalizado y se envíe a producción. También se usa la maqueta como primera prueba real de producto, para comprobar posibles fallos o errores y pulirlos o mitigarlos en la manera posible.

Definición

Maqueta
Dicho término proviene precisamente de la acepción de muestra, en menor tamaño, de algún objeto o producto que por sus dimensiones no puede ser producido en su tamaño original.

Las maquetas, como muchas de las cosas de esta sociedad avanzada en la que vivimos, tienen un origen militar. Ya en la época de la Antigua Grecia se manufacturaban pequeñas maquetas escaladas de las innovaciones armamentísticas para comprobar con materiales reales que los bocetos de los carros de combate y las embarcaciones que sobre el papel se habían diseñado podrían llevarse a cabo y serían eficientes al ser construidos en su enorme tamaño real. De este modo se podían pulir detalles o comprobar ciertos factores como el nivel de flotabilidad o la rotación de ruedas y el nivel de pesos.

Hoy en día, el término **maqueta** está mucho más generalizado. Y se considera maqueta tanto a una grabación musical para enviar a estudios de grabación como a este diseño de productos a menor escala, la paginación de un libro o revista, ya sea una vez impreso o simplemente en el *software* del equipo informático, como a la fase **beta** o prototipo de series de televisión o videojuegos. Como ya se ha podido ir avanzando en este capítulo, se considera maqueta a esa paginación en pantalla (o a veces gracias a la impresión de un ejemplar completo) cuando se trata de un producto impreso tradicional (carteles, tarjetas, folletos, revistas, etc.).

En esa primera fase de maqueta de los productos gráficos se observan y corrigen detalles como posibles errores ortográficos, de diagramación, armado, cortes de palabras, espacios, colores, superposición de imágenes o textos, corrección de viudas y huérfanas, etc.

Pero cuando se trata de un envase o embalaje, o de un producto en concreto, es necesaria la realización de una maqueta previa a la aceptación del cliente.

De los embalajes y demás sistemas de *packaging* suele realizarse una maqueta en tamaño real (solo en contadas ocasiones en las que las dimensiones son muy elevadas se hace a menor medida). En dicha maqueta inicial se puede observar el resultado del diseño, el uso de tipografías, color y composición, además de la funcionalidad de su composición como elemento preservador de contenido y calidad de sus materiales.

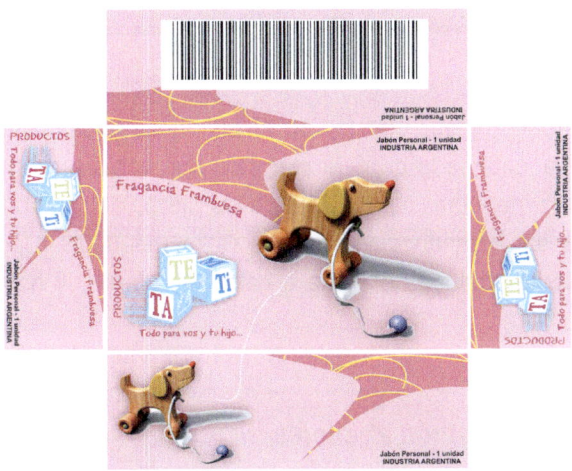

Ejemplo de maqueta de elemento tridimensional de tipo envase (packaging)

Los productos más complejos, con muchas piezas o fabricados en materiales tales como metal, fibras, etc., suelen mostrarse en fase de maqueta en un material alejado del que va a ser utilizado finalmente y fácil de moldear, tales como arcillas de modelaje, poliestireno expandido y, en casos excepcionales, maderas (mucho más habituales en las maquetas de antaño que en la actualidad, o en el caso de ingenierías y arquitecturas).

El motivo de realizar este tipo de maquetas en materiales flexibles y moldeables es poder actuar sobre la misma para pulir errores de concepción en la fase de bocetaje tras ser llevado a un volumen tridimensional.

Ejemplo de maqueta para productos complejos o formados por piezas ensamblables

Solo en productos que constan de varias piezas ensamblables en su constitución, tras aceptarse la primera maqueta que actúa a modo de muestra se realizarán otras maquetas o prototipos de las piezas que componen el producto antes de mandar a producción, aunque estas maquetas o prototipos suelen servir para ser evaluadas de modo o carácter interno, y no para mostrar al cliente final.

4. Fase de presentación al cliente

Tras las fases de bocetos y esbozos, y la posterior fase de realización, sin solución de continuidad se ha de pasar a la fase de presentación al cliente.

Esta fase ha de tratarse con sumo cuidado y establecer las pautas que van a derivar en la correcta presentación del producto o maqueta al cliente, y cómo hacerlo de una manera que sea atractiva para el mismo.

Un error en esta fase puede dar al traste todo el proyecto, e incluso se puede llegar a la ruptura del contrato, por lo que se estima como una fase de elevada importancia y que requiere de una excelente preparación.

La presentación del producto o maqueta al cliente no se centra en esa simple muestra de los resultados. Generalmente se ha de preparar un discurso elaborado, a ser posible apoyado en gráficos o diseños que mostrar en un ordenador o a través de proyección; y se aconseja mostrar varias alternativas de diseño, pero nunca más de cinco posibilidades.

Los sacrificios ya invertidos en las fases anteriores de creatividad y boceta-je, así como de realización de ejemplares o maquetas, no pueden haber resultado en vano y han de ser especialmente explicadas en esta fase, para que el cliente valore los esfuerzos y el trabajo efectuados sobre su proyecto.

La preparación de la reunión con el cliente es esencial; y, evidentemente, la parte más interesada en lograr sus objetivos frente a la otra (en este caso se hace referencia a la empresa que presenta el proyecto) decidirá que el lugar de reunión para la negociación le sea más favorable a él, por comodidad y por sensación de seguridad (algo muy importante en el proceso de negociación), y que generalmente será dentro de las propias instalaciones de su comercio. No siempre se podrá lograr ese objetivo, y se tendrá que ceder a un sitio neutral (sala de reuniones, *stands* o despachos en ferias o exposiciones, etc.) o en las propias instalaciones del cliente.

Presentación de proyectos al cliente

 **Nota**

Existen muchos edificios de oficinas y salas de reuniones pertenecientes a empresas, así como palacios de exposiciones habilitados para este tipo de reuniones neutrales entre diferentes partes negociadoras que se alquilan con dicho fin.

Como es lógico, las ventajas de negociar en las instalaciones propias garantizan una posición de poder frente a la otra parte; el poder de manejar los tiempos frente al otro y controlar aquellos lugares dentro de las instalaciones donde poder hacerse más fuertes en la reunión, como salas de reunión solemnes o despachos, serán otras ventajas a tener en cuenta.

Pero cuando sucede al contrario y hay que dirigirse a las instalaciones del cliente, hay que valorar otros aspectos a tener en cuenta como que, al menos, y de ese modo, se pueden observar valores como la filosofía empresarial de la otra parte, el poder adquisitivo o institucional, el orden, la limpieza de las instalaciones, el número de empleados, etc.

Pero antes de elegir el lugar de la reunión y la posición de poder entre ambas partes, hay que controlar otros aspectos que dirimirán la continuidad del proyecto; como es la propia presentación de la maqueta o producto.

Como ya se ha comentado, no será suficiente con la entrega de esa muestra o producto, sino que se habrá de hacer uso de las presentaciones y la exposición del producto con medios audiovisuales o gráficos por parte de una persona involucrada en el proyecto y con conocimientos, y con cierta capacidad comunicacional y negociadora.

De su trato con el cliente dependerá gran parte de la continuidad del proyecto y sus fases.

Actividades

9. Tras realizar las actividades anteriores, usted tendrá en este momento creados esbozos, maquetas e incluso una campaña ideada tanto en fase de boceto para impresión como en forma de *story board* para campaña audiovisual. Recopile todos los trabajos anteriores y seleccione los que considere mejores para el cometido de la campaña de venta de bombillas LED.

10. Ahora, idee unas líneas generales de cómo presentaría el proyecto a una empresa real que ha solicitado sus servicios para la venta de ese tipo de bombillas. Escriba un guion de presentación en unas líneas, indicando el orden de las presentaciones y qué motivos se van a tratar.

4.1. Estrategias, discusión e introducción de correcciones y nuevas maquetas

En la fase de presentación del producto se determina una serie de nuevas pautas y factores resultantes de esa reunión. Rara vez se consigue agradar al cliente de primeras. Es por ello que tras la presentación se produce un efecto de retroalimentación entre empresa y cliente.

El cliente, tras observar el trabajo realizado, sugiere ciertos cambios que considera necesarios para que el producto final satisfaga sus necesidades, y la empresa, por otro lado, intentará que ese número de cambios no sea muy elevado y suponga empezar de nuevo el trabajo por completo. Esa serie de estrategias deriva en la discusión y la introducción de correcciones y nuevas maquetas.

Generalmente, la fase de presentación tiene como finalidad poner en conocimiento del cliente el trabajo realizado hasta el momento y mostrar las primeras maquetas de producto buscando que esta cumpla por completo las expectativas y necesidades deseadas y expuestas por el cliente en un primer contacto con la empresa.

Nota

La estrategia de la empresa contratada en esta fase del proyecto es la de imponer su criterio y defender el trabajo realizado en función de pautas creativas, compositivas y técnicas. No en vano, el esfuerzo y el tiempo dedicados requieren ser premiados y valorados, ya que la inversión de creatividad ya ejercida, de empezar de cero el proyecto, nunca será recuperada.

Habitualmente, en este momento del proceso se suele llegar a un punto de discusión e introducción de correcciones en el que la empresa elige una de las maquetas y sobre ella se pulen ciertos detalles compositivos, de identidad corporativa o incluso de corrección de formas en el caso de tratarse de un producto tridimensional como un embalaje o *packaging* de producto.

Estas sugerencias de correcciones suelen surgir de ambas partes. A veces será la propia empresa del sector gráfico quien aconseje ciertos cambios en base a criterios compositivos o de constitución basados en la experiencia pasada; y, en otras ocasiones, será el cliente quien decida los cambios a realizar.

Estos cambios suelen ser puntuales y, solo en ocasiones extremas, se ha ido al traste todo el proyecto y ha habido que empezar de cero, dado que en la primera toma de contacto entre empresa y cliente suelen definirse muy bien los puntos y criterios básicos a seguir. Una vez se han estimado y apuntado esas correcciones, se fija una nueva cita o reunión de las partes para una nueva muestra y exposición de la maqueta modificada.

En el proceso metodológico de discusión e introducción de errores en la realización del producto gráfico, cada cambio supone una nueva maqueta, y por tanto la necesidad de una nueva muestra de dichas modificaciones al cliente.

Por ello, se estima un nuevo calendario que determinará la resolución de los problemas y que fijará una nueva cita para la presentación de la nueva maqueta, esperando que sea dada por buena y resulte la definitiva para poder continuar con las fases finales del proyecto.

Actividades

11. Muestre sus trabajos a personas cercanas (amigos o familiares) con cierta actitud crítica. Dígales que sean sinceros con usted y que propongan cambios en sus trabajos. Agradezca que le indiquen cómo puede mejorar sus bocetos o campaña.
12. Tras esa reunión, adapte los cambios que ha sugerido la crítica y realice nuevas maquetas que se podrán considerar finales.

Aplicación práctica

Tras las fases de presentación y de discusión y corrección de errores, el encargado decide, por falta de tiempo para acabar con el proyecto en fecha, establecer los cambios oportunos en la primera maqueta y derivarlo directamente a producción. Pese a que los cambios estimados por el cliente se han llevado a cabo con éxito, cuando se entrega el resultado final este no se muestra satisfecho y de hecho se niega a pagar por los servicios prestados. ¿Qué ha podido ocurrir?

SOLUCIÓN

Las fases o pautas a seguir en un proyecto han de mantenerse a rajatabla y nunca hay que obviar o saltarse un paso. Lo lógico, y aunque el tiempo apremie, es que, tras realizar los cambios oportunos sobre la maqueta inicial, se haga otra nueva maqueta y se vuelva a presentar al cliente. Muchas veces surgen nuevos cambios de esta nueva maquetación porque lo que el cliente en un principio creyó oportuno, una vez se han hecho dichos cambios, ya no son tan óptimos como él pudo creer en un primer momento. Siempre hay que hacer una nueva maqueta y una nueva presentación del proyecto al cliente. Si los tiempos no se pueden cumplir se le notificará al cliente, y si se ha de superar el número de horas de trabajo para poder cumplir con las fechas indicadas, se le cargará al cliente tales gastos extras. Por ello siempre hay que seguir paso a paso las putas de proyecto indicadas. Los costes y los gastos se convierten en pérdidas directas cuando un cliente rechaza por completo un trabajo, por lo que esta será la mejor manera de evitar esos gastos.

5. Fase de acabado del proyecto

Si todas las fases anteriores se han ido cumpliendo correctamente, el cliente habrá dado el visto bueno al trabajo de maquetación y diseño y por tanto se podrá continuar con el proceso y pasar a la que se denomina **fase de acabado del proyecto.**

En la fase de acabado del proyecto, nuevamente se evaluarán los cambios o decisiones tomados en la fase anterior de discusión e introducción de correcciones efectuadas sobre la maqueta final.

Este proceso se denomina **de afinación o afinado;** y es cuando por fin la maqueta final se ha de convertir en archivo, documento o producto, conocido como **documento o arte final,** previo al definitivo que ha de ser ejecutado para finalizar con el proyecto.

5.1. Ejecución completa del proyecto

La fase de acabado tiene sentido cuando se alcanza la ejecución completa del proyecto.

En el caso de los documentos gráficos, esta fase ejecutiva se divide en la preparación de las pruebas que sirvan para validar el diseño elegido por parte del cliente, conseguir la aprobación final y preparar los documentos o archivos para el proceso productivo o de producción.

Pues, pese a que el cliente en este punto ya ha dado su aprobación para que se continúe el proyecto y se ejecute, aún queda un paso intermedio y por tanto una nueva reunión o cita de las partes antes de pasar a la fase de producción final.

Si, como se ha comentado en apartados anteriores, cuando se trabaja sobre un producto que consta de partes ensamblables (cajas, juguetes, herramientas, etc.) se realiza una maqueta previa completa (formando un bloque y no en partes o piezas) con materiales no definitivos como arcilla o poliestireno expandido, es lógico que antes de que ese producto u objeto pase a producción deba ser presentado al cliente en su formato final, con los materiales finales reales y su composición en piezas o partes definitiva.

 Nota

El uso de materiales moldeables como la arcilla para hacer maquetas a menor escala se ha generalizado en el sector de la automoción para presentar los proyectos de nuevos modelos de vehículos antes de ser modificados para hacerlos aptos al mercado.

Con los productos gráficos ocurre exactamente lo mismo; antes de que etiquetas, cajas, envases o embalajes *(packaging),* libros o revistas sean enviados a producción, se debe presentar el prototipo final (ya no se puede hablar de maqueta) previo a la producción en cadena.

Hay que recordar que, en muchas ocasiones, cuando se muestra la maqueta al cliente, no solo se hace desde una visión en pantalla o en una presentación virtual en proyección o vídeo. Como se pudo observar en el apartado dedicado a la fase de presentación, muchas veces por el propio formato del objeto, la maqueta necesariamente se constituye como una muestra real del objeto a producir, como los elementos de *packaging* conocidos como envases, cajas o embalajes.

También se ha comentado en este mismo punto que, cuando se trata de utensilios o herramientas, objetos divididos en piezas o partes, o simplemente productos (generalmente formados por piezas) de gran tamaño, es lógico mostrar maquetas a escala y en una sola pieza del mismo; solo para la aceptación del cliente.

En la fase de ejecución del producto, antes se han de hacer pruebas. Si se trata de la producción de objetos en cadena que están formados por piezas, primero se mostrarán esas piezas ensambladas y en su material definitivo en un prototipo y se mostrará de nuevo al cliente.

En el caso de los medios tradicionales impresos como folletos, tarjetas, revistas, etc., se suele imprimir un ejemplar completo.

Pero no todos los impresos son de tamaño reducido; por ejemplo, existen vallas publicitarias, letreros o luminosos de gran formato, o incluso *banners* o pancartas que por sus dimensiones no pueden imprimirse a tamaño real como muestra o prototipo.

En esos casos se suele ofrecer una muestra escalada en menor medida del original, pero sobre el mismo material y con las mismas calidades que se producirán el resto de ejemplares una vez sea aceptado el proyecto.

 Actividades

13. Haga memoria y recuerde qué elementos de *packaging* (cajas, envoltorios, embalajes, etc.) le han resultado más atractivos en el mercado, y cuáles de ellos le han parecido más efectivos para provocar una acción de compra. Puede hacer una lista con aquellos productos que le han sido más atractivos y efectivos gracias a la observación de su empaquetado, o darse una vuelta por el supermercado más cercano y observarlos para comprobarlo.

Cuando se habla de productos gráficos como tal (etiquetas, carteles, revistas, etc.), este prototipo o muestra se consolida como **prueba de impresión.** Esta prueba de impresión será una muestra de resultados reales obtenidos con la maquinaria que se va a usar para la producción de los ejemplares.

Importante

Existe otro tipo de prueba previa a la impresión conocida como "prueba de color". La prueba de color permite afinar el tono sobre todo en documentos plenamente vectoriales, donde es más fácil variar el color de ciertas zonas del diseño. Con ella se pretende comprobar la similitud del color ofrecido en pantalla con la tinta impresa y valerse de estándares o cartas de color para aproximarlo al máximo.

En la prueba de impresión, el cliente puede comprobar los materiales sobre los que se actúa, el resultado de los colores impresos, la calidad de imagen o fotografías, incluso la legibilidad de la tipografía en sus diferentes tamaños.

Si el cliente se muestra satisfecho, se pasará a la conclusión de la etapa de la fase de ejecución o entrega de documentos finales. De no ser así, se optará por la fase denominada **de refinado.**

Definición

Fase de refinado
Suele referirse a la búsqueda del resultado más afín al gusto del cliente en relación a su identidad corporativa y se logra a base de diferentes pruebas de impresión.

De esta manera, se busca afinar el resultado lo máximo posible para lograr el objetivo más óptimo y de acuerdo con las necesidades del cliente.

Las empresas dedicadas al diseño del producto gráfico no siempre tienen la posibilidad de completar la actividad o cerrar el círculo productivo. Es decir, no todas las empresas del sector están formadas por departamento creativo, de diseño, preimpresión e impresión.

Las editoriales, imprentas y empresas del sector de la rotulación y la impresión en gran formato, dado que su trabajo se centra en la impresión y la publicación de documentos gráficos, sí suelen constar de todos los departamentos antes indicados; no en vano, las características empresariales de este tipo de industria así lo favorecen.

Pero hay que recordar que otras empresas del sector como agencias de comunicación o publicidad, estudios de diseño, etc., habrán terminado su trabajo en este punto, con la consolidación de estos documentos o artes finales. Por lo tanto, luego habrán de subcontratar los servicios de una imprenta o similar para poder completar la producción.

Por un lado, las empresas de este tipo tienen la ventaja de que, una vez acabado el documento gráfico o arte final, y gracias a la subcontratación de servicios, pueden hacer responsable de los errores o la variaciones de los productos impresos con respecto a las pruebas de impresión a la empresa final o imprenta y, de este modo, evitarse mayores problemas y reclamar que se repitan los trabajos fallidos sin coste adicional.

Por otro lado, y como desventaja, cada prueba de impresión que se ha de enseñar al cliente proviene de la empresa final (la imprenta o similar), y por tanto suele alargarse en el tiempo este proceso de la fase de ejecución cuando el cliente no queda satisfecho a la primera muestra y hay que afinar los resultados.

Al tratarse de un mero intermediario, habrá que solicitar nuevas pruebas a la imprenta y esta suministrarlas de nuevo, con los tiempos de espera que ello conlleva.

5.2. Entrega de documentos finales

Tras la fase de ejecución del proyecto, y antes de que el producto pase a producción o impresión, se ha de pasar obligatoriamente por una nueva fase conocida como **de entrega de documentos finales.**

Esta entrega de documentos finales, también conocidos como **artes finales,** es la transición de trabajo entre los departamentos de diseño o creativo a los departamentos de producción o impresión.

 Definición

Arte final
Archivo que se consolida como listo para imprimir y que ha sido objeto de todas las comprobaciones necesarias: medidas, sangrados, textos, imágenes, colores, etc.

En el apartado anterior se pudo comprobar que, dependiendo de las características de una empresa dedicada a los productos gráficos, esta tendría la posibilidad o no de llevar a producción o impresión los documentos finales en sus propias instalaciones (editoriales, imprentas, etc.), o bien debía recurrir a la subcontratación de los servicios por no poder abarcar todo el proceso completo (estudios de diseño, agencias, etc.).

Para la fase de entrega de documentos finales no existe diferenciación. Debe hacerse la entrega de los documentos o artes finales al departamento de impresión del mismo modo, ya sea cuando se lleva la producción a cabo dentro de la propia empresa o para subcontratar los servicios.

El documento o arte final es el archivo definitivo de trabajo que, tras las constantes modificaciones de maquetación, diseño o color efectuadas gracias a la comunicación y la corrección de errores entre las partes (empresa encargada del diseño y cliente), va a pasar a la fase final del proceso.

Así que dicho archivo o documento debe ser entregado al departamento de producción o impresión del mismo modo, ya sea porque dicho departamento se encuentre en la propia empresa o porque se hace a través de subcontratación de servicios.

Cuando se habla de **documento gráfico previo a la impresión,** en la actualidad se hace referencia al archivo informático que contiene la información de diseño del producto.

Consejo

Se considera adecuado que la revisión del arte final se haga a través de varias personas. Como se suele decir: "cuatro ojos ven más que dos"; o lo que es lo mismo; lo que el diseñador puede haber pasado por alto lo puede ver otro compañero.

Existen muchos tipos de archivos y formatos, pero existe una serie de archivos y extensiones informáticas comunes que suelen estar estandarizados y por tanto son reconocidos como universales en este tipo de empresas.

Cuando un trabajo ha finalizado y va a ser enviado a producción o impresión, se puede entregar dicho documento en el formato nativo del programa en el que fue creado, pero siempre es aconsejable el uso de los conocidos en el sector de la informática como metaarchivos.

Los metaarchivos son documentos que permiten combinar todas las opciones del diseño gráfico: tipografías, imágenes, vectores, fotografías, etc., al igual que lo permiten los documentos vectoriales o de maquetación, pero con la diferencia de que se han constituido como extensiones universales.

Mientras que los formatos vectoriales o de maquetación suelen ser nativos de los propios programas en los que han sido creados, como se verá en el próximo apartado, los metaarchivos más comunes (EPS y PDF) son formatos estándares que son reconocidos y por tanto pueden ser abiertos y de nuevo editados con programas de todo tipo del sector de la edición y del diseño, ya sean vectoriales, de retoque fotográfico o maquetación.

5.3. Fase de preimpresión, impresión y acabado

Se aconseja por tanto que, cuando se haga una entrega de documentos finales al departamento de producción o impresión, o a la empresa subcontratada, se haga en ambos formatos: nativo y metaarchivo.

De este modo se facilitará el trabajo de producción o impresión siempre teniendo alternativas ante la imposibilidad de abrir, editar o reconocer archivos.

La fase de producción de hecho se divide en otras tres nuevas etapas: preimpresión, impresión y acabado. Y de este modo se facilita en gran parte la tarea o trabajo final.

La fase de preimpresión es cuando una vez recibidos los documentos gráficos son revisados y preparados para ser impresos por las imprentas o las máquinas de impresión de gran formato, y se valora positivamente que los documentos sean entregados con la mayor posibilidad de edición posible. Muchas máquinas impresoras requieren de una serie de complicados procesos, como la división de colores en primarios o básicos (CMYK); por tanto, cuanto más se facilite la edición del archivo, más rápido podrá trabajar el preimpresor sobre dicho documento.

Tras la etapa de impresión se completa el proceso con la fase de acabado, que es cuando los documentos finales pasan a ser revisados, saneados por sus marcas de corte, paginados, encolados o grapados si es necesario o incluso envasados al vacío en plásticos gracias al uso de retractiladoras. El control de calidad en este proceso será el que dé por concluida la ejecución completa del proyecto.

Ya solo bastará la entrega de los ejemplares de documentos finales impresos al cliente para acabar con el proceso productivo y poder cobrar por los servicios prestados.

Aplicación práctica

En plena fase de ejecución del proyecto, y dado que no se pueden prestar los servicios de impresión en las instalaciones, la agencia de publicidad Megapubli decide subcontratar los servicios de imprenta. El departamento de diseño, que trabaja con *software* de maquetación, no cae en la cuenta y envía los artes finales a la empresa subcontratada en su extensión o formato nativo. ¿Qué cree que puede ocurrir?

SOLUCIÓN

Generalmente, y ante este tipo de situaciones, suele ser habitual que pasado un tiempo la empresa subcontratada acabe por comunicar a la primera que le reenvíe de nuevo el archivo en otro formato; a ser posible metaarchivo.

Suele ocurrir que las empresas dedicadas a la impresión de documentos, para evitar este tipo de problemas, sí que tengan instalados en sus equipos todas las versiones de *software* existentes en el mercado, pero evidentemente no siempre es el caso. Además, estas empresas trabajan sobre otro tipo de *software* específico que transforma esos artes finales en lenguaje reconocible por las máquinas de impresión y, por tanto, que pueden no reconocer los archivos nativos. En el caso del ejemplo, ha ocurrido que la empresa subcontratada trabaja con *software* de otro fabricante o con versiones antiguas, por lo que cuando ha podido comprobar el archivo mandado por la primera ya ha pasado un tiempo precioso, y cuando la empresa contratante creía que el trabajo estaba puesto en marcha no solo no ha sido así, sino que se le notifica que no han podido siquiera comenzar con la producción. Para evitar este tipo de problemas siempre se aconseja mandar el documento en varios formatos, y que uno de ellos sea al menos de tipo metaarchivo, dado que estos son reconocidos por todo tipo de *software* dedicados a todas las acepciones del diseño gráfico.

5.4. Originales en diferentes formatos

Como se ha comentado en el apartado anterior, se aconseja que los documentos gráficos originales sean almacenados en memoria para una posible posterior recuperación o modificación de los mismos en diferentes formatos digitales.

En la actualidad, los proyectos gráficos suelen realizarse casi por completo en formato digital o informático. Hay que recordar que ya muchas empresas utilizan el recurso del formato digital hasta para la creación de los primeros esbozos y bocetos, dejando el trabajo artesanal o manual relegado a un segundo plano y aprovechando las ventajas de los avances tecnológicos.

Los denominados **tipos de originales digitales** suelen estar definidos por el programa o *software* específico del que provienen. Por tanto, existen extensiones propias comunes en programas de maquetación como Adobe In Desing o Quark Xpress, entre otros, así como de programas vectoriales como Adobe Illustrator, Corel Draw o AutoCAD.

En el caso de los documentos propios de los programas de mapa de bits, también conocidos como rasterizados, se pueden encontrar extensiones propias del *software* Adobe Photoshop, Gimp, etc.

Dichas extensiones de los documentos vendrán determinadas por el *software* específico, pero también, y a elección del usuario o diseñador, se podrá elegir la extensión gracias a las posibilidades que ofrecen los distintos programas de diseño en función a las características que se desea que tenga el documento gráfico.

Además, hay que recordar que se conocen como metaarchivos a los documentos gráficos que son compuestos de imagen vectorial, textos y mapa de bits al mismo tiempo, y que tienen como extensiones más comunes EPS y, la más extendida, el formato PDF.

A continuación, se ofrece un listado con los formatos o las extensiones más conocidos o estandarizados en el sector del diseño y producción gráfica:

- **Formatos más extendidos en *software* de maquetación:**

    - .indd: extensión nativa de Adobe InDesign.
    - .indb: archivo de libro en Adobe InDesign.
    - .indt: plantilla de documentos en Adobe InDesign.
    - .qwd: documento propio de QuarkXPress.
    - .qxb: archivo de libro en QuarkXPress.
    - .qxl: biblioteca en QuarkXPress.

- .qxt: plantilla de documentos en QuarkXPress.
- .epub: formato generalizado de libro digital. Es una extensión muy utilizada para archivos transmisión de documentos tipo libro en muchos programas de maquetación o edición de textos.

■ **Formatos más extendidos en *software* mapa de bits:**

- .jpeg o .jpg *(joint photographic experts group):* formato basado en comprensión de imagen, aunque esta se puede ajustar. Es el más común y probablemente más usado.
- .bmp (Windows Bitmap): imagen de usuario Windows generalmente comprimida, aunque se puede ajustar su compresión.
- .tiff *(tagged image file format):* muy usado en impresión digital. Admite capas, así como compresión o no de la imagen.
- .gif *(graphics interchange format):* muy usado para diseño web, poco peso, mucha compresión y admite animación por frames.
- .cpt: imagen cliente de Corel Photo Paint. Puede portar capas.
- .psd o .psb: imagen cliente de Adobe Photoshop. Puede portar capas.

■ **Formatos más extendidos en *software* vectorial:**

- .ai: formato vectorial nativo de Adobe Illustrator.
- .cdr: formato vectorial cliente de Corel Draw.
- .fh*: formato vectorial nativo de Freehand (sustituir * por versión de Freehand. Por ejemplo Freehand mx11 tendrá extensión fh11).
- .dwg: formato vectorial propio de AutoCAD. Puede contener imagen en 2d o en 3d.
- .eps *(encapsulated postscript):* puede combinar vector y mapas de bit.
- .fla: formato vectorial nativo de Flash. Admite animaciones.
- .swf *(shockwave flash):* formato vectorial cliente de Flash que permite animaciones, así como mapas de bit.

■ **Formatos de carácter metaarchivo:**

▌ .eps *(encapsulated postscript):* puede combinar vector y mapas de bit.

▌ .pdf *(portable document format):* aunque se trata de un formato de almacenamiento de documentos, combina a la perfección vectores y mapas de bit, siendo un documento muy apto para la impresión digital.

▌ .pic: formato propio del sistema Macintosh que puede combinar imágenes de mapa de bits y elementos vectoriales.

▌ .pct: al igual que el anterior, es un formato propio de Mac. Combina a la perfección vector y mapas de bit.

 Nota

La ventaja de este tipo de documento informático es la versatilidad gráfica que admite, así como su uso generalizado, que le permite ser abierto tanto por todo tipo de programas vectoriales como de mapas de bits.

Es aconsejable que, tras acabar con el proceso, los originales se almacenen en la base de datos de la empresa para ser recuperados en un futuro o bien ante la posibilidad de ser nuevamente ejecutados por necesidad del cliente en el futuro.

Estos documentos originales deben ser almacenados en base de datos en diferentes formatos, tanto en extensión nativa del programa sobre el que se actuó como ajena. Se aconseja el uso del formato metaarchivo para el proceso de almacenado de originales, dado que el avance de la tecnología y de los diferentes programas de diseño de productos gráficos no garantiza la aparición o desaparición de *software* específico, como ya se ha dado el caso, y por tanto se valora el uso de extensiones comunes como suelen ser la de tipo metaarchivo para poder ser recuperados y modificados estos originales en un futuro.

6. Resumen

Seguir una estricta metodología en el proceso de la realización de los productos básicos se convierte en algo esencial.

No en vano, este método basado en fases y etapas concretas lleva manteniéndose desde el comienzo de la producción en cadena de material impreso ya desde las primeras imprentas de tipos móviles de la antigua China y las posteriores de prensa manual como la inventada por Gutemberg ya en la Edad Media.

Las etapas a seguir en todo proceso gráfico son las mismas desde entonces y siguen el mismo orden que se ha podido comprobar en este capítulo del manual.

Siempre habrá de tener una primera fase de proyecto donde se genera la recogida de información y datos, seguida de otra fase de esbozo o bocetaje de la idea esencial para pasar a la fase de realización.

La generación de maquetas como primera toma de contacto con el cliente para su presentación y posterior discusión y corrección de posibles errores siempre ha existido como tal, al igual que la fase de acabado, donde se ejecuta el proyecto seleccionado y se entregan los documentos finales.

El proceso acaba, como antaño, con la reserva de los originales para una posible reedición o modificación.

En la antigüedad, se guardaban pesadas planchas compuestas o el primer ejemplar impreso como muestra; en la actualidad, ese trabajo de recuperación se ha aligerado y se ha hecho más seguro y ágil gracias al uso de las nuevas tecnologías y los almacenes de documentos digitales.

Ejercicios de repaso y autoevaluación

1. **En la fase de _____, la maqueta final se convierte en archivo, documento o en el producto conocido como arte final.**

   a. presentación al cliente
   b. estrategias, discusión e introducción de correcciones
   c. acabado del proyecto
   d. realización

2. **Enumere las fases que siguen a la entrega de documentos (artes) finales.**

   _____
   _____
   _____
   _____

3. **Complete el siguiente texto.**

   La fase de discusión e introducción de correcciones es en la que la empresa elige una de las maquetas y sobre ella se pulen ciertos detalles compositivos, de _____ o incluso de corrección de formas.

4. Busque los cuatro programas de tipo vectorial o de maquetación, que se esconden en esta sopa de letras.

A	T	E	U	T	V	L
Z	I	O	S	Q	W	A
V	G	Y	I	C	N	Z
L	N	R	S	O	F	Ñ
O	I	R	I	R	E	Y
B	S	H	L	E	R	F
D	E	T	L	L	E	E
A	D	L	U	D	R	S
A	N	O	S	R	E	P
C	I	R	T	A	T	O
C	A	S	R	W	N	A
I	E	Z	A	R	I	B
D	O	S	T	O	D	C
D	A	C	O	T	U	A
D	M	E	R	I	T	U

5. Indique cuál de las siguientes afirmaciones es verdadera o falsa.

a. De los embalajes y demás sistemas de *packaging* suele realizarse una maqueta en tamaño real (solo en contadas ocasiones en las que las dimensiones son muy elevadas se hace a menor medida).

☐ Verdadero
☐ Falso

b. El método simplex nace de los estudios de Alex Faickney Osborn en 1938, quien se dio cuenta que en un proceso de decisión de ideas grupal se conseguían más y mejores resultados.

☐ Verdadero
☐ Falso

6. **En la fase de ejecución del producto, antes se han de hacer pruebas. En el caso de los medios tradicionales impresos, como folletos, tarjetas, revistas, etc., ...**

    a. ... se suele mostrar una prueba impresa monocroma.
    b. ... se suele imprimir un ejemplar completo.
    c. ... se mostrará el resultado con sus piezas ensamblables por separado.
    d. Todas las opciones son incorrectas.

7. **Los _____ son documentos que permiten combinar todas las opciones del diseño gráfico: tipografías, imágenes, vectores, fotografías, etc.**

_____

_____

_____

_____

8. **Complete el siguiente texto.**

En la fase de esbozos y bocetos existen muchos métodos, y depende en gran parte del _____ que se encargue del trabajo de bocetaje el que se actúe de un modo u otro. Cada vez es más habitual el uso de _____ específico para el diseño gráfico; muchos de los creativos o diseñadores trabajan directamente sobre ese tipo de programas para crear el primer boceto. Aunque sigue siendo habitual que se haga una previsualización _____ del _____ final a mano sobre papel antes de darle otra forma, otra _____

9. **Relacione cada extensión con el tipo de *software* del que es nativo.**

    a. Vectorial.
    b. Maquetación.
    c. Retoque fotográfico.
    d. Creador de metaarchivo.

    __ .psd.
    __ .ai.
    __ .pdf.
    __ .qwd.

10. Complete el siguiente texto.

Los productos más complejos, con muchas piezas o fabricados en materiales tales como metal, fibras, etc., suelen mostrarse en fase de maqueta en un material alejado del que va a ser utilizado finalmente y fácil de moldear, tales como _____.

11. Las maquetas, como muchas de las cosas de esta sociedad avanzada en la que vivimos, tiene un origen...

    a. ... en el adoctrinamiento juvenil.
    b. ... militar.
    c. ... casual.
    d. Todas las opciones son incorrectas.

12. Para el diseño de productos, envases, embalajes y herramientas, se está cada vez generalizando más el uso de un recurso muy cómodo y de fácil manejo, similar al del dibujo manual como es el de...

    a. ... las *tablets*.
    b. ... aplicaciones para móvil.
    c. ... las tabletas digitalizadoras.
    d. Todas las opciones son correctas.

13. De los productos impresos de mayor tamaño...

    a. ... se imprimen ejemplares completos.
    b. ... se imprime como prueba un ejemplar en su tamaño original.
    c. ... se imprime como prueba una muestra escalada del ejemplar.
    d. ... se imprime lo que se denomina un prototipo.

14. Ordene las etapas del ciclo de fase de proyecto del 1 al 5.

    a. Fase de bocetaje y esbozo.
    b. Recopilación de datos iniciales.
    c. Creación de un parte de trabajo para los diseñadores.
    d. Escucha de necesidades del cliente.
    e. Necesidades de materiales que se van a utilizar y de tiempo invertido.

15. Tache la palabra menos adecuada en referencia a la afirmación que se le hace.

El sistema de tormenta de ideas o (simplex) *(brainstorming)* se basa en decir absolutamente todo lo que se le ocurre a cada persona (integrante)(superior) del grupo, se aconseja que entre seis a (doce)(ocho) personas en un periodo (limitado)(ilimitado) de tiempo, sin desechar idea alguna, por muy mala o absurda que parezca, anotándolas (brevemente)(ampliamente).

Capítulo 2

Fundamentos creativos y técnicos del diseño gráfico

Contenido

1. Introducción
2. La tipografía
3. El color
4. La imagen
5. Composición
6. Resumen

1. Introducción

Todo creativo dedicado al sector del diseño gráfico, de manera consciente o inconsciente, tiene control absoluto de los fundamentos esenciales del diseño gráfico, como son la composición de imágenes y textos, el uso del color o la selección de tipografías.

Generalmente, la propia experiencia permite ir cada vez a más, ampliando los conocimientos creativos y técnicos necesarios para el correcto desempeño de la profesión.

Muchos de los diseñadores o maquetadores profesionales provienen de un aprendizaje previo en universidades o escuelas de arte donde estos conocimientos básicos han sido aprendidos. Pero no hay que olvidar que muchos otros, sobre todo impresores, no han tenido esa facilidad o ese acceso, y han ido aprendiendo estos conceptos básicos sin tanta teoría o historia recibida de manera lectiva.

De los conceptos compositivos, del uso del color y la forma y de la selección de tipografía dependerá un mejor resultado del texto o diseño que cada creativo tenga entre sus manos.

2. La tipografía

La tipografía es el arte y la técnica de componer textos mediante la selección, diseño y disposición de tipos (o letras) para imprimirlos o mostrarlos digitalmente. Incluye aspectos como el estilo, el tamaño, el espaciado y la disposición de las letras y los caracteres en una página o pantalla.

La tipografía es fundamental en el diseño gráfico, la publicidad, la impresión y la comunicación visual en general, ya que puede influir en la legibilidad, la estética y el impacto del mensaje.

La tipografía es el arte de comunicar con palabras, y como el arte implica emociones, existen muchos tipos de fuentes, millones de ellas, que se fueron inventando para mostrar psicológicamente esas emociones, y no solo mediante lo que se escribe.

La creación de nuevas tipografías a lo largo de la historia, responde también a una combinación de necesidades prácticas, avances tecnológicos, cambios culturales y estéticos.

 Importante

Se conoce como "fuente" a cada estilo de letra. Cada familia de caracteres diferente a otra se considera una fuente tipográfica distinta, y es algo en constante evolución. Cada año surgen nuevas tipografías, y muchos diseñadores se encargan solo de enriquecer este catálogo de tipografías con sus constantes y nuevas creaciones.

Pero todo ello vino con la tipografía o estudios tipográficos modernos, ya que hay que recordar que se conserva palabra plasmada en papel desde que existe la escritura, y que existe palabra impresa desde que se inventó la imprenta.

Hoy en día conviven muchos tipos o fuentes diferentes que no solo se ciñen a caracteres de imprenta o estilos caligráficos de letra, pero evidentemente todo ello deriva de un largo proceso, de una evolución histórica de la ciencia de la escritura y la tipografía, como se podrá comprobar en el siguiente apartado.

2.1. Evolución histórica

Se puede decir que existe tipografía desde que existe la escritura, no en vano se conocen como **fuentes caligráficas** a aquellas que emulan la escritura manual o de mano alzada.

Pero el nombre **tipografía** proviene de la palabra **tipo** y hay que considerar que los tipos, o caracteres móviles, no aparecen hasta bien entrada la Edad Media con la invención de la imprenta moderna por parte de Johannes Gutenberg sobre el año 1450.

Aunque la evolución histórica de este arte lleva a considerar como inicios de la tipografía, como es lógico, al propio comienzo de la escritura, de la comunicación escrita.

Numerosos estudios han llegado a la conclusión de que el origen de la escritura proviene de la conocida como **escritura cuneiforme,** de origen sumerio o mesopotámico.

La antigua civilización sumeria, situada en lo que hoy se conoce como Oriente Medio, entre los ríos Tigris y Éufrates, es considerada como la madre de la tipografía moderna.

Antes de que esta civilización simplificara o ideara un nuevo sistema de comunicación, la representación de la vida cotidiana, la información que pasaba de padres a hijos, se hacía mediante dibujos, y la riqueza verbal, por tanto, quedaba muy limitada ya que no expresaba sentimientos, no comunicaba emociones, solo representaba acciones y motivos naturales.

Los sumerios fueron conscientes de ello, y fueron derivando esos dibujos en pictogramas (como también hicieron los egipcios), y simplificaron el sistema de dibujos hasta tal punto que se podía escribir con una pequeña cuña de madera sobre la arcilla blanda que usaban como soporte. De esa cuña o punzón que utilizaba la civilización sumeria surgió el nombre de **escritura cuneiforme.**

La escritura cuneiforme data aproximadamente entre el 3600 y el 3300 a. C., y por ello es considerada la madre de todas las tipografías actuales, ya que empezaba a representar signos abstractos, totalmente alejados de representaciones de la naturaleza dibujadas de manera más o menos compleja o ideograma.

Hacia el año 2600 a. C., los símbolos cuneiformes ya se distinguían totalmente del ideograma original y, pronto, este tipo de cómoda comunicación o escritura se extendió por todo el norte de África y todo el actual Oriente Medio; e incluso la civilización acadia empezó a abandonar el uso de tabillas de arcilla como medio impresor y, para intentar preservar por más tiempo sus textos, incorporó el uso de punzones metálicos para grabar sobre planchas de hierro.

El principal valor de la escritura cuneiforme es que abandonó la idea de que cada signo representara una idea abstracta (por ejemplo, un pájaro representaba aves, una hoja cultivos, etc.), sino que cada signo cuneiforme representaba un sonido, una sílaba.

De este modo se podía abandonar esa mera representación gráfica, lejos de las emociones, de las expresiones complejas, de los verbos, los tiempos, etc. Con estas sílabas se podían concebir expresiones abstractas; valores, sentimientos.

Más tarde, y con la extensión de esta primera escritura silábica, fueron naciendo otros lenguajes de similares características. Muchos de ellos, como el chino o el japonés, han mantenido esa estructuro silábica hasta la actualidad; pero, generalmente, este tipo de lenguajes silábicos contienen un elevado número de caracteres y suele ser más complejo.

Ejemplo

Algunas de las sociedades actuales continúan con su sistema de lenguaje silábico, como ocurre con el japonés, el árabe o el chino, por ejemplo.

Actividades

1. Elija una letra del alfabeto y, cogiendo lápiz y papel, dibuje varias versiones de la misma letra tanto en mayúscula como en minúscula, intentado ser original, sin que se parezca a una fuente conocida.
2. Ahora elija aquella que más le guste (tanto en mayúscula como en minúscula) y pásela a limpio con rotulador negro o bolígrafo para darle más consistencia. Reserve el resultado para ejercicios posteriores.

Del alfabeto a los tipos

La escritura cuneiforme sumeria se extendió tanto que se considera como el germen de inicio de todas las demás lenguas de Occidente. Tal es así que aún se conservan rasgos en ciertas culturas, que, por extraño que parezca, se ven estrechamente relacionadas con estos inicios de comunicación impresa.

Pero no fue hasta los orígenes de la civilización griega que se normalizó el alfabeto y se pasó de códigos silábicos a símbolos que representaban un solo sonido, una letra.

De hecho, el nombre **alfabeto** proviene de las dos primeras letras griegas, alfa y beta, que serían similares a las A y B del alfabeto castellano y la mayoría de lenguas occidentales.

Gracias a una abstracción más compleja, se pasó de un sistema silábico a uno alfabético, donde cada símbolo representaba una sola letra, un sonido y, por tanto, al unir varias letras se creaban las sílabas y, con la unión de estas, las palabras tal y como hoy se conocen.

Así, se simplificó el número de caracteres de los miles de las culturas que habían evolucionado directamente de la sumeria y la asiria a los algo más de treinta en un comienzo del griego, y hasta las veinticuatro que ahora conservan.

Alfabeto griego clásico

Α α	Β β	Γ γ	Δ δ
Ε ε	Ζ ζ	Η η	Θ θ
Ι ι	Κ κ	Λ λ	Μ μ
Ν ν	Ξ ξ	Ο ο	Π π
Ρ ρ	Σ σ ς	Τ τ	Υ υ
Φ φ	Χ χ	Ψ ψ	Ω ω

Es por ello, y gracias a que este sistema fue continuado por otro gran imperio de la civilización humana como fue el romano, que la gran mayoría de alfabetos actuales se mueven en una horquilla de entre veinte y cuarenta caracteres del tipo letra.

Un gran avance teniendo en cuenta que las culturas que mantienen un sistema de comunicación silábico aún manejan cientos de caracteres, algunos incluso miles por conjugar varios sistemas de caracteres silábicos en su mismo lenguaje.

Pero ya desde los inicios, el arte de la escritura era accesible solo a unos pocos privilegiados; desde los primeros escribas, pasando por los filósofos y los políticos griegos y romanos, hasta los copistas de la Edad Media, solo un nivel reducido de personas de la élite podían acceder a estos conocimientos escritos.

 Sabía que...

Los escribas eran tan importantes en el Antiguo Egipto que no solo tenían un cargo elevado en la sociedad, sino que eran los únicos que sabían de cálculo. Por tanto, eran los únicos que podían calcular los impuestos y que podían escribir las palabras directas del faraón.

El nivel de analfabetismo era bastante amplio en el periodo medieval, y los escritos históricos, artísticos, matemáticos y físicos, así como el género literario, fue conservándose a lo largo del tiempo hasta el día de hoy gracias al trabajo de los escribas y luego los copistas.

Estos escribas y copistas, pertenecientes a órdenes religiosas, dedicaban sus horas a copiar, letra a letra, las obras originales de tiempos inmemoriales, para poder conservarlas.

Al igual que el de escriba o copista, existía un trabajo también realizado por órdenes religiosas, y no menos difícil, que complementaba al anterior. Estos monjes, conocidos como **miniaturistas** en la Edad Media, se dedicaban a incluir imágenes explicativas o meras ilustraciones junto o entre los textos que sus compañeros de orden reproducían.

Gracias al arduo trabajo en esas órdenes religiosas a lo largo del tiempo, hoy se mantiene el gran legado enciclopédico conservado. Poco a poco se fueron introduciendo novedosos sistemas para descargar del duro trabajo a estos copistas, y este primer paso se consiguió a través de la xilografía.

Definición

Xilografía

Es considerada como el primer proceso mecanizado de impresión, originario de China, y sistema muy utilizado en Oriente desde el siglo V pero que no llegó a Occidente hasta aproximadamente el siglo XIII, ya en la citada Edad Media.

El proceso consistía en tallar a mano planchas de madera con imágenes (y posteriormente textos, o imágenes y texto al tiempo), dejando en relieve aquello que se pretendía estampar. A este relieve se le impregnaba de tinta, y al fijarlo sobre el papel mostraba la figura o el texto deseados. Al poder usarse esta misma plancha las veces que se necesitase, se mecanizaba el proceso y por tanto aceleraba sobremanera la difícil tarea del copista y miniaturista.

Plancha de xilografía

Gracias a este sistema, ya en 1450, y a través del invento de Gutenberg, surgió la primera imprenta de tipos móviles, una clara y necesaria evolución de la xilografía, donde cada letra o carácter estaba tallado en una sola pieza; así, se podían colocar tantas veces se quisiera y donde se necesitase para no tener que tallar textos enteros para hacer una sola página.

Estos elementos o sistemas de impresión en relieve fueron dados a conocer como **tipografía, prensa** o **imprenta,** y puede considerarse como el primero de los procedimientos de impresión editorial basado en un sistema de tipos de imprenta o código alfabético, pero también de otro tipo de signos.

Tipos móviles

Actividades

3. Puede hacer un experimento casero para probar el uso de la xilografía o el de los tipos móviles. Para ello, solo debe valerse de una patata cruda o una goma de borrar y un cúter o cuchillo. Corte la goma o patata por la mitad y con el cúter o cuchillo talle una forma en relieve en el centro de la misma, retirando el sobrante. Para facilitarlo haga por ejemplo una l.
4. Use un vaso o recipiente para mezclar pinturas a la tempera con agua para utilizarla sobre el relieve antes efectuado, o bien simplemente use un rotulador grueso (de tipo *edding)* e impregne la forma de l tallada sobre la goma o la patata. Recuerde, solo el relieve, nunca el fondo.
5. Ahora presione la goma o patata sobre un papel o cualquier otro sustrato en blanco. Así de sencillo resulta el proceso impresión. Pruebe a hacer diferentes formas o letras con el mismo sistema, recordando que debe hacerlo en negativo (al revés de su forma deseada), dado que al presionar sobre el papel el resultado impreso será el adecuado.

2.2. Código de signos

Ya en sí se puede considerar a la escritura, ya sea silábica o alfabetizada, como un código de signos. No en vano, toda comunicación abstracta se basa en sistemas o códigos de signos.

Si se puede considerar a cada letra, cada carácter, como un signo, es evidente que se necesita el conocimiento de un código para que la correlación de esos signos tengan significado.

Los signos o caracteres solo se pueden entender gracias al uso de un código previamente aprendido que permite traducir este sistema de caracteres unidos entre sí como un texto completo con significado.

Para entender este código de signos no hay que olvidar que no solo existen caracteres alfabéticos, sino que estos se valen también de otros sistemas como los numéricos, de puntuación, los espacios entre palabras, etc.

 Importante

El braille, como cualquier lenguaje y a pesar de tratarse de un sistema de elevaciones hechas con punzón en sus inicios, hoy en día tiene tipografías diferentes. Variaciones en esas elevaciones que las hacen más divertidas al tacto y agradables para su lector.

Si no existieran reglas de ordenación de caracteres, sin esos espacios entre palabras, sin una correcta correlación entre frases, signos de puntuación, espacios, signos de exclamación o interrogación, no se podría entender el código completo que supone la suma de los bloques de texto.

No hay que olvidar que cada lenguaje es un código de signos, y por tanto existen lenguajes de códigos numéricos (como el binario, basado únicamente en unos y ceros), alfanuméricos (letras y números), icónicos (basados en imágenes simples como la señalización de carreteras), de símbolos abstractos (como el braille, el morse, etc.,) de color, etc.

Los códigos de signos funcionan según su significación y su denotación. Por un lado, entender un código permite dar significado a lo que se está traduciendo mentalmente, pero por otro, según se lea o quién lo lea, le da otro significado, una denotación propia a tal código.

Para evitar esas apreciaciones denotativas se usan los signos de expresión, las comillas, las comas, los de interrogación o los paréntesis. Las tildes, las comas o los puntos también pueden cambiar el significado de un código concreto, así como los espacios o las palabras tras asteriscos.

El código de signos de cada lenguaje se cimienta en una base consensuada a lo largo del tiempo y firme que hace comprender el significado del mismo, y no por ello convierte a un sistema de signos en algo estricto e inamovible, sino que lo dota de más libertades.

Un código simplemente traduce una serie de pautas; por ejemplo, gracias al código de la lengua castellana se sabe que el signo o letra M seguido de la A se lee Ma; y que si se repite la operación y se acentúa su última A se puede leer Mamá, dando significado mental a la palabra gracias a ese código preestablecido.

Del mismo modo, se comprende que el color verde de un semáforo indica que se puede continuar, o que una línea pintada en el suelo en un establecimiento indica que no se puede cruzar a partir de ese punto o que una flecha incita a seguir una dirección. Pero también responde a unos códigos las señas con las manos del lenguaje de sordos, los silbidos para llamar la atención, la bandera blanca en señal de rendición o las notas de los pentagramas de música.

El código de signos de la mayoría de lenguajes occidentales se basa en reglas alfanuméricas, de acentuación y espaciado, de exclamación e interrogación y en sistemas de puntuación.

Actividades

6. Busque en Internet, o usando diccionarios enciclopédicos, uno de los alfabetos de signos usado por los sordomudos. Deduzca si se trata de un código de signos basado en palabras complejas, sílabas o un solo signo, o si resulta ser de tipo mixto, si responden o no a criterios alfanuméricos.

7. Ahora haga lo propio buscando el alfabeto braille o el usado por personas invidentes. Busque similitudes o comparativas. ¿Por qué cree que son de ese modo? ¿Responde a criterios similares a los de las lenguas de los diferentes países y sociedades? Razone las respuestas.

2.3. Clasificación, componentes y familias

Tipografías, fuentes de letra o caracteres tipográficos son algunas de las acepciones que reciben los signos que son empleados para representar las sílabas, los sonidos o las palabras de un idioma escrito en concreto.

Debido al uso de la imprenta clásica de tipos móviles, son reconocidos como tipos cada uno de los modelos o familias de fuentes de letra creados en la antigüedad por un artesano o un diseñador, y en la actualidad por un diseñador gráfico, y que generalmente se bautiza con el mismo nombre (o apellido) de su creador o el de la fundición que en su día fabricara el tipo y que posteriormente popularizaron su uso.

Por lo tanto, para la clasificación de tipografías se hace uso del orden alfabético, siendo como se ha comentado en su mayoría estas fuentes de tipografías bautizadas por su creador. Por tanto, el orden dependerá de la nomenclatura que se le haya dado a esa familia tipográfica en concreto.

Es algo habitual que tras el nombre de la fuente se añada el tipo de componentes que la definen (como se verá en próximos apartados), como su remate, o si llevan o no serifa.

En otros casos, lo que acompaña al nombre de la tipografía es el peso específico o anchura de sus caracteres, siendo habitual encontrar el nombre de la tipografía acompañado de palabras como *light* (fina), *book* (normal) o *bold* (negrita); o según su dirección, como por ejemplo cuando se indica que una fuente es itálica (o cursiva). De este modo, se indica una variación de un mismo tipo de fuente y que al fin y al cabo definen una familia tipográfica completa.

Clasificación de las tipografías

A lo largo de la historia, y para una mejor catalogación de las diferentes familias tipográficas, y debido a la amplísima cantidad de familias de tipos existente, se ha ido siempre buscando la mejor y más cómoda clasificación de las tipografías.

Y dado que estos estudios provienen de la antigüedad, las clasificaciones existentes son diversas, siempre según se sigan los criterios de cada uno de los creadores de este tipo de clasificaciones.

En la actualidad, la clasificación de tipografías proviene de los estudios que a partir del siglo XX (exactamente en 1925) se empezaron a dar por parte de estudiosos tipográficos como Francis Thibaudeau, o posteriores como Maximilien Vox, y con la normalización necesaria ya en la década de los 60 gracias a la asociación que se creó para ello, como es el caso de la Atypl (Asociation Typographique Internationale).

 Sabía que...

La Atypl fue fundada en 1957 por el francés Charles Peignot, pero sigue vigente en la actualidad, siendo sus miembros diseñadores de tipos contemporáneos y grandes diseñadores gráficos de todo el mundo.

Pero anteriormente a estos sistemas de normalización ya se intentaron crear primarios sistemas de clasificación de tipografías, dado el creciente auge de las familias de tipos, y gracias a estos primeros intentos de normalización de las fuentes existentes surgió casi por sorpresa una nueva necesidad, que también se aprovechó para normalizar el uso de fuentes como era la manera de definir el tamaño de las fuentes. Con estos primeros intentos de normalización y clasificación nació el sistema de puntos.

Clasificación básica

La primera clasificación popular, antes de que los estudios comenzasen a determinar diferencias esenciales entre los tipos y las familias de fuentes, ya diferenciaba entre tres grandes grupos tipográficos: aquellas fuentes con remate o pie (con serifa) a las que el pueblo llamaba **romanas** por su uso en las inscripciones de mármol de estatuas, lápidas y edificios ya desde la época del Imperio romano; las que no tenían pie, y por tanto eran menos elegantes y por tanto bautizadas como **grotescas;** y las fuentes que, pese a ser compuestas solo por letras mayúsculas, evidenciaban una diferencia de tamaño mayor entre la letra que iniciaba la palabra de las demás que componían dicha palabra en menor tamaño, a las que generalmente se las conocía como **versalitas.**

La clasificación más básica de la tipografía suele dividirse en dos categorías principales: serif y sans serif o también llamado palo seco.

- **Serif:** las tipografías serif tienen pequeñas líneas o remates en los extremos de las letras. Estos remates pueden ser más notorios o más sutiles dependiendo del diseño de la tipografía. Estas fuentes suelen asociarse con la tradición, la formalidad, y la legibilidad en textos impresos extensos, como libros y periódicos.
- **Sans serif o palo seco:** por otro lado, las tipografías sans-serif carecen de estos remates. Son más limpias y modernas en apariencia y se utilizan comúnmente en entornos digitales y en diseños que requieren una apariencia más contemporánea y minimalista. Las fuentes sans-serif suelen considerarse más adecuadas para títulos, carteles y elementos visuales más grandes.

En la imprenta clásica, el carácter tipográfico no solo lo formaba la impresión de cada letra, sino el espacio que ese carácter ocupaba en cada palabra; o lo que es lo mismo, la forma y la contraforma o espacio blanco que rodea a la letra. Y en gran parte, esta característica definía la familia tipográfica, pero los espacios en blanco entre palabras aún no estaban definidos de manera normalizada, y cada impresor los usaba a su gusto y antojo, aprovechando espacios, o permitiendo mayor soltura entre palabras.

Era necesaria una normalización, un sistema de reglas tipográficas que definiera los principios de este nuevo arte conocido como **el de la impresión.** El nacimiento de la normalización tipográfica llegaría en los siglos XVII y XVIII en Francia.

El proyecto fue conocido como *roman du roi* y llevado a cabo por la Académie des Sciences francesa, que intentó normalizar el uso de las numerosas familias de tipografías ya existentes por aquella época; y la frase que constituía esa primera academia de las ciencias dedicada al estudio de la tipografía en 1630 fue categórica y así sentenciaba su propósito: "Hemos comenzado a sentar las bases del arte que preserva todas las otras, la imprenta".

Muchas de las primeras bases se sentaron a partir de los consejos de Pierre Simón Fournier en 1730 (conocido como **el joven),** un artista fundidor y punzonista de tipos que había tenido la suerte de tener en propiedad los auténticos tipos de Garamond y Granjon, heredados en su familia de impresores de padres a hijos.

Por aquel entonces ya se habían desvirtuado ambas familias tipográficas (tanto la Garamond como la Granjon), y este hallazgo permitió volver a los tamaños reales de las fuentes originales (según sus creadores que con sus apellidos las bautizaron) y, desde ese punto, empezar a sentar las bases de la tipografía moderna. En 1737, en París, se acabó por publicar una primera tabla de proporciones para la impresión de tipos en la que se recogían los primeros aspectos categóricos basados en los estudios de la Académie des Sciences y en las propuestas de Fournier que, a partir de estos tipos originales, permitían primeras variaciones de tamaños de letra en base a un sistema de tamaños de cuerpo expresado en unidades de pulgada o *pouce.* Esta regla matemática daba como resultado que existían setenta y dos líneas en cada pulgada representada por puntos.

Fournier bautizó la categorización como **sistema duodecimal.** Para ello tomó el tipo de letra más pequeño usado por entonces en imprenta (conocido como **nomparela)** y lo dividió en seis partes, a cada una de las cuales dio el nombre de **punto.** En base de estos puntos (o cuerpo de letra) empezó a fabricar todos sus tipos de imprenta que fundía.

A la medida de 12 puntos o el doble de la nomparela la acabó por denominar **cícero,** y la equivalencia de este nuevo sistema duocecimal ideado por Fournier con nuestro sistema métrico equivaldría a:

- **1 punto =** 0,350 mm.
- **1 cícero (altura del tipo de 12 puntos) =** 4,2 mm.

Sabía que...

El nombre "cícero" que acuñó Fournier a la medida de letra de 12 puntos viene dado porque justo en aquel entonces la empresa de Fournier se estaba encargando de imprimir y difundir las obras de Cicerón y decidieron usar para facilitar su lectura tipos del tamaño de 12 puntos. De ahí que se bautizase con el nombre de "cícero" a los tipos de 12 puntos de altura.

Un cícero se considera como canon o medida muy importante dentro del arte tipográfico, porque se considera que toda tipografía que se preste a cambios debe al menos permitir la altura de doce puntos como mínimo para la calidad y la lectura de sus caracteres.

En 1742, Fournier fue más allá y en una obra propia publicada bajo el título de *Modéles des caracteres de l´imprimerie* se convirtió en el primer estudioso de las tipografías de manera oficial, ya que, sin aún saberlo, había sentado las bases de la diferenciación de las fuentes por familias tipográficas, ya que en ese primer manual no solo se recogían los modelos de tipografía más usados en su fundición, sino que también Fournier comenzó a diferenciarlas (según él en ordinarias, modernas y gruesas) y por tanto empezó a categorizarlas por grupos (más tarde familias). Fournier, ya en su vejez, acabó por escribir un manual tipográfico del que publicó dos tomos dedicados a los tipos y los modelos de letra, que él ya consideraba esenciales por aquel entonces.

Gracias al uso del término **moderno** acuñado en tipografía por el propio Fournier, y asociado a un tipo de fuente que por aquel entonces acababa de crear François Ambroise Didot (aproximadamente en 1784), nace una primera diferenciación en categoría o familia de fuente tipográfica, ya que distingue a esta tipografía (la Didot) de las clásicas o romanas por que los remates o serifas son mucho más finos debido a la mejora de los procedimientos modernos de impresión y fabricación de papel más absorbente que permitían este refinamiento en el acabado de los tipos de imprenta.

En 1760, el propio Françoise Didot perfeccionó el sistema de medida de Fournier tomando como base el **pie de rey,** medida de longitud usada por aquel entonces y que adaptó al sistema de medida de puntos de Fournier para que fuese mejor concebida por la sociedad de la época.

Considerando que un pie de rey equivaldría a 12 pulgadas, o lo que es lo mismo, a 30,48 centímetros, la unidad mínima, o punto de pie de rey, sería demasiado pequeño como para ser apreciado sobre el papel, por lo que Didot adoptó como unidad mínima el grueso de dos puntos de pie de rey.

Dos puntos de pie de rey equivalen a un punto tipográfico o cuerpo de letra, cuatro puntos de pie de rey equivalen a dos puntos tipográficos, por lo que la graduación en puntos según Didot varía en cierto modo de la Fournier (en la que se basó) y respondería a las siguientes medidas:

- **1 punto** = 0,379 mm.
- **1 cícero** (altura del tipo de 12 puntos) = 4,54 mm.

Actualmente, el sistema de medida que se utiliza en todo editor de texto analógico o digital responde al sistema Didot, adoptado universalmente desde entonces en todos los países con la excepción de Reino Unido y Estados

Unidos, países en los que el punto tipográfico está basado sobre la pulgada inglesa, (0,352 mm), por lo que resultan ser inferiores a los tipos usados en el resto del mundo, con una medida de puntos más cercana a la que en su día estableció Pierre Simón Fournier.

Actividades

8. Retome el ejercicio anterior en el que creó una tipografía nueva y recupere el papel donde pasó a limpio la misma. Ahora hágase con una regla y mida ambas letras (mayúscula y minúscula). Divida el resultado de ambas por 0,379 (un punto tipográfico) y el resultado le dará la altura en puntos de las fuentes que usted ha creado.
9. Recuerde que la altura de 12 puntos era conocida como cícero. Esta medida se establece como estándar porque se dice que toda tipografía que se preste a cambios debe al menos permitir la altura de doce puntos como mínimo para la calidad y la lectura de sus caracteres. Coja un lápiz y sobre el papel dibuje una línea horizontal y a 4,54 (redondee a 4,6 si lo desea) dibuje otra línea. Ahora básese en la tipografía creada por usted e intente volver a dibujarla respetando esos tamaños para comprobar si su fuente sería válida para la impresión de documentos.

Clasificación histórica de las tipografías

Hay que recordar que, dado que ser diseñador de tipos en la época de la imprenta clásica era una profesión en auge y que aseguraba prestigio personal, fama y la perdurabilidad de la autoría para la posteridad (bautizando la fuente con su nombre o apellido), eran muchísimos los autores que intentaban difundir sus caracteres sobre otros, pese a su similitud en trazos y componentes.

De ahí que empezara a nacer otra necesidad que se alejaba del simple orden alfabético de tipografías, o de la clasificación clásica y muy general creada por Fournier (diferenciaba solo entre tres grupos: romanas o elzevirianas, grotescas y versalitas).

 **Definición**

Elzeviriana

Su nombre proviene los Elzevir, una familia de editores de nacionalidad holandesa que gozó de un gran prestigio por la claridad de sus caracteres y por el tamaño tan pequeño de los mismos durante el siglo XVII.

Cada día nacían nuevas familias tipográficas y, a su vez, las familias existentes eran cada vez más extensas gracias a las variaciones de grosor de la fuente original.

Era necesaria una nueva clasificación de tipografías, y dado que era cada vez más fácil reconocer signos o componentes similares entre tipografías de diferentes autores, se hacía aún más cómoda esa clasificación por rasgos comunes que a su vez diferenciaban a familias de fuentes de otras familias totalmente distintas en su propia constitución y composición.

El pionero fue Francis Thibaudeau, que ya en el año 1924 comenzó con la clasificación de fuentes organizando las familias tipográficas en seis amplios grupos:

- Romana antigua o elzeviriana.
- Romana moderna o de Didot.
- Egipcia.
- Palo seco o grotescas.
- Caracteres de escritura.
- Fantasía.

 Definición

Fuentes egipcias
Aquellas en las que el pie o serifa era igual de grueso que el ancho de las líneas o trazos que componían el resto de la fuente.

Este sistema de clasificación se basaba en la forma esencial de cada fuente o por su remate, y extendía algo más la precaria división establecida siglos antes por Fournier. Aunque, aún muy general, esta categorización sirvió de ejemplo para posteriores clasificaciones, y muchas de las acepciones se conservan en la actualidad, como las fuentes del tipo fantasía o las de palo seco y caracteres de escritura, conocidas hoy día como **caligráficas.**

No fue hasta 1953 que dicha clasificación fue desechada en favor de otra más completa establecida por Maximilien Vox, y aceptada por todos e incluso recogida en la ATypI *(Asociation Typographique International).* Maximilien Vox consideraba más aproximada la división de tipografías en nueve grupos:

- **Manuales o góticas medievales (no considera las caligráficas).**
- **Humanistas o elzevirianas (de tipos gruesos con pie redondeado).**
- **Garaldas:** bautizadas de este modo por la unión de los creadores de tipografías Garamond y Aldo Manuzio y se catalogan dentro de esta clasificación a fuentes con los pies o serifas más finas.
- **Reales o transicionales:** por estar inspirados en las bases de la *romain du roi,* en las que existían diferencia de grosor entre trazos.
- **Didonas:** por Didot y su estilo de remate o serifa muy fina.
- **Mecanas o egipcias:** también bautizadas como de Serifa slab. Estos remates o serifas se caracterizan por ser muy gruesos casi sin diferencia con el resto de trazos de las fuentes (gruesas también).
- **Lineales o de palo seco (sin serifa).**
- **Incisas:** aquellas de palo seco que se ensanchan ligeramente en sus terminales.

- **Escriptas:** relacionadas con las caligráficas. Fuentes que imitan el trazo manual y que están unidas entre sí por trazos.

La actual clasificación de caracteres pretende unificar criterios, aunque basándose en estos dos modelos clásicos, y diferencia entre cuatro grupos de familias de caracteres, subdivididos a su vez en doce grupos amplios de familias de fuentes:

- **Grupo 1:** fuentes con pie o serifa:

  - Romanas antiguas (clásicas): Palatino, Times.
  - Venecianas (renacimiento italiano): Jenson, Bembo.
  - Francesas o elzevirianas (renacimiento francés): Garamond, Bell.
  - Barrocas o de transición: Fournier, Baskerville.
  - Romanas modernas (posteriores al XVIII, contraste entre astas): Didot, Bodoni.
  - Egipcias (serifas muy pronunciadas y gruesas): Clarendon, Playbill, Rockwell.

- **Grupo 2:** fuentes de palo seco:

  - Grotescas (sin serifa, y uniformes): Futura, Helvética.
  - Bastardas (o incisas, de palo seco pero con cierto ensanchamiento en sus remates): Pascal, Optima.

- *Grupo 3:* fuentes caligráficas, góticas o de fantasía:

  - Caligráficas o manuscritas: Anglais, Palace.
  - Fantasía u ornamentales: Ornés, Picadilli.
  - Góticas (procedentes del norte de Europa): Fraktur, Old English.

- **Grupo 4:** extranjeras: de procedencia no romana. Fuentes griegas, cirílicas, árabes, orientales, hebreas, etc.

Ejemplo de clasificación de tipografías

Antiguas	Didonas
Modernas	*Scripts*
Garaldas	Mecanas
Manuales	Lineales

Nota

Hay que hacer la apreciación de que, a pesar que la clasificación actual de fuentes es la más extendida y su diferencia en grupos y subgrupos es común, existen diferencias de denominación claras entre países. Por ejemplo, las fuentes de palo seco o grotescas en Francia suelen denominarse como *antique*, en América como góticas, en Reino Unido como *san serif* o sin serifa; y, evidentemente, el grupo de fuentes denominadas como extranjeras, por ser de procedencia no romana, tienen su propia clasificación en sus países de origen, como ocurre con esta.

Actividades

10. Busque y abra al menos cinco páginas de Internet al azar, o bien seleccione cinco revistas, libros o periódicos impresos que tenga en su domicilio. Anote en un papel el tipo de tipografía predominante indicando simplemente en una tabla de dos criterios cuáles usan mayoritariamente tipografías con serifa o y cuáles sin serifa.

11. Compruebe el carácter o el público objetivo al que cree que van dirigidas tales publicaciones con el uso de la fuente que han elegido. ¿Cree que es el adecuado? ¿Cree que es habitual ese uso de tipografías para según qué públicos? Razone la respuesta.

Continúa en página siguiente >>

<< Viene de página anterior

12. Siguiendo con el ejercicio anterior de la creación de su propia tipografía, y según la clasificación histórica de las fuentes tipográficas, ¿en cuál de ellas cree que se encontraría la que usted ha inventado? Razónelo.

Componentes de las tipografías

Muchos de los componentes que forman una tipografía han sido ya mencionados con anterioridad, dado que se consideran componentes de las tipografías a todos los aspectos que diferencian a una fuente de otra, como pueden ser sus mayúsculas, sus minúsculas, el uso de versalitas, los signos ortográficos (comas, tildes, exclamaciones, comillas, puntos, etc.) y demás signos (asteriscos, matemáticos, paréntesis, corchetes, guiones, etc.).

Pero también son componentes de las tipografías las cifras numéricas, cómo y a qué tamaño queda la fuente en índice y subíndice, las ligaduras entre letras cuando la fuente es de tipo caligráfico, y por supuesto sus espaciados y renglones.

Cada uno de esos rasgos definen a las tipografías, ya sea por el uso que se da de esa variedad de signos, o bien por omisión, puesto que muchas tipografías se reducen solo a mayúsculas o minúsculas, otras no tienen cifras numéricas, no permiten cambiar de tamaño o posición (versalitas, índices o subíndices), o no pueden representar todos los signos ortográficos o no ortográficos.

 Nota

Los componentes de las tipografías definen a la propia tipografía. Y es por eso que se consideran a su vez como componentes a los rasgos y las partes que constituyen una tipografía.

Según sus líneas se distinguen el asta, brazo o travesaño, el pie o remate, la barra, la ligadura, la oreja, el vértice o ápice, el anillo, la basa y la cola. Según su superficie impresa se considera su caja, ojo, cuerpo, espesor, prosa o interletraje, ascendentes y descendentes, blanco interno y ojales.

Componentes de las tipografías: superficie impresa

Se empezará a explicar primero la diferencia de los componentes de una tipografía según la superficie impresa que ocupan, dado que define la constitución del tamaño y el espacio que ocupa cada carácter en página:

- **Caja:** se conoce como caja a la superficie total impresa que ocupa cada tipo. La letra en sí sobre el papel. Es conocida también como **ojo del cuerpo de letra,** aunque el ojo se relacione más con las diferentes alturas del tipo. El nombre de **caja** proviene de la antigua imprenta en la que se conservaban las letras mayúsculas en cajas más altas y las minúsculas en cajas más bajas para diferenciarlas y hacer un mejor uso de los tipos móviles.
  En la actualidad todavía se consideran como **caja alta** a las mayúsculas y caja baja a la altura de la x, la altura que define a las minúsculas.
- **Ojo:** como ya se ha comentado, el ojo se corresponde con la altura de la mancha impresa del tipo y se divide en medio cuando tiene la altura de la x minúscula, inferior cuando tiene trazos descendentes como la g o superior para las mayúsculas o trazos ascendentes como la d. Hay tipografías que pueden tener diferencias de ojo entre letras similares (siendo la n minúscula más alta que la x por ejemplo), lo que, como es lógico, afecta a la legibilidad del texto completo.
- **Cuerpo:** el cuerpo de texto también tiene su nacimiento en la imprenta clásica de tipos móviles y calcula la altura del bloque de plomo en que originalmente estaba fundida la letra en sí. El tamaño del cuerpo era el tamaño total que tenía ese carácter según el ojo de letra, y sus espacios en blanco de alrededor. En la tipografía digital este concepto se ha mantenido vivo, por ello se sigue estudiando, y los caracteres digitales tienen un espacio superior, por debajo y a los laterales que asemejan el cuerpo metálico de los antiguos tipos.
  Importante: en la actualidad se conoce como cuerpo también al tamaño de la letra.

- **Espesor:** el espesor es el ancho total de la letra impresa.
- **Prosa o interletraje:** conocida también por su anglicismo *tracking.* Indica la separación entre los cuerpos de letra. En la antigua imprenta de tipos móviles eso era algo inamovible, dado que el cuerpo lo limitaba el bloque de metal sobre el que se esculpía el ojo o caja de letra. En la actualidad se pueden acercar o ampliar esos espacios de letra o interletraje, es lo que se conoce como *kerning* en la edición digital de textos.
- **Ascendentes:** se conocen como ascendentes esos tipos en minúscula que por propia composición contienen trazos que superan la altura de la x hacia la línea de las mayúsculas, como son la b, d, h, k, l, t, algunas f (según tipografía) y la ñ o los puntos de la j y la i.
- **Descendentes:** se consideran descendentes a las minúsculas que por sus trazos descienden bajo la línea de base de la x minúscula como son algunas f (según tipografía), la g, j, p, q, e y. Algunas mayúsculas como algunas Q o algunas Z (según familia tipográfica) también entran en líneas descendentes en sus trazos o cola inferiores.
- **Blanco interno y ojales:** serían los espacios en blanco que la forma impresora del ojo o caja dejan en el interior de las letras cerradas como la a, b, d, e, g, o, p y q.

Componentes de las tipografías: líneas o trazos

Las tipografías y sus familias se diferencian entre sí por su propia composición, por las líneas y trazos que crean su forma impresora, su ojo o caja, y que evidentemente y para que sean más fáciles de reconocer tales partes, tienen su propia nomenclatura.

- **Asta:** es la línea maestra de la letra, su columna vertebral, su trazo principal del que se valen los demás como línea de apoyo. Puede ser una línea recta, como en el caso de ciertas l, b, d; línea curva, como en la c, s, o; o montantes (oblicuas) como en la v, w, x, y o A mayúscula por ejemplo. Se conoce como asta modulada a la posee diferente grosor en el trazo del asta, asta ascendente a las de las d y b por ejemplo, media a las de la m o la n y descendente a las de la p o la q.
- **Brazo:** el brazo o travesaño de una letra es el trazo que se proyecta de manera horizontal o perpendicular (como en la k minúscula) y que nace

del asta de la letra como en la T, K, L o E mayúsculas y en la t, f minúsculas por ejemplo.

- **Barra:** la barra, por tanto, sería esa línea horizontal que, a diferencia del brazo, une las dos astas principales en una letra (sobre todo en mayúsculas) como sería la línea horizontal de la H o A mayúsculas por ejemplo.
- **Pie, remate o serifa:** también conocido como gracia, *serif* o terminal. En las fuentes que la contienen (con serifa o *serif)* se constituyen como esas líneas de embellecimiento que rematan a las fuentes en sus terminaciones para dar más peso o apoyo. Se consideran elegantes, producen seriedad y aplomo en el lector.
- **Ligadura:** se conocen como ligaduras a las líneas curvas que, a modo de embellecimiento, se usan en ciertas tipografías para la g minúscula, algunas f, k, el lazo de la l, etc. Se trata de una floritura visual para la letra.
- **Oreja:** se trata de la terminación a modo de embellecimiento o floritura que algunas familias tipográficas añaden a algunos tipos como la g, y, r, minúsculas alguna c, etc. A veces son redondeadas a modo de punto unido a la letra como en las comillas, a veces son rectas, en otras son un lazo como el de algunas l minúsculas, etc. No deja de ser otro tipo de remate.
- **Ápice y vértice:** en tipos de astas perpendiculares como la A mayúscula o en las v. Se le denomina de este modo al punto o unión de las dos líneas oblicuas. Se denomina **ápice** cuando la unión de esas líneas está en la parte superior de la letra (como en la A) y vértice si es en la parte inferior (como en la v).
- **Anillo:** el anillo, sin embargo, es el trazo o línea curvo que delimita los ojales o espacios en blanco de letras como la a, b, d, o, p, q, g, etc., y que pueden ser abiertas o cerradas según la familia tipográfica, pero que sirven para visualmente delimitar los vacíos o blancos de letra.
- **Cola:** remate a modo de final de asta alargada que suele rebasar la línea descendente en mayor o menor medida y que suele ser muy típica de la letra Q mayúscula, pero que sirve para alargar y embellecer ciertas tipografías de constitución caligráfica como las R o K mayúsculas, por ejemplo en ciertas familias tipográficas.

- **Basa:** es un pequeño remate a modo de mínimo trazo o mínima cola que sirve para embellecer la base de ciertas letras como la b o la d, y que no son por su constitución tan ínfima, ni pie, ni oreja o ápice.

Componentes de las tipografías

Definición

Gancho

Son conocidas con este término ciertas terminaciones de las letras como la n, m, t, etc., que eleva la base o el remate con forma de gancho o anzuelo; siendo gancho de pie el que eleva esa forma de anzuelo en la parte baja de las letras y generalmente de izquierda a derecha, y gancho de cabeza cuando el gancho apunta hacia abajo, generalmente de derecha a izquierda en las zonas superiores de las letras (como ocurre en la m o n minúsculas de algunas tipografías).

 **Actividades**

13. Continuando con el ejercicio de la creación de una nueva tipografía, indique los componentes principales que conforman la estructura de las letras mayúsculas y minúsculas que usted ha creado.

Familias tipográficas

Existen muchas tipografías diferentes entre sí, como ya se ha podido comprobar. Muchas de ellas similares a otras en ciertos aspectos y componentes de letra, y otras totalmente diferentes a simple golpe visual.

Como se pudo comprobar en el apartado de la clasificación tipográfica, cada fuente, generalmente bautizada por su momento histórico o por el nombre o apellido de su creador, se diferencia de otras por una serie de características generales. Características que a su vez la asemejan a otras y que pueden considerarse del mismo grupo tipográfico. Se podría decir que se conocen como familias tipográficas al conjunto de caracteres basados en una misma fuente (Didot, Bell, Futura, etc.) pero con ciertas variaciones tales como el grosor, la anchura, la inclinación, el interletraje, las formas de la a minúscula con o sin asta ascendente sobre su ojal, pero que a su vez, y en líneas generales, mantiene las características comunes que definen a cada tipografía.

 Ejemplo

La familia tipográfica de la fuente Arial, por ejemplo, la formarían las fuentes Arial, Arial Narrow, Arial Black, Arial Rounded, etc. Variaciones de la tipografía original (Arial) que integran la familia tipográfica porque, aunque se parecen entre sí, tienen rasgos propios que a su vez las diferencian y las hacen particulares y distintas.

Casi todas las familias tipográficas coinciden en que diferencian unas tipografías de otras de su familia:

- Según la inclinación de letra en letras redondas (o normales) y cursivas o *italic.*
- Según el grosor o espesor de la fuente en versiones redondas (o normales) y *book,* negrita *(bold),* media *(demibold), extrabold,* heavy, delgada *(thin)* fina, extrafina, etc.
- Según su interletraje o estrechez o separación, como *narrow, condensed,* normal o *expanded.*
- Según sus variantes visuales. Puede haber familias tipográficas que de un mismo tipo conserven versión con serifa o sin serifa *(serif y sanserif),* normal y caligráfica o de fantasía, con bordes redondeados *(rounded)* e incluso con variación en la letra a minúscula con o sin asta sobre el ojal según la fuente de la familia.
- Según su posición en normal, índice o subíndice. Al igual que existen fuentes que no permiten disminuir de tamaño la fuente en demasía ni colocarla en índice o subíndice, existen otras de la misma familia que palian este problema gracias a que son solo constituidas en índice o subíndice.
- Según uso de solo mayúsculas o minúsculas. Al igual que ocurre con los tipos en índice y subíndice, existen tipografías dentro de una misma familia que solo permiten su uso en una de las dos vertientes, en mayúsculas o minúsculas. Pueden incluirse en este caso las tipografías de una misma familia que solo permite el uso de versalitas.

Ejemplo de clasificación de tipografías

ITC Avant Garde Gothic Pro Extra Light
ITC Avant Garde Gothic Pro Extra Light Oblique
ITC Avant Garde Gothic Pro Book
ITC Avant Garde Gothic Pro Book Oblique
ITC Avant Garde Gothic Pro Medium
ITC Avant Garde Gothic Pro Medium Oblique
ITC Avant Garde Gothic Pro Demi Bold
ITC Avant Garde Gothic Pro Demi Bold Oblique
ITC Avant Garde Gothic Pro Bold
ITC Avant Garde Gothic Pro Bold Oblique

Actividades

14. Para finalizar con el trabajo de la creación de la nueva tipografía, establezca sobre el papel las variaciones que tendría su familia tipográfica teniendo en cuenta al menos tres variaciones: cursiva o *italic,* negrita o *bold* y negrita extra o *extrabold.* Este arduo trabajo y con cada una de las letras del alfabeto, signos ortográficos y números era el de los maestros punzonistas y fundidores de tipos antes de llevar a cabo la construcción de los mismos.

2.4. Análisis de las principales tipografías: analógicas/digitales

Como se ha podido observar en los apartados anteriores, siempre se hace mención a los primeros artesanos tipógrafos encargados de fundir los tipos y de crearlos con martillo y punzón. Es algo lógico, dado que gracias a ellos se fueron formando familias tipográficas y grupos de familias según criterios similares de acabado o composición.

Las fuentes analógicas usadas en la prensa de tipos móviles siguen perdurando hasta el día de hoy, y ya existen versiones digitales de aquellos viejos tipos en toda base de datos de los equipos informáticos para ser elegidas en sus procesadores de texto y programas de diseño gráfico.

 Importante

Con la tecnología digital, el proceso y el criterio de selección de fuentes se ha acelerado sobremanera, e incluso permite variar el uso de las fuentes durante todo el proceso, pudiendo elegirse una fuente básica para el desarrollo de textos inicialmente y variar esa tipografía con solo seleccionar y cambiarla mientras se va creando el texto o al final de la escritura.

Algo similar ocurre con el uso de negritas, subrayados o cursivas, pudiendo incluirlas durante la escritura o al final de la misma.

En el proceso analógico de imprenta de tipos móviles, tanto la selección de la tipografía como de sus negritas o cursivas debía hacerse en el momento previo, en el de la composición de las planchas de tipos, y evidentemente, si el proceso de impresión se había iniciado, ya no se podía rectificar. Posteriormente, con el uso de las máquinas de escribir ocurría algo similar al uso de imprentas de tipos móviles.

Unos tipos metálicos (similares a los de tipos móviles de imprenta) estaban unidos a una vara metálica que a su vez se accionaban al pulsar por presión el teclado de la máquina (como los teclados de tipo qwerty de los ordenadores actuales). Al pulsar con fuerza cada tecla, ese tipo pulsaba una cinta cargada de tinta que al presionar sobre el papel marcaba el tipo.

Las máquinas de escribir solo permitían una tipografía, generalmente con remate o pie, como la Times o Garamond, y solo variaciones en cuanto a subrayado, tachado y negrita, y rara vez en cursiva, por lo que la selección de fuentes era inexistente hasta la llegada de las máquinas de escribir eléctricas.

Algo similar ocurría con la corrección. Era habitual encontrar textos tachados o borrados con marcadores de tinta blanca dado que era imposible rectificar una vez se había impreso el tipo. Más tarde, con la máquina de escribir eléctrica se permitía editar los textos en una pequeña pantalla de tipo LCD antes de imprimir sobre el papel, e incluso permitía el borrado con una cinta borradora similar a la entintadora.

Además, tanto en imprenta clásica como en el uso de máquinas de escribir, los textos solo valían para una página (sobre la que se estaba actuando), y había que cambiar la plancha de tipos móviles o quitar la página y comenzar con el nuevo texto tanto en imprenta como en máquina respectivamente.

El nacimiento de las fuentes digitales

Hasta la llegada de los equipos informáticos y sus procesadores de textos no empezó la gran versatibilidad y comodidad actual para la edición de textos multipágina.

En un principio, el uso de máquinas de escribir y de imprenta tradicional, o ya de tipo *offset* y rotativa, seguía siendo superior al del equipo informático. La cuestión era lógica. Los primeros equipos usaban un sistema de mapa de bits o píxeles que hacían que todas sus fuentes pareciesen similares por ese sistema de impresión a base de tipos cuadriculados a base de una trama de pixelado.

A mediados de los ochenta la cosa empezó a cambiar y la tipografía digital iba a dar el salto de calidad gracias a los estudios que la empresa de Reino Unido, *Instant Design,* llevaba realizando desde los setenta con fuentes de tipo vectorial, que ya permitían incluir a todas las analógicas como fuentes propias en la memoria interna de un equipo informático.

A su vez, la empresa americana Adobe ya estaba creando los primeros sistemas conocidos como *postscript* para que las nuevas impresoras permitieran un sistema de impresión similar al de las imprentas de tipo offset y tradicional, dejando de lado el sistema de píxeles.

Las primeras fuentes propias de la era digital y alejadas de las tradicionales fueron precisamente las *Adobe Type I,* que fueron primeramente diseñadas solo para usuarios de *Apple Macintosh.*

El problema existente es que había que usar un programa específico de Adobe para poder utilizar tales fuentes; si no estaba instalado, había que conformarse con las fuentes de tipo pixel *(bitmap)* o el poco abanico de tipografías de carácter vectorial que por entonces se había creado.

Ejemplo de primarias fuentes de tipo píxel del sistema digital

ABCDEFGHIJKLM
NOPQRSTUVWXYZ
abcdefghijklm
nopqrstuvwxyz
0123456789!#

No fue hasta bien entrada la década de los noventa que aparecieron otros formatos propios, como las fuentes de tipo *true type,* que han generalizado el uso de las fuentes vectoriales entre los usuarios menos preparados. Los tipos de archivo conocidos como *true type* fueron diseñados conjuntamente por Microsoft y Mac para acabar con el monopolio de Adobe.

 Nota

Actualmente la mayoría de las fuentes de familias tipográficas instaladas en cada equipo informático son formato *true type.*

En las décadas de los ochenta y noventa ya se había generalizado el uso de este tipo de archivos, y la utilización de la informática en el trabajo ya se había extendido hasta tal punto que no había empresa de artes gráficas, periodismo, publicidad o imprenta que no hubiese adquirido ya equipos informáticos para facilitar su trabajo.

Rápidamente los diseñadores de tipografías digitales se encargaron de convertir toda fuente analógica clásica a formato digital. Es por ello que hoy en día todas son objeto de adquisición, algunas de pago, otras gratuitas, para su uso en los equipos informáticos.

El hecho de que el abanico completo de fuentes clásicas se haya volcado al formato digital no significa que no se hayan creado nuevas, sino más bien todo lo contrario. Como muchas de ellas, con derechos de autor vigentes, fueron convertidas a formato digital conservando el derecho a ser compradas para su uso, se crearon otras nuevas similares a las existentes como las fuentes Arial (similar a la Helvética), Bahamas (imitando a la Bauhaus), y un largo etcétera que son propias del formato digital, que han nacido como nuevas fuentes y familias de fuentes de la nueva era.

Desde el auge de la informática y la era digital se ha ido ampliando el abanico de fuentes tipográficas para los equipos informáticos, sobre todo las de carácter de fantasía, rotulación, caligráficas, decorativas, etc. Nuevas y creativas familias tipográficas que van enriqueciendo la posibilidad de elección y uso del maquetador, diseñador o editor de textos.

No en vano, hoy en día muchos diseñadores dedican su trabajo a la invención de nuevas tipografías. No es un trabajo sencillo dado que es muy difícil innovar en este sentido por el amplio catálogo de tipografías ya existentes, por lo que es necesario tener un amplio conocimiento o hacer uso de los programas de reconocimiento de fuentes que existen para detectar si la tipografía que se está creando no coincide con otras ya existentes.

2.5. Listado y criterios de selección

Con el uso de aplicaciones informáticas o *software* específico tanto de maquetación como de edición de textos, las diferentes tipografías y familias de tipografías se han ido incorporando a las bases de datos de los equipos informáticos creando un amplio listado de fuentes.

Importante

Los listados de fuentes, al igual que ocurría con los caracteres de imprenta tradicionales, permiten reconocer a simple vista y facilitar la selección de una tipografía en concreto sobre otra. En los trabajos de antigua imprenta, las cajas con caracteres se colocaban por orden alfabético, según fuese el nombre de la familia tipográfica, y en la actualidad, como no puede ser de otra manera, ocurre lo mismo.

En los trabajos de imprenta de tipos móviles tradicionales se necesitaba de una amplio almacén para categorizar las diferentes cajas de tipos por familias, y por ello se daba el caso que rara vez una misma imprenta tenía un amplio abanico de posibilidades en cuanto a selección de fuentes.

En aquellos tradicionales trabajos valía con tener una fuente de cada familia (antigua, gótica, caligráfica, moderna, etc.) para mostrar a los posibles clientes o adaptarse a sus necesidades.

En la actualidad, cualquier equipo informático viene dotado en su base de datos de fuentes del sistema operativo con cientos de ellas. Además, estos listados pueden ser generosamente ampliados a gusto del usuario, descargando nuevas fuentes ya sea de manera gratuita o a través del pago.

El listado de fuentes digitales, al igual que ocurría en la antigüedad, se muestra ordenado alfabéticamente, pero el criterio de selección de los textos se ha facilitado de tal manera que suelen aparecer a golpe de vista decenas de familias a modo de listado en cascada, al efectuar la selección.

Así, con un simple *scroll* de ratón hacia arriba o abajo se puede leer el listado completo y ver una muestra de cada fuente, algo impensable en los trabajos de tipos móviles tradicionales, por el espacio en almacén que estos caracteres ocuparían.

La selección de alguna de las fuentes de ese listado dependerá de los gustos del cliente, del diseñador o en referencia al uso para el que van a ser utilizadas tales tipografías. A continuación se pormenorizarán ciertos criterios de selección a tener en cuenta antes de elegir una tipografía.

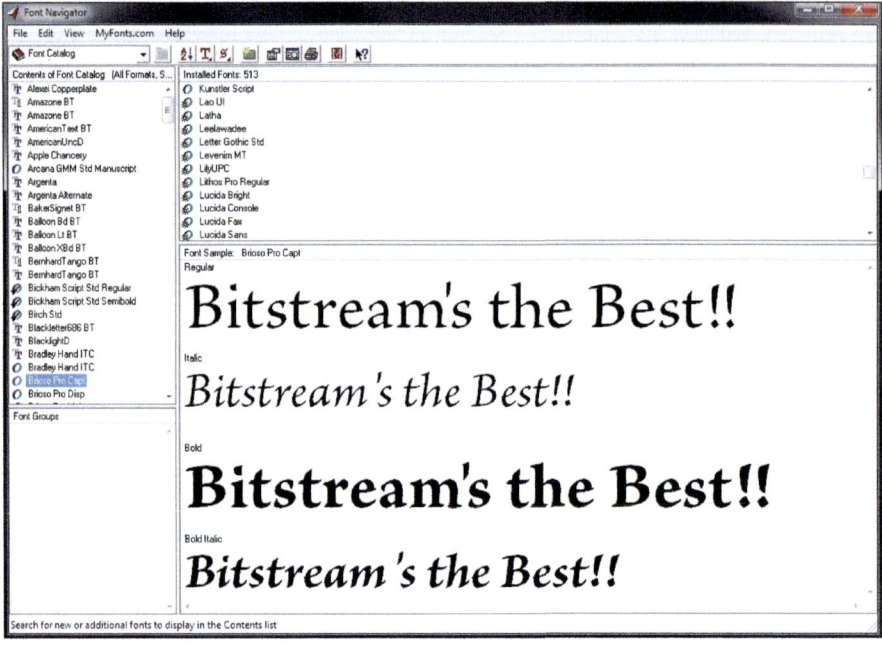

Ejemplo de listado de fuentes en software informático

 ## Actividades

15. Retomando el ejercicio de la observación del uso de tipografías en páginas de Internet o en libros, revistas o periódicos impresos, haga un diagrama de barras o del tipo tarta indicando porcentualmente el uso de tipografías con serifa y sin serifa.
16. Ahora extrapólelo al uso general de las tipografías. ¿Cree que se corresponde con el uso habitual de las tipografías tanto en envases o productos como en anuncios publicitarios? Razone la respuesta.

Aplicación práctica

Un compañero de trabajo al que le apasiona el arte de la tipografía decide crear su propia fuente. Como buen diseñador gráfico no tiene dificultad alguna en crear cada carácter de su alfabeto e, ilusionado, pretende bautizar la fuente con su nombre y subirla a todo portal de Internet que se precie para poder comercializar su tipografía. Al poco tiempo empiezan a llegar correos de los portales de Internet indicando que su fuente puede ser motivo de plagio de otra ya existente ¿Qué ha podido pasar?

SOLUCIÓN

En la actualidad es muy difícil ser original en la creación de fuentes dado que desde que existe la posibilidad de crearlas bajo programas o *software* dedicado a ello, por lo que cada día surgen nuevas tipografías. Quizá, antes de continuar, debería haber hecho una búsqueda con programas reconocedores de fuentes (que también existen) para comprobar si existía una similar, antes de haber continuado con todo el alfabeto. De todos modos, podría comprobar si realmente su tipografía era tan parecida a la existente que le indican los portales, pues, de no ser así, podría con leves variaciones continuar con su proceso dado que debe ser idéntica para considerarse plagio.

Criterios de selección

La selección de una fuente sobre otra va referida a una serie de criterios numerosos. A veces son criterios meramente compositivos, sobre todo en diseño gráfico. Otras veces responde a necesidades del cliente o a la conservación de la identidad corporativa. Otras, solo por estética.

Cuando se habla del trabajo de un impresor, un maquetador o diseñador, los criterios de selección suelen seguir unas pautas concretas.

El trabajo especializado de este tipo de profesionales hace que la decisión que se tome ante la selección de una tipografía sobre otra parezca sencilla, pero eso es algo que viene dado por la experiencia y siguiendo de una manera mecánica, aunque con una gran velocidad, los criterios siguientes.

Por un lado, el profesional del sector tiene en cuenta el origen y el uso histórico o cultural que de cada fuente se ha tenido, ya que eso facilita mucho el trabajo de selección. Otros de los criterios a tener muy en cuenta es la percepción psicológica que esa fuente tiene sobre el individuo lector. Y finalmente, el de su propia morfología o apariencia.

 Nota

No hay que olvidar que la selección de las tipografías también sigue un criterio de jerarquía. Los titulares suelen estar dominados por fuentes más gruesas y anchas, más poderosas jerárquicamente, que el resto de cuerpos de texto.

Según su morfología

Por su propia morfología se distinguen a su vez diferentes grupos. Según el tipo predominante en la constitución de las letras se conocen por su tipo de trazo, tipo de remate, su peso, su proporción, su orientación, por su espaciado y por el uso solo de mayúsculas.

Por su tipo de remate se conocen solo dos tipos: sin serifa *(san serif)* o con serifa *(serif)*. Aquellas que no acaban rematadas en un pie o serifa son también consideradas de palo seco, sin embargo las que sí que tienen serifa son consideradas más clásicas y elegantes.

Por su tipo de trazo, se distinguen básicamente tres tipos: las de contraste diferenciado, que son aquellas tipografías donde existe una clara diferencia entre las líneas ascendentes y descendentes o trazos principales (más gruesos) y el resto de líneas o contornos que forman las letras (más delegadas). Las monolineales, relacionadas con las de palo seco o sin serifa pero que no tienen variación en el tamaño de sus trazos, todos tienen el mismo grosor. Y las tipografías caligráficas, que imitan la escritura manual y por ello son más libres. Dentro de las caligráficas se incluyen las fuentes góticas. Se conocen a su vez como tipografías incisas, cuando combina la sobriedad de una tipografía de palo seco (sin serifa, puntiaguda y muy recta) con el contraste diferenciado entre trazos principales y demás trazos y siendo sutil el ensanchamiento en las terminaciones.

Por su peso se conocen básicamente tres tipos: fina *(light),* normal *(regular)* y negrita *(bold).* El peso va relacionado con la familia de la tipografía, ya que muchas de ellas no permiten tales variaciones *(regular, light, bold)* en la propia composición de la fuente. La tipografía en su composición normal es de muy fácil lectura, y se conoce otra variación de la misma como *book,* que recibe ese nombre porque su concepción iba relacionada a la impresión de libros, y es por ello que, ya fuese con o sin serifa, su lectura no debía ser muy complicada de igual modo, pero era algo más gruesa, y es conocida también como seminegrita *(semibold).* Las fuentes de tipo negrita o *bold* sirven para destacar zonas de texto y por ello son mucho más gruesas y se desaconseja en exceso su uso para largos textos. Otras variantes **extra** hacen referencia a una línea aún más gruesa de tipografía *(extrabold, black* y *heavy* en la terminología anglosajona). Con el nacimiento de la publicidad, y para acercar al público femenino a según qué lecturas, se consolidó como variante tipográfica las que por menor peso son conocidas como tipografía fina o *light.* Esta variación de fuente se detecta rápidamente por ser tipografías de trazos delgados, existiendo además variantes **extra** *(extralight)* en las que los tipos serían de líneas mucho más frágiles y débiles (delgada o *thin,* superfina o *extralight* y media o *medium).*

 Nota

La diferencia en inglés entre thin y light es que light se traduce como ligera, mientras que thin, sí que hace referencia a la delgadez. De ahí que thin, se entienda como el tipo de carácter más delgado de la familia tipográfica.

Por su proporción se conocen de dos tipos: tipografías condesadas *(condensed)* y tipografías expandidas *(expanded).* Ambas transformaciones tipográficas vivieron su nacimiento en la Revolución Industrial. El motivo de tales nuevas acepciones surgió de la necesidad del aprovechamiento del espacio para textos sencillos que solían ser mostrados en una sola línea (como carteles, señalizaciones, avisos, etc.). Por ello, para solventar el problema de que un texto superaba claramente los espacios como para ocupar una sola línea, se decidió por crear tipos alargados en altura y muy estrechos (condensados), mientras que para paliar espacios vacíos en blanco en una sola línea de texto se optó por la opción contraria, y por la creación de textos con líneas mucho más gruesas, que fuerzan a su lectura horizontal y llaman tremendamente la atención del lector.

Por su orientación se conocen otras dos variaciones tipográficas: las conocidas como redondas y las oblicuas o cursivas. Se reconocen como redondas aquellas familias tipográficas relacionadas con las romanas; o lo que es lo mismo, tipografías con serifa, remates, muy elegantes y clásicas, pero también porque su lectura sobre las fachadas de los edificios por ejemplo son muy efectivas y claras (como ocurre en los bancos y edificios gubernamentales u oficiales). Se denominan **redondas** por su rectitud y elegancia, pero sobre todo por su facilidad de lectura. Las cursivas sin embargo son una variación o inclinación de tipografía para destacarla en el contexto de una frase. Esta inclinación de letra se efectúa hacia la derecha y es también conocida como **itálica.**

Por su espaciado o interletraje se consideran tipografías apretadas o compactas aquellas que en su creación fueron concebidas para que el espacio entre una letra y otra sea muy reducido o mínimo. Cómo es lógico, el nacimiento de estas familias tipográficas también está relacionado con la Revolución Industrial, y es por eso que suele ser habitual que las letras apretadas sean a su vez muy gruesas y expandidas. Las tipografías que permiten más espacios entre sí son conocidas como **sueltas,** y son aquellas que permiten un mayor espacio entre letras. Muchas de ellas forman parte de las familias de las romanas, dado que su uso espaciado permite una mejor lectura, y por ello es habitual en fachadas de edificios.

Ejemplo de distinto grado de interletraje

Interletraje
Interletraje
Interletraje

Por el uso solo de mayúsculas existen tipografías con o sin serifa. En ambos casos, como es lógico, no existe posibilidad alguna de usar letras minúsculas ya que no están consideradas en este tipo de fuentes.

Las fuentes tipográficas con solo mayúsculas y con pie están basadas en la antigua escritura romana, mientras que las sin serifa nacieron con motivo publicitario; suelen ser muy gruesas y estaban concebidas para llamar la atención.

Importante

Existen tipografías que permiten solo letras minúsculas, pero son menos numerosas que las que permiten el uso solo de mayúsculas.

Aplicación práctica

El compañero diseñador que antes inventó su nueva tipografía descubre que, al hacer las variaciones para evitar el plagio, ha tenido que hacer su tipografía mucho más ancha y gruesa para poder distanciarse de las existentes. Cuando esta ha quedado acabada

Continúa en página siguiente >>

<< Viene de página anterior

prueba a variar su tamaño. **Para un nivel elevado de puntos, sobre los 18 hasta los 72, no encuentra problema alguno y resulta ser una tipografía correcta y agradable a la vista. Pero al reducirla hasta los 12 puntos descubre que, al ser tan gruesa, no es nada legible, y que resulta borrosa e incomprensible. ¿Cree que ha actuado correctamente?**

SOLUCIÓN

De nuevo ha cometido un serio error. Toda tipografía que se precie debe ser legible, al menos, a una altura de 12 puntos, ya que se considera como el mínimo aconsejable para la impresión de caracteres. Si una tipografía no es legible a una altura de 12 puntos difícilmente va a ser usada por diseñadores, creativos e impresores del sector de las artes gráficas.

Según su percepción psicológica y su uso histórico

Todo elemento del diseño gráfico como el color, la tipografía, el uso de las imágenes o la composición en página tienen una influencia y por tanto una percepción psicológica en el lector que, cuando se es conocida, se utiliza en favor del creador del diseño.

No hay nada como saber usar las herramientas adecuadas para obtener los resultados deseados.

Unos de los criterios de selección del diseñador o maquetador ante el uso de una tipografía sobre otra viene proporcionado por la percepción psicológica que se tiene de las familias de fuentes gracias a la propia constitución, en cuanto a su factura, de cada letra.

De este modo, es más fácil acertar cuando se pretende dirigir ciertos textos o diseños a ciertos públicos predeterminados. Si se conoce la percepción psicológica que se tiene de cada fuente, será más fácil adecuar su uso a según el público al que se pretende incidir o influenciar.

Estas percepciones psicológicas tienen también mucho que ver con el uso histórico que a cada fuente se le ha otorgado. Así, por ejemplo, las familias tipográficas romanas, con serifa (sobre todo las mayúsculas), se desarrollaron a partir de la escritura tallada en piedra por los romanos, que solía tener terminaciones ornamentadas en las letras para facilitar la legibilidad y la durabilidad de las inscripciones. Se puede aseverar que la percepción psicológica de este tipo de fuentes implica seriedad, estabilidad, formalidad; incluso ciertos rasgos de tradición, permanencia o incluso calidad y lujo.

En el caso de las sans serif o palo seco, son tipografías que surgieron como una respuesta a la búsqueda de una estética más limpia, moderna y legible, especialmente para propósitos como títulos, letreros y diseño publicitario. Su simplicidad y claridad las hacen adecuadas para una variedad de usos, especialmente en contextos donde se busca una apariencia moderna y minimalista.

Otra característica morfológica de la tipografía diferencia las fuentes monolineales, o de mismo tipo de linea en toda su constitución como letra, de las que tienen contraste entre sus trazos. Las tipografías didonas se caracterizan por su elegancia y sofisticación, lo que las hace especialmente adecuadas para usos de alta gama como impresiones de lujo, libros de arte, invitaciones formales y logotipos corporativos. Su alta contrastación y sus remates finos les confieren una apariencia distintiva y refinada que las hace destacar en cualquier diseño donde se utilicen. La percepción atribuida a que tienen cierto carácter femenino viene derivado de que revistas de moda como Vogue o Harper Bazaar las utilizan en su marca. Las monolineales sugieren sobriedad, fuerza, en cierto modo se consideran familias tipográficas poderosas y relacionadas con la rudeza y la masculinidad.

Algunas de las fuentes caligráficas imitan el trazo manual de los niños cuando están aprendiendo a escribir. Ese tipo de fuentes caligráficas infantiles se suelen utilizar para textos destinados a ese tipo de público, y ni que decir tiene que evocan ternura, aprendizaje, inocencia, etc.

Recuerde

Las tipografías caligráficas emulando la escritura de un niño son las más utilizadas en cartillas de aprendizaje de escritura destinada precisamente al aprendizaje de los niños.

Pero también dentro de las familias tipográficas se diferencian por sus variaciones de peso específico sobre el papel, y cada variación también tiene una diferente percepción sobre el observador. Las fuentes finas o *light* son consideradas refinadas, evocan calidad, refinamiento y por supuesto son muy femeninas; las de tipo normal o *book,* al ser de simple lectura, se consideran inmediatas y simples, sin ninguna otra pretensión que facilitar la lectura y son ideales para largos párrafos o una elevada cantidad de bloques de texto.

Las negritas o *bold* suelen considerarse fuertes, poderosas y, evidentemente, llaman exageradamente la atención, son ideales para destacar textos o zonas importantes de los mismos, como titulares o la idea principal.

Cuando se utiliza texto más masivo, la opción de usar mayúsculas o minúsculas es una opción libre pero hay que regirse por el principio de que cuanto más texto se utilice, menos mayúsculas hay que utilizar. Estas resultan más pesadas y difíciles de leer.

Por todo esto, el texto largo siempre hay que hacerlo en minúscula. En el uso de carteles, donde no hay textos muy largos o hay palabras sueltas, se busca más la intención estilística.

Cartel del gobierno de UK: uso de la letra mayúscula de forma estilística

En principio se dice que un texto en minúscula se lee mejor que todo en mayúscula. Las formas minúsculas tienen más personalidad que las mayúsculas.

En muchas ocasiones, la mayúscula se utiliza para darle importancia a una palabra, pero esto se puede hacer de otras formas; por ejemplo se puede cambiar el peso, su tamaño o composición.

Por su proporción e interletraje, se consideran las fuentes condensadas y las de interletraje apretado como tipografías de cierta intensidad, denotan urgencia, pero a veces se relaciona por su influencia histórica sobre todo en los años 20 del siglo pasado, como de clase elevada o pudiente, mientras que las fuentes extendidas o expandidas sugieren importancia de lectura, obliga al lector a continuar leyendo la línea de texto, tiene cierto impacto visual y suele reconocerse como elegante, majestuosa y solemne.

Uso de tipografías en fachada de edificio

Otro tipo de fuentes tipográficas están relacionadas con las identidades corporativas y por tanto han sido concebidas solo para ciertas marcas, por lo que su uso puede ser erróneo o malintencionado. Puede incitar a la provocación en el lector cuando se juega con ese rasgo psicológico del conocimiento de la fuente como identidad corporativa cuando se usa en sentido contrario a lo que incita esa marca.

Con el nacimiento de las tipografías digitales, cada año surgen nuevas fuentes, algunas de ellas consideradas como nuevas, de fantasía, o incluso de estilos (*grafitti,* pinceladas, brochazos, etc.). Este tipo de fuentes suelen ser de un uso elevado en los rótulos de las empresas y sus flotas de vehículos, para intentar diferenciarse de otras similares, a modo de cierta identidad corporativa pero a menor escala.

Es adecuado para todo diseñador o maquetador conocer la percepción psicológica y el uso y la importancia que ha tenido cada fuente tipográfica a lo largo de la historia. Pero hay que tener en cuenta que esto no implica que sirva para ceñir reglas estrictas, sino más bien todo lo contrario. Se pretende que ese conocimiento le sirva como experiencia al profesional para jugar con esos rasgos simbólicos e históricos en su favor.

Sabía que...

A veces ser transgresor o novedoso en el diseño gráfico es mucho más efectivo que mantener el uso tradicional de las familias tipográficas.

Aplicación práctica

Finalmente, el compañero diseñador que estaba creando una nueva fuente soluciona el problema de la poca legibilidad de su fuente en la disminución a 12 puntos, añadiendo un mayor espacio entre letras o interletraje que permite una lectura correcta de su tipografía incluso usando esta a 8 puntos. Una vez acabado con su trabajo, decide crear variaciones de su tipografía en cursiva o *italic* y, como es muy gruesa, en variaciones de menos grosor respetando unos límites para no caer en plagios. ¿Cree que ha actuado correctamente?

SOLUCIÓN

En este caso sí que ha obrado correctamente, ya que la fuente creada es completamente nueva y original y, dado que pretende que sea colgada en portales donde se pague por la descarga de la misma, lo lógico es que decida hacer todas las variaciones o aumentar la familia de su tipografía para evitar que alguien acabe haciéndolo por él y beneficiarse. De este modo evita posibilidades de que alguien pudiese usar su tipografía para variarla, dado que eso sería crear una nueva fuente.

3. El color

Todo lo que rodea a la especie humana tiene color. El color es algo importantísimo en la naturaleza; y, gracias al color de ciertos animales, como las avispas, o las plantas, se perciben como venenosos, peligrosos o dañinos, como una señal de aviso.

No en vano, el uso de esos colores mezclados (amarillos y negros, naranjas y negros, rojos, etc.) han sido imitados por el ser humano en su señalización y simbología icónica para delimitar, indicar peligro o avisar de algún problema, obra o trabajo u objeto peligroso.

Pero para llegar a esa conclusión han tenido que hacerse unos estudios previos. Para imitar esos colores ha tenido que existir una evolución histórica del uso de materias naturales y artificiales.

Es más, la especie humana conoce como color aquellos tonos que percibe de diferentes tonalidades y que bautizó de esta manera: **color,** por poner un nombre cualquiera, por reconocerlo, por saber a qué referirse en la comunicación con otros iguales; pero... ¿qué es realmente el color?

 Actividades

17. Haga uso de la memoria y recuerde qué últimas cinco campañas publicitarias le han impactado por el uso del color. Anote el color mayoritario. ¿Hay un color que se use mayoritariamente? ¿Cuál cree que es el motivo? Razónelo.

3.1. Principios de la teoría del color

Quizá la problemática inicial dentro de lo que se conoce como los **principios de la teoría del color** reside en que el color no existe como tal, como algo físico y palpable en la naturaleza, sino que parte de la idea abstracta de que es una percepción humana de la luz reflejada.

? Sabía que...

El ojo humano se compone de dos tipos de células receptoras retinianas llamadas "conos" y "bastones" o "bastoncillos". Estas células son fotosensibles o, lo que es lo mismo, sensibles a la luz.

Gracias a los estudios médicos y científicos que a lo largo de la historia se han hecho tanto del ojo humano como del resto de animales, es conocido que la percepción del color en el ojo humano tiene un amplio espectro que mantiene sus límites hasta los ultravioletas por un lado y los infrarrojos por otro. Eso significa que todos los valores de color por debajo de las ondas de luz del rojo no pueden percibirse bajo el ojo humano, y lo mismo ocurre con aquellas ondas superiores a la gama de colores de los violetas.

Muchos animales, sobre todo los nocturnos, sí que perciben colores por debajo del rojo (o infrarrojos) que el ojo humano no puede comprender, así como otros pueden percibir por encima de los violetas (ultravioletas), cosa que tampoco puede entender el cerebro humano y no da significado a esos colores provenientes del impacto de la luz sobre los objetos.

De hecho, gracias a los estudios científicos y, como casi siempre, primero con motivos militares, el ser humano ha sido capaz de crear gafas, cámaras, monitores y demás receptores de luz infrarroja que permiten ver o entender al ojo humano aquellas formas que no puede percibir por debajo del rojo. Pero como esos colores no pueden ser percibidos por el ojo humano, se suelen traducir esas ondas por debajo del rojo y relacionadas con la ausencia de luz solar (la oscuridad) en otros colores sí perceptibles por las células fotosensibles del ojo humano, como los verdes (casi siempre) o rojos que suelen representar las cámaras infrarrojas. Algo similar ocurre con el estudio de las ondas ultravioletas, donde se representan esas formas en otros colores que el ojo y el cerebro humano sí pueden descifrar.

Los principios de la teoría del color se basan siempre en la percepción humana, como es lógico. Ya desde la Prehistoria, el ser humano ha pretendido representar lo que ve mediante el uso de pigmentos o colores naturales que, sobre las paredes, pintaba lo que veía a su alrededor.

Por ello se distinguen dos tipos de sistemas de color que cimientan los principios de la teoría del color: el sistema aditivo o por adición y el sistema sustractivo o por sustracción, y conocidos en artes gráficas como colores pigmento y colores luz.

Principios de la teoría del color. Sistema RGB

El sistema aditivo o de colores luz se basa en el criterio de la percepción del color por el ojo humano a través de la luz y es conocido como **sistema RGB** por los colores en inglés *red, green y blue* (rojo, verde y azul).

La suma de todos los colores básicos (RGB) en el espectro de luz, o la luz pura o solar en la naturaleza, es totalmente blanca, y la ausencia total de luz daría como resultado el negro.

Todos los objetos de la naturaleza tienen la capacidad de reflejar la luz en mayor o menor medida. El resultado de que el ojo humano perciba las superficies de todo lo que se encuentra alrededor como colores es debido a la cantidad de luz que absorbe o repele un objeto.

Por ejemplo: la luz es completamente blanca hasta que impacta sobre un objeto; este objeto, por sustracción, absorbe cierta parte de la luz blanca (compuesta en realidad por la totalidad de los rojos, los verdes y los azules que percibe el ojo humano) y repele otra parte. El resultado visual del color que se percibe dependerá de la cantidad de espectro de cada color básico (RGB) que haya absorbido la superficie. Gracias a ese espectro se sabe que si un objeto es negro es porque repele por completo la luz solar y es blanco cuando absorbe todo su espectro. El resto de materiales varía en función del grado de absorción de rojos, verdes o azules que esa superficie provoca.

Todo aparato electrónico (televisión, monitores de ordenador, pantallas de los móviles, etc.) se basa en sistemas aditivos o RGB de colores, mientras que los impresos se basan en sistemas sustractivos o sistema de suma de colores.

Ejemplificación del sistema aditivo

Principios de la teoría del color. Sistema CMYK

Pero como ya se avanzó en la introducción de los principios de la teoría del color, el ser humano siempre ha querido representar lo que le rodea en la naturaleza de algún modo. Y ya desde sus inicios, se valía de los pigmentos naturales tales como el rojo de la sangre y la arcilla, el negro del carbón, el verde y el marrón de ciertas plantas e insectos para representar sobre la piedra, en cierto modo y de manera icónica, la vida.

Utilizando pigmentos naturales, el ser humano fue descubriendo que podía imitar el sistema de luz solar gracias al propio color que se percibía de los líquidos que de ellos se vertían.

Con el paso del tiempo, este sistema se ha ido perfeccionando y se han ido creando tintas (primero naturales, luego industriales) que emulan todos los colores de la naturaleza.

Este sistema basado en la suma de pigmento o color, o sistema CMYK por los colores en inglés *cyan, magenta, yellow* y *black* (cian, magenta, amarillo y negro), estima como colores básicos en cuanto a pigmento estos cuatro indicados frente a los verde, rojo y azul que representan el sistema RGB de espectro visual mediante el uso de la luz.

Importante

En el sistema CMYK habría que incluir el blanco, dado que no se suele comentar su uso porque generalmente el blanco lo daba la superficie o sustrato (el papel, el lienzo) sobre el que se plasmaba, y por ello la ausencia total de color sería el propio sustrato. Pero como no siempre se usa una base blanca sobre la que usar el color pigmento, el blanco se considera otro color más a incluir ya que no se puede obtener de otra manera y sería, por tanto, puro (como se consideran en esta teoría a los colores CMYK).

Se conoce como sistema sustrativo porque los pigmentos muestran el color absorbiendo las longitudes de onda de modo selectivo y reflejando las que no absorben. La mezcla de color pigmento se llama sustractiva porque cuanto más colores pigmento se mezclan, más se sustraen radiaciones, mostrando menos luminosidad. Mediante la suma o mezcla de los colores básicos, cian, magenta, amarillo y negro (se incluye el blanco), se obtienen todos los demás. Por ejemplo: la suma del cian y el magenta daría el violeta; el magenta y el amarillo, el rojo; el negro y el magenta, el marrón; el amarillo y el magenta, el naranja; el negro y el cian, el azul marino; el amarillo y el cian, el verde; y así sucesivamente. Asimismo, el blanco y el cian resultarían celeste, el magenta y el blanco darían el rosa, y el blanco y el negro darían los grises.

Dependiendo de la cantidad (porcentual) de color, se obtiene una tonalidad u otra del color obtenido mediante esa suma de colores. Al igual que en el sistema aditivo RGB se retiraban porcentajes de color de verde, azul o rojo al espectro blanco de la luz para obtener los demás colores, y la resta de todo color daba el negro; en el sistema sustrativo ocurre de manera contraria, la suma de todo color mezclando los básicos, en este caso cian, magenta y amarillo, darían el negro.

Lo que para un sistema de luz significaría ausencia de color, en un sistema de color pigmento o sustractivos sería la suma de todos los colores, pero para el espectro de visión del ojo humano significa lo mismo.

Tanto una superficie natural negra (como una pizarra o un escarabajo) como una superficie pintada de negro de manera artificial mediante suma de pigmentos se perciben por el ojo humano como tal dado que ambas repelen por completo la luz solar, ya sea de manera natural o por la mano del hombre.

Ejemplificación del sistema sustractivo

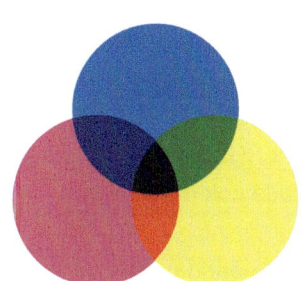

3.2. Sistemas de valoración/medición del color

Todos los factores anteriormente vistos explican por qué la comprensión de qué es el color es complicada y difícil. La percepción del color es una cuestión más de interpretación visual que otra cosa.

Es por ello que han sido desarrollados a lo largo de la historia distintos sistemas de valoración del color en un intento de cuantificar o expresar porcentualmente el color, de lograr una medición del color de manera comprensible y cuantificable por el ser humano.

 Sabía que...

El primero de los sistemas de valoración y medición es conocido como sistema Munsell, desarrollado en 1905 por el artista estadounidense A.H. Munsell. Su método se basaba en un gran número de fichas de papel de colores diferentes que representaban la mayoría de los colores pigmento existentes. Cada graduación de color se comparaba visualmente con otras midiendo la cantidad de mezcla de color necesaria para conseguir tal tono, y el color

Continúa en página siguiente >>

<< Viene de página anterior

comenzó a poder describirse en términos matemáticos y porcentuales. Y a cada uno se le asignó un código y se fue cimentando una técnica que se ha ido mejorando con el tiempo hasta la actualidad.

Ya en 1931, la Comisión Internacional del Color (CIE) desarrolló un nuevo sistema de color basado en un concepto conocido como **de triestímulo.** Este sistema cifraba los colores RGB en XYZ y mediante sus variaciones estimaba códigos diferentes para cada color.

Gracias a estos inicios se pudo conseguir perfeccionar en la década de los setenta el método y la CIE desarrolló finalmente un sistema de valoración y medición del color luz vigente en la actualidad y considerado como el que mejor representa el sistema por sustracción de color.

Este sistema conocido como Lab se basa en las siglas que indican un eje l que mide la luminosidad y otros ejes bautizados como a y b que se basan en los índices reales de color.

Por un lado, el espectro a se refiere a todas las variaciones de color entre el rojo y el verde, y el espectro b a las variaciones ente los verdes claros y el amarillo hacia el espectro de los azules, cubriendo así todo el espectro de color luz en valores RGB.

Pero, como ya se sabe, esta representación de color es solo válida para monitores, pantallas y demás aparatos que utilicen el sistema de color en haz de luz o RGB. Los impresos, en cambio, se basan en color pigmento o CMYK, por lo que el sistema Lab no sería válido una vez se ha impreso el resultado que se ve en pantalla.

Para ello, y para calibrar estas diferencias entre colores RGB y CMYK, y que ambas se correspondan, se han tenido que idear otros sistemas de medición o calibración de colores.

Elementos y aparatos de medición

Existen muchos tipos de elementos y aparatos de medición del color que sirven de ayuda al profesional de las artes gráficas para una correcta correlación entre colores luz y su impresión. Estos pueden ser referentes al control de la calidad y el color de la imagen, así como elementos que permiten controlar otro tipo de factores internos que también puedan afectar a la impresión en sí.

La principal ventaja de una comprobación colorimétrica es la capacidad que ofrece para mantener el resultado de impresión tan cercano como sea posible a la visión óptica sobre la pantalla del color deseado del original, así como para prevenir que las desviaciones con respecto al original no sean demasiado distantes.

La evaluación colorimétrica ofrece la misma percepción que el ojo humano con la ventaja de estar libre de influencias externas subjetivas y variables; en cambio, provee resultados objetivos. Los datos de medición pueden ser almacenados, registrados y también se pueden usar como un certificado de calidad. Los más utilizados y conocidos se explican a continuación.

Colorímetro

El colorímetro es cualquier aparto capaz de identificar el color y el matiz para una medida más objetiva del color. Se utiliza para generar perfiles de color para las máquinas impresoras. Funciona, básicamente, con un *software* que manda imprimir una imagen con varios colores y sus variaciones, y luego con un aparto lector óptico (espectrofotómetro) que lee estos colores y crea una orientación digital para la impresora.

Espectrofotómetro

Se conoce como espectrofotometría al estudio de medición del color, estudios que han sido basados en los sistemas de medición colorimétrica de Heidelberg.

Heildelberg, mediante sus estudios, llegó a la conclusión del establecimiento de unas pautas generales del color que sirviesen al impresor para poder reproducir la imagen según el criterio y el espectro visual que el ojo humano puede alcanzar.

Para poder obtener cierto control colorimétrico hay que tener en cuenta dos factores: por un lado, hay que controlar el color sólido mediante tiras de color denominadas **de control** y que permiten obtener resultados comparables con colores de tipo CMYK, Ral o Pantone, por ejemplo; y, por otro, el factor de los neutros, que permitirá controlar mediante una serie de tiras de variaciones de grises los medios tonos necesarios. El aparato conocido como **espectrofotómetro** será por tanto el lector óptico capaz de interpretar los colores impresos y de traducir esa información recibida en RGB a datos algorítmicos que sean entendibles por los programas informáticos y, por tanto, por la impresora que ha de reproducir esos tonos.

Colorímetro y espectrofotómetro

Cartas de color

Estas cartas de referencia suelen tratarse de una serie de cuadrados o rectángulos de color que contienen un amplio abanico de tonos que pueden acercar cualquiera de los colores reales que se pueden encontrar dentro o fuera de la naturaleza al resultado impreso. Las cartas de color más conocidas se basan en criterios universales establecidos y son conocidas como Pantone, Ral o la ya vista clasificación CMYK. Gracias a este tipo de abanicos de colores se puede extraer de un impreso el color exacto que se desea reproducir en nuevas impresiones y seleccionar la misma referencia en el equipo informático bien calibrado con el espectrofotómetro y el colorímetro. De este modo, el resultado impreso será similar al de la pantalla.

Carta de color

Otros

Actualmente existe un sistema que empieza a ser implantado en empresas de impresión digital de gran formato y en impresión *offset* y rotativas conocido como **Atlas,** que permite mediante un sistema algorítmico una rápida búsqueda del color deseado. Suponiendo que se busca una tonalidad de color para reproducir y que no se tiene referencia alguna, ni Pantone ni Ral ni CMYK, gracias al sistema Atlas se puede indicar un valor aproximado (ya sea CMYK, Ral o Pantone) en el programa informático, y este mandará como resultado a la impresora variaciones de este en grado porcentual a modo de pequeños cuadrados de color. Una vez impreso, se puede elegir el color deseado, que evidentemente aparecerá entre todas las variaciones impresas.

 Aplicación práctica

Trabaja con un documento en modo RGB en su equipo informático de oficina y, cuando cree que el trabajo ha sido finalizado, decide hacer una primera prueba de color e

Continúa en página siguiente >>

<< Viene de página anterior

imprime el documento en su impresora de sobremesa. Al hacerlo descubre que los colores impresos no se corresponden para nada con los del diseño que había creado. ¿Qué ha podido pasar?

SOLUCIÓN

Los monitores o pantallas trabajan en formato luz o RGB, mientras que las impresoras lo hacen en sistema de pigmento o tintas CMYK, por lo que suele ocurrir que la variación sea notable. Una de las cosas a tener en cuenta al crear un diseño es que lo programas informáticos permiten trabajar con modo CMYK, y, aunque lo que se muestra en pantalla sigue siendo RGB, al menos la simulación de lo que va a ser el impreso es más aproximada. Evidentemente, la mejor solución es calibrar equipo e impresora con el uso del espectro-fotómetro y colorímetro, aunque son herramientas muy caras para un usuario desde su hogar, pero que son aparatos indispensables y de uso común en las empresas del sector de las Artes Gráficas.

3.3. Simbolismo del color

Es mundialmente reconocido que los colores evocan sensaciones en el observador. Los estudios psicológicos han demostrado que cada uno de ellos tiene un valor, una significación y que provocan similares reacciones en el ser humano.

A lo largo de la historia se ha ido demostrando que la teoría del simbolismo del color no es algo absurdo, aleatorio o temporal. Desde los inicios de la cromografía, o estudios del color, los resultados coinciden en toda la especie humana.

Ya desde la Antigua China, pasando por los impresos griegos y romanos, los estudios del color se fueron haciendo cada vez más extensos y existen test cromáticos que demuestran que las teorías son válidas ya desde la antigüedad. No en vano, gracias a estos estudios se fueron descubriendo enfermedades derivadas de errores de percepción en las células del ojo humano como el daltonismo.

En la Edad Media, el simbolismo de ciertos colores ya estaba reconocido y extendido de tal modo que se usaba en estandartes de guerra o escudos de armas. El amarillo y el dorado simbolizaban el sol, la fuerza, la virtud, el prestigio, el poder y la majestad; el blanco y los plateados, la pureza, la virginidad, la luna, la inocencia y la felicidad; el rojo, el ansia, la fuerza, la sangre, el corazón del guerrero entregado al rey y a Dios; el morado o el violeta eran colores regios, píos y religiosos; el azul era la nobleza, la lealtad, la ciencia y la devoción; el naranja, la fama y la gloria; el negro evocaba la muerte, la tristeza, la desolación, el peligro y la humildad; y el verde era libertad, salud, vida, esperanza, serenidad y belleza.

Los colores se dividen básicamente en dos grupos: los cálidos y los fríos. Los cálidos se distinguen por evocar esa sensación corporal de calor como los amarillos, los rojos, los naranjas y se incluye el blanco. Los fríos distinguen entre los azules, los verdes y el negro.

 Nota

Aunque hay que recordar que todos los extremos se tocan, al igual que hay celestes y verdes-amarillentos que se relacionan con la calidez, existen colores burdeos y marrones que tienden más a la oscuridad y a la sensación fría.

Muchos de los significados se mantienen hasta los estudios que hoy han perdurado acerca de la cromografía, del simbolismo del color y que a continuación se muestran según las sensaciones que de cada color se reciben.

Simbolismo de los colores cálidos

Como se ha avanzado con anterioridad, los colores son distinguidos por una teoría denominada la **temperatura del color,** que diferencia a los colores cálidos de los fríos. Los colores cálidos son considerados más luminosos y por ello incluyen al blanco (unión de todos los colores en color luz) y a aquellos que se han creado o derivado a través del uso del amarillo o el rojo:

- **Blanco:** se relaciona con el color de la unidad y la pureza. En todas las religiones representa la luz divina, la deidad y esa virginidad y pureza mencionadas. Pero también están relacionadas con la vejez y la senectud por aquello de las canas, por lo que es también sabiduría y experiencia. En las culturas orientales como la china y la japonesa, el blanco es símbolo de luto, porque relacionan el color con la vejez y la luz salvadora que se encarga de recoger al cuerpo yacente.

- **Rojo:** las tonalidades derivadas del rojo emanan y provocan agresividad, vitalidad, fuerza. Es un color que simboliza la energía, la velocidad, por eso muchos deportivos son de color rojo. El rojo siempre ha representado al fuego, a la sangre y al corazón, por eso sugiere tanto el amor, la sexualidad y la sensualidad como la lucha y la fuerza. Existe un rechazo real en el cerebro humano ante una continuada exposición al rojo ya que finalmente causa fatiga en el observador y provoca cambios de humor, agresividad, actividad sexual y deseo, pero también la ira y la fuerza, y por eso se desaconseja su uso en interiores del hogar como el salón o en espacios de reposo y donde ha de estarse un tiempo prolongado como lugares de trabajo, hospitales, escuelas o cárceles.

- **Amarillo:** se asemeja al dorado y por ello están simbológicamente relacionados. Siempre ha sido el color que representa el sol, la luz o el fuego. Pero, a su vez, y relacionado con la luz del día, la luz solar evoca vitalidad, alegría, calor. Se ha demostrado que su efecto en el cerebro evoca vitalidad y se considera un color **joven** dado que provoca dinamismo, velocidad (no en vano muchos coches deportivos usan también este color). Es por tanto un color que emana vida, libertad y juventud, pero que por otro lado simboliza otra serie de rasgos muy relacionados con la adolescencia y la pubertad como son los celos, la traición. Cuando su uso es el dorado simboliza riqueza, poder, avaricia.

- **Naranja:** es una variación del rojo. De hecho, es la mezcla del rojo y el amarillo, por lo que tiene relación con ambos. Por un lado, los naranjas evocan igualmente calidez, luz solar, el verano, pero también es un color que suele tener cierta fuerza e influencia en la juventud, por lo que se considera también un color **joven**, dinámico y vivo. Los estudios demuestran que ante una exposición prolongada en entornos naranjas se produce en el observador síntomas de alegría, estimula beneficiosamente el corazón (no como el rojo que provoca un excesivo estímulo) y evoca estados de optimismo. Es el color relacionado con la intuición y con la aptitud optimista.

- **Marrón:** se considera el color de la tierra. Provoca en el observador cierta seriedad y seguridad, dado que al ser el color de la tierra, de la arcilla, se relaciona con el suelo, con la estabilidad. Se ha demostrado que los marrones son elegidos por personas muy hogareñas, muy tranquilas y serenas a las que les gusta la tranquilidad y la quietud de su casa. Es el color de la comodidad y el descanso.

Simbolismo de los colores fríos

Siguiendo las directrices de la teoría de la temperatura del color, se consideran colores fríos a aquellos que producen psicológicamente esa sensación o por los que se percibe más serenidad, tranquilidad. Es por ello que esta lista de colores fríos incluyen al negro (unión de todos los colores en color pigmento) y su variación en tonos neutros o grises, además de aquellos que se han creado o derivado a través del uso del azul.

- **Azul:** se relaciona con el cielo, con la inmensidad, con el mar. Es un color considerado como muy espiritual, porque, como el cielo, evoca perderse en él, en su observación. Como el agua y el mar da sensación de frescura; y como el cielo, el espacio, también de profundidad. Los estudios cromáticos llegan a la conclusión de que es un color que provoca serenidad, calma y paz en el observador.
- **Morado o violeta:** al ser un color mezcla de fríos y cálidos (del rojo y los azules) comparte rasgos con ambos. Por un lado significa serenidad y paz, pero por otro se relaciona con el sacrificio, la sangre, el dolor. Es por ello que se considera un color litúrgico y religioso, muy relacionado con el poder de la religión, pero también con la nobleza y la realeza. Indica sabiduría, pero también fuerza y poder. Los estudios cromáticos indican que provoca menos rechazo en las personas adolescentes que en las adultas, y se llega a la conclusión de que es debido a las ansias de poder y de una ambición por la vida que es más normal en la adolescencia que en los adultos.

- **Verde:** pese a considerarse un color frío, es como el anterior una mezcla de un color cálido (el amarillo) y otro frío (el azul). Se dice que es el color más relacionado con la calma, la tranquilidad; más aún que el propio azul. Los estudios demuestran que es el que provoca más descanso ante el ojo del observador. Por ello se relaciona con el color del reposo, la libertad, la calma, el sosiego y la naturaleza. Al ser mezcla del azul (símbolo de tranquilidad absoluta) y del amarillo (símbolo de alegría, movimiento) se reconoce como el color de la vida y la esperanza. Por ello es muy utilizado en hospitales y en los colegios, porque produce a la vez serenidad, alegría y vitalidad (perfecto para soportar largas horas en el interior de sus salas).

Ejemplo de color en un aula de colegio

- **Gris:** los grises son producto de la mezcla de los dos extremos del color tanto en pigmento como en la luz: el blanco y el negro. Sin embargo, es un color al que pocas veces se le tiene en consideración. Aparece en pocos estudios, y en los test solo se le da importancia cuando una persona es difícil de definir y puede evidenciar otros problemas. El gris, pese a no considerarse a veces como un color por formar parte de los denominados neutros, no siempre tiene por qué tener una simbología negativa. De hecho se relaciona con el cerebelo (la materia gris) y se considera un color preferido por personas sesudas e inteligentes. Por otro lado, sí que es verdad que en la mayoría de los casos indica valores negativos.

El color gris evoca neutralidad, y por tanto aburrimiento, tristeza; un día gris afecta seriamente en la percepción retiniana y cerebral y provoca desánimo. El gris es el color de la inteligencia, pero a su vez de la tristeza, del encerrarse en sí mismo.

- **Negro:** por último hay que hacer referencia al otro extremo de la gama cromática: el negro. El negro, al igual que el blanco, se relaciona con los límites; se le considera en el límite positivo (el de la vida, la luz, la positividad), así como en el extremo negativo (la muerte, la noche, el mal). El negro, en colores luz, es la omisión de todo color; de hecho, un objeto de color negro repele por completo la luz, y en color pigmento es la unión de todos los colores. Está situado en el extremo, se vea como se vea, y por ello simboliza poder y fuerza, pero siempre negativa. La oscuridad siempre se ha relacionado con la maldad, con lo prohibido, lo impuro. En Occidente, el luto se representa con el negro por este componente negativo, por la penitencia, el dolor, la muerte. Por ello, los sacerdotes visten también de negro, por el dolor, la penitencia y la muerte que Jesucristo tuvo en vida y que ahora ellos representan en su nombre y luto.

 ## Actividades

18. Recuerde las cinco campañas que apuntó en el ejercicio anterior que le resultaban impactantes por el uso del color en las mismas. ¿Son similares a los colores corporativos o por el contrario no es así? En los casos en que no sea así, valore el uso del color con el simbolismo de los colores y razone si se han usado de manera adecuada o errónea.
19. Busque en la revista que tenga más a mano las páginas dedicadas a la publicidad y anote los colores más usados en cada campaña y a qué público cree que va dirigida cada una. Ahora haga una tabla sobre el papel e indique el tipo de producto o servicio que se oferta en cada campaña, público al que cree que va dirigido y colores más usados en cada una. Compruebe los resultados con el simbolismo de los colores e indique si cree que su uso es el correcto o acertado.

4. La imagen

La palabra **imagen** proviene de la acepción en griego clásico *imago,* que hace referencia a la representación de la figura, la semejanza, y proviene del arte, dado que la obsesión por la búsqueda de la belleza perfecta llevó a los diferentes artistas griegos a plasmar figuras humanas tanto en esculturas como en mosaicos y decoraciones pictóricas con un ideal de belleza que no quería imitar a la realidad, sino que era fruto más de la fantasía del canon de belleza que se pretendía alcanzar, que una mera representación.

El significado actual de **imagen** tiene que ver también con la representación de algo en concreto en otro formato como el papel, el lienzo, las pantallas, etc. Se consideran imágenes tanto las fotografías como las obras pictóricas o dibujos, el diseño, el vídeo o el cine, así como otras disciplinas artísticas. El concepto de **imagen** hoy en día es más amplio, dado que se considera como imagen toda representación, ya sea real o abstracta, e incluso tiene una acepción religiosa.

El control de la imagen es esencial en el sector de la comunicación, el audiovisual, el periodismo, el diseño y la publicidad. No hay que olvidar que los pueblos y las ciudades están plagados de imágenes de todo tipo que son reconocidas por el cerebro humano como muy importantes, como las señales de tráfico, tanto las que están sobre postes como las pintadas en el suelo o las luminosas de semáforos y paneles.

 Recuerde

Vallas publicitarias, rótulos de empresas, los periódicos, la televisión, el cine, los equipos informáticos, los móviles, etc., la sociedad está rodeada de imágenes y se aceptan y reconocen como algo habitual, pero eso no siempre ha estado ahí, no siempre ha sido así.

Bien es cierto que los refranes son muy sabios y uno de ellos anuncia que **una imagen dice más que mil palabras;** es decir, que si se tiene un control total sobre la imagen sobran palabras que la definan.

En el diseño gráfico hay que saber conjuntar el todo en uno, ya que se vale tanto del uso del color como de las tipografías y las imágenes.

 Aplicación práctica

Trabaja en una oficina de un estudio creativo en el que las paredes blancas, con el paso del tiempo, se han vuelto grisáceas, por lo que su jefe decide dar una mano de pintura a las instalaciones. Contrata un servicio de pintores profesionales y estos optan por dar color a sus salas, dejando una de ellas en colores azules claros y otra en tonos pálidos de verde. ¿Cree que han actuado correctamente?

SOLUCIÓN

Evidentemente, sí. Al ser profesionales de la pintura conocen tanto el simbolismo como la percepción psicológica de los colores por el ojo humano, por lo que han usado dos tipos de colores, azul y verde claros, que ayudan a amenizar las pesadas horas de un trabajo repetitivo y monótono, como es el de estar frente a un equipo informático tanto tiempo.

4.1. Teoría y sintaxis de la imagen

Como se ha comentado en la introducción anterior, la gran mayoría de la información que el ser humano recibe en la actualidad proviene de medios visuales, del sentido de la vista. Es por ello que la imagen es tan importante.

La teoría de la imagen en diseño gráfico es un campo que se centra en estudiar y comprender cómo se perciben y comunican los mensajes visuales. Abarca una amplia gama de conceptos y principios relacionados con la creación y el análisis de imágenes, incluyendo elementos como la composición, color, forma, espacio, equilibrio, contraste, y otros.

La teoría de la imagen se utiliza para entender cómo los elementos visuales interactúan entre sí y con el espectador, y cómo estos elementos pueden ser manipulados para transmitir mensajes específicos, evocar emociones o generar respuestas en el público objetivo.

Los diseñadores gráficos utilizan esta teoría para tomar decisiones sobre cómo diseñar imágenes efectivas que comuniquen claramente el mensaje deseado y creen una experiencia visual impactante.

 Importante

Las imágenes abstractas, las ocultas, las que evocan otro sentido diferente según sea la composición, etc., son igualmente evocadoras e incluso transgresoras, pero no se consolidan como una imagen clara y fácil de entender como son las tomas de la realidad o los iconos, sino que se consideran de una mayor complejidad o de libre comprensión.

Se sabe que el umbral del ojo humano capta entre los colores situados por debajo de los ultravioletas y por encima de los infrarrojos, y que la percepción de la velocidad gracias a los estudios cinematográficos es de veinticuatro fotogramas por segundo; o lo que es lo mismo, si se emitiesen menos de esos veinticuatro fotogramas en un segundo de imagen el ojo humano percibiría un salto y no una continuidad de imagen, pero si se emiten más fotogramas en ese tiempo, resulta inútil pues el ojo no capta más imágenes en ese tiempo concreto.

Pero la teoría de la imagen defiende que, al igual que se conoce la unidad mínima de imágenes por segundo que consiguen crear movimiento en la complejidad de la percepción del cerebro humano, y es reconocido el amplio abanico de colores que se percibe, la experiencia también tiene cierta importancia tanto en la teoría como en la sintaxis de la imagen.

A lo largo de la historia, el ser humano ha intentado reconocer y almacenar en archivos todo aquel dato del mundo conocido que le rodea. De ahí que existan enciclopedias de todo tipo donde se muestran imágenes, ya sean dibujos o fotografías de objetos, lugares, acontecimientos históricos, flora y fauna de todo el mundo.

Esta experiencia vivida ha conseguido que la imagen en la memoria humana tenga ya un sentido; por ejemplo, que se pueda imaginar la figura de un elefante con solo leer la palabra que indica su existencia aunque nunca se haya visto uno en la realidad de la naturaleza.

Hace mucho tiempo que se conoce la gran mayoría de los objetos, la fauna y la flora que nos rodean aquí y en partes muy alejadas del mundo que nunca se conocerán realmente pero que el cerebro humano reconoce en colores, forma y nombre.

 Ejemplo

Se sabe lo que es una pagoda, el Kilimanjaro, una gacela, un biplano de la Segunda Guerra Mundial o una góndola aunque nunca se haya estado cerca de cualquiera de esos objetos o lugares, pero forman parte del ideario humano.

Tal es así que grandes estudiosos, como ocurrió con la Escuela de la Gestalt, descubrieron que se podía jugar con la mente, con el recuerdo, para demostrar que con ciertos juegos visuales el cerebro siempre responde bajo la experiencia, la costumbre. Entre otros ejemplos, mostraban objetos incompletos para demostrar que el cerebro descifraba el código dado que le daba significado cerrando esas figuras mentalmente, como recuerdo del objeto real.

Sintaxis de la imagen

Si se conoce como sintaxis en el lenguaje a la ciencia que estudia el orden que deben seguir las palabras de un idioma en una frase para que el lenguaje y la comunicación tengan sentido, la definición de **sintaxis de la imagen** se puede entender como el estudio del orden y la disposición de las partes que componen una imagen ante la percepción del ojo humano.

Si la sintaxis verbal diferencia entre partículas como artículos, sustantivos, verbos, pronombres y adjetivos, la sintaxis de la imagen tiene también un esquema formal que diferencia entre el punto, la línea, el contorno, la textura, los colores, el tono y la proporción.

Punto

Es la unidad mínima dentro de un esquema de sintaxis de la imagen. Es la forma más simple y de donde parte el inicio de la representación gráfica de una imagen. El punto es origen de partida y de final. Una línea se traza siempre entre dos puntos, por lo que no hay que entender al punto solo como esa forma redondeada y mínima de expresión, sino como el lugar de inicio de la representación de la imagen, el punto de partida.

Línea

Es el trazo de unión entre dos puntos. Cada línea define la dirección hacia la que se proyecta el trazo y puede ser recta o curva. Una sucesión de líneas crea un contorno, por lo que son también expresión mínima y elemental de una imagen.

Dirección

Esas líneas básicas siempre llevan una dirección que básicamente se relacionan con su horizontal, vertical o diagonal y van de izquierda a derecha o de arriba a abajo.

Punto, línea y dirección en la que se ha creado la línea

Contorno

Se conoce como contorno a la línea cerrada que constituye la forma externa de una figura, como por ejemplo las cuatro líneas que conforman un cuadrado, las tres del triángulo o la circunferencia del círculo. De hecho, con la forma de estas figuras básicas se componen y crean otras más complejas, usándolas como base en una composición.

Contorno de figuras geométricas

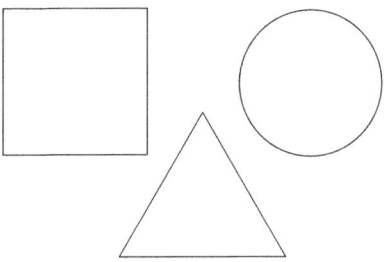

Tono

El tono en la naturaleza es el que define las formas de un objeto. Ningún objeto, ni siquiera los creados por el hombre tienen un color uniforme, dado que la incidencia de la luz crea luces y sombras que evidencian diferentes tonalidades en los objetos. Los tonos crean visualmente la tridimensionalidad en las imágenes.

Color

La percepción que del objeto se tiene en la naturaleza según su refracción de luz crea en la mente humana diferentes colores; dichos colores se han imitado por el ser humano con el uso de los pigmentos, y con el uso de ellos se hacen más reconocibles ciertas formas, imitadas de las que se pueden observar en el entorno natural.

Textura

Con la textura se intentan imitar acabados naturales. Si se intenta imitar madera en una imagen ilustrada se dibujarán las vetas de la madera; si se dibuja un animal, se imitará el pelo a base de trazos. Con las técnicas digitales actuales es fácil valerse de texturas creadas con medios de diseño gráfico digital que ayudan a simular esas texturas naturales y a darle aún más sentido a las imágenes creadas por la mano humana.

Proporción

La proporción o escala es la que hace valorar al ojo humano acerca del tamaño o la distancia de los objetos. Un objeto se considera superior a otro cuando está situado en el mismo plano y tiene mayores dimensiones. Se sabe cuándo un camión es de juguete o es real si se ve la mano de un niño jugando con él o si este se ve transitando en una carretera.

Proporción

Además de estos elementos que definen la sintaxis de la imagen hay que tener también en cuenta otros como son la dimensión, el movimiento y la composición de formas complejas.

Dimensión

Las imágenes captadas de la naturaleza por el ojo humano tienen carácter tridimensional; o lo que es lo mismo, muestran su altura, anchura y profundidad. Las imágenes creadas por la humanidad (ilustraciones, cuadros, fotografías, cine, etc.) tienen una dimensión plana, por lo que no puede mostrar más que bidimensionalidad (altura por anchura). Para lograr engañar al ojo humano, como muchos de los estudios de la Gestalt demuestran, se hace uso de las sombras arrojadas, de los volúmenes y los puntos de fuga, de este modo una imagen que es bidimensional resulta creíble para la experiencia y la costumbre del ojo humano como algo tridimensional.

 Importante

En la actualidad se puede imitar la tridimensionalidad de los objetos gracias a la tecnología y, ya sea a través del uso de gafas 3D o con el uso de hologramas, esa sensación puede emularse, pero solo se trata de un método de engaño a la percepción humana.

Movimiento

Con el movimiento ocurre algo similar; en la naturaleza los objetos se observan en movimiento, mientras que en las imágenes creadas por el hombre no, ni siquiera las imágenes grabadas con cámaras videográficas, que toman miles de imágenes fijas para jugar con la percepción retiniana del ser humano de las veinticuatro imágenes por segundo para crear sensación de movimiento. En una imagen fija, y gracias al uso de la fotografía, el movimiento pudo ser captado variando la velocidad de obturación (cierre o apertura) del objetivo y la lente de la cámara. Gracias a ello se pudo comprobar que la imagen captada en movimiento resultaba difuminada y que mostraba líneas de velocidad alargadas hacia atrás. Hasta entonces el movimiento no había sido plasmado en ninguna ilustración o pintura más que con el gesto forzado de las figuras. Con el descubrimiento fotográfico el movimiento en dibujo (véanse los cómics o tebeos) se escenifica dibujando líneas tras las figuras o sus partes (brazos, patas, ruedas), que son conocidas precisamente como **líneas de movimiento.**

Composición de formas complejas

Para poder construir formas complejas mediante el uso de la pintura o el dibujo se aconseja partir de la construcción de las formas a través de otras más simples, y es por ello que se hace tan común el encaje de las mismas en formas más comunes y sencillas como los círculos, los cuadrados o los triángulos. Todas las técnicas de dibujo aconsejan crear los objetos mediante formas más sencillas: por ejemplo, para poder dibujar la figura humana se recomienda hacer primero el esqueleto a base de líneas y circunferencias como se puede ver en la imagen siguiente; y así, con todo objeto que se pretenda plasmar.

Composición de forma humana compleja

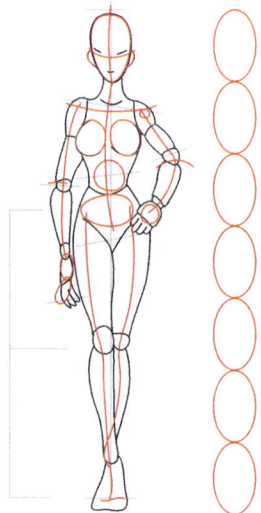

4.2. Escala de iconicidad: signo/símbolo

En la **teoría de la imagen,** los diferentes grados de iconicidad se refieren al grado en que una imagen representa de manera directa o abstracta el objeto o concepto al que se refiere. Estos grados suelen clasificarse en tres **categorías** principales:

- **Iconicidad alta:** en este nivel, la imagen es altamente representativa del objeto o concepto que intenta comunicar. La relación entre la imagen y su referente es inmediatamente reconocible y fácilmente comprensible para el espectador. Las imágenes altamente icónicas capturan las características físicas o visuales esenciales del objeto o concepto de una manera realista y directa.
  Por ejemplo, una fotografía de un árbol sería altamente icónica en su representación de un árbol real.
- **Iconicidad media:** en este nivel, la imagen mantiene una relación reconocible con su referente, pero puede presentar cierto grado de abstracción o simplificación. Aunque el objeto o concepto sigue siendo reconocible, puede haber algunas simplificaciones o estilizaciones en la representación visual. Esto puede permitir una interpretación más subjetiva por parte del espectador.
  Por ejemplo, un dibujo de un árbol que conserva las formas generales y características reconocibles, pero con un estilo simplificado o estilizado, sería un ejemplo de iconicidad media.
- **Iconicidad baja:** en este nivel, la relación entre la imagen y su referente es menos directa y más abstracta. La representación visual puede ser altamente estilizada, simbólica o abstracta, lo que requiere un mayor grado de interpretación por parte del espectador para comprender el significado. En algunos casos, la conexión entre la imagen y su referente puede no ser inmediatamente evidente y puede requerir conocimientos o contexto adicionales para su comprensión.
  Por ejemplo, un símbolo abstracto que representa un árbol, pero que no comparte ninguna similitud visual directa con un árbol real, sería un ejemplo de iconicidad baja.

Iconicidad alta, media y baja

Nota

La palabra *morfo* proviene del griego y significa "forma", de ahí que se use para la construcción de las palabras que definen en mayor o menor medida la escala de iconicidad.

Esta escala de la iconicidad de las imágenes responde a una serie de criterios formales que la definen:

- **Semejanza:** sería la plasmación de la realidad en un alto grado de iconicidad, como en fotografías y vídeos donde se reconoce perfectamente el objeto observado, o incluso en una representación a tamaño real (esto es importante) del objeto que se intenta imitar o en otros materiales diferentes a los del original.
- **Maqueta:** una maqueta tiene un alto grado de iconicidad dado que representa a la perfección el objeto que se pretende imitar fabricado con otros o similares materiales, pero esta vez en una escala menor que el original.

  Recuerde: se conoce también como maqueta a la composición a modo de boceto de una página o página maestra en diseño de textos editoriales y maquetación.

- **Esquema:** una representación esquemática es muy útil sobre todo cuando se habla de objetos que están formados por varias partes. Se conocen también como planos de montaje y muestran en ilustraciones muy fieles a la realidad las partes de un objeto y cómo han de ir ensambladas para la construcción del objeto más complejo.

Ejemplo de esquema

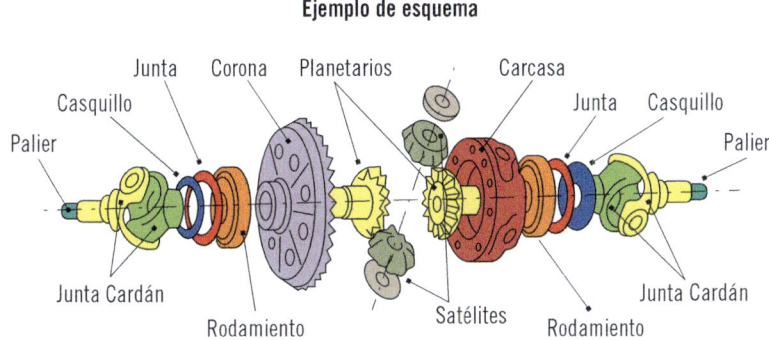

- **Diagrama u organigrama:** sería una representación similar al esquema, pero esta vez sin representación abstracta de las piezas que componen los objetos siquiera. En estos casos, y relacionados con flechas, suelen aparecer simplemente los nombres de las partes que componen el objeto, ni siquiera una mínima representación gráfica.

Ejemplo de diagrama

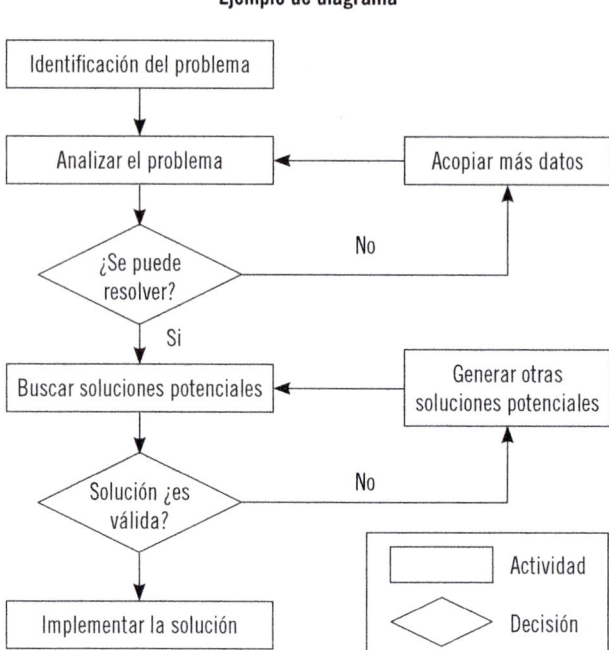

- **Fórmula:** en este caso ni siquiera se hace relación a las formas o partes mediante el uso de la palabra, sino que se hace una representación a base de signos matemáticos. Este tipo de formulación matemática es muy habitual en ciencias específicas como la física, la medicina, la química, las matemáticas, etc.

  Se conoce como **fórmula** porque de esa combinación de formulaciones matemáticas se obtienen resultados complejos que acaban por definir la estructura de los materiales o la calidad de los líquidos y la cantidad de productos necesarios para la creación de objetos complejos.

  Evidentemente, hay que estudiar esas ciencias para poder conocer el significado del uso de esas fórmulas.

Ejemplo de fórmula

$$\sum E_i = \sum I_i \cdot R_i \qquad \sum_{k=j}^{m} u_k = 0$$

$$C_{equ} = \cfrac{1}{\cfrac{1}{C_1} + \cfrac{1}{C_2} + \cfrac{1}{C_3} + ... + \cfrac{1}{C_n}}$$

- **Simbolismo:** pero el grado de iconicidad más bajo, y que sí que es conocido por todos, es el uso de la palabra para que en el cerebro humano se haga una representación imaginativa del objeto que se representa. No existe grado de iconicidad más bajo y a la vez más simple. Si a una persona se le dice o escribe en un papel la palabra **casa,** por ejemplo, esta se hará una representación gráfica en su cabeza, producto de la imaginación, y tan solo mediante el estímulo que con la lectura o la pronunciación de la palabra se produce en el receptor de la información.

 ## Aplicación práctica

Un compañero de trabajo está realizando un logo para una empresa de automoción. Usted, que está cerca de su puesto de trabajo, advierte que está usando como idea el foco cuadrado de un vehículo, trazando los vectores de tal manera que son solo líneas de color negro, y cree que no va a ser entendible por el observador. Se lo comenta pero no le hace caso. Al tiempo, le llega la respuesta del cliente diciendo que no entiende qué intenta representar su logotipo, que si no podría hacer otro nuevo diseño. ¿Qué ha ocurrido?

SOLUCIÓN

Tanto el ojo como el cerebro humano responden a valores basados en la memoria y la experiencia. Usted advirtió que la idea iba a ser difícil de entender por el observador medio, aun sabiendo de donde partía la imagen. Su compañero, empeñado en hacer algo novedoso y original, y, como él sí que lo estaba viendo claro, decidió continuar con su diseño. Antes de continuar trabajando sobre una idea de tan baja iconicidad, tan abstracta, es aconsejable mostrarla a varias personas para ver si es entendible o no, dado que el cerebro humano suele responder de manera similar ante el mismo tipo de estímulos visuales.

Actividades

20. De entre las imágenes que se ofrecen a continuación, indique cuáles de ellas tienen un alto grado de iconicidad, cuáles un grado medio y cuáles un grado bajo. Según la escala de iconicidad, ordene cada imagen de menor a mayor iconicidad bajo su criterio.

4.3. Mensaje bimedial: combinación del texto y la imagen

La base misma de lo que es conocido como **el lenguaje de la comunicación visual** reside en la combinación del texto y la imagen para poder establecer un completo discurso visual.

Esa relación entre el texto y la imagen es conocida también como **mensaje bimedial o relación bimedial,** y al fin y al cabo hace referencia al resultado de la relación entre las imágenes y los textos para fortalecer un discurso visual.

Algo habitual en los mentideros de los estudiosos del discurso gráfico es decir que realmente todo **comunica.** Con ello se refieren a que cualquier representación, por bajo grado de iconicidad que mantenga, comunica perfectamente algo al observador o receptor del mensaje.

 Importante

La relación bimedial entre texto e imágenes es totalmente necesaria para dar un completo significado a las representaciones gráficas.

Pero esa afirmación no es del todo cierta. Existen ciertas señales basadas en representaciones de baja iconicidad que pueden llevar al engaño o al equívoco por no ser excesivamente claras, del mismo modo que por ejemplo, y como se vio en el caso anterior, no todo el mundo entiende una imagen de arte abstracto o cubista, o de una formulación matemática el resultado de la misma.

Por lo que se puede afirmar que todo **significa** algo pero no que necesariamente la comunicación siempre debe tener sentido entre las partes. Hay que conocer ciertos códigos para descifrar ciertos mensajes, y eso es algo claro y evidente.

Si todo comunicara a la perfección lo que representa, no sería necesario el mensaje bimedial entre imagen y texto, pero es evidente que esta relación es completamente necesaria porque la una complementa a la otra. Sin una señal de tráfico que indique en una iconicidad baja que el aparcamiento en esa zona está prohibido junto a otra que diga el horario en que esa prohibición es vigente, se consideraría que la prohibición es extensible a la perpetuidad. Es necesario el apoyo en el texto para que el observador sepa que no siempre está prohibido hacer uso del aparcamiento.

Pues algo similar ocurre con el lenguaje publicitario o el diseño gráfico, dado que el mensaje es mucho más complejo tiene un mayor significado cuando el texto completa a una imagen.

 **Consejo**

En la actualidad muchos trabajadores no realizan bocetos previos a la fase de composición bimedial, sino que directamente hacen uso de herramientas de diseño o *software* específico y comienzan la composición sobre la hoja virtual. Eso es algo desaconsejable dado que puede darse el caso de no calcular bien los espacios y complicar aún más la tarea compositiva alargando la fase de esbozo innecesariamente.

No en vano, es muy difícil explicar que un producto está en oferta sin el uso del texto, y ni qué decir tiene que, sin el uso de los textos corporativos, difícilmente se diferenciaría entre marcas o fabricantes distintos.

Mensaje bimedial

5. Composición

La composición se refiere a la disposición y organización de elementos visuales dentro de un espacio determinado, como una página impresa, una pantalla digital o cualquier otro medio visual. La composición es una parte fundamental del proceso de diseño gráfico, ya que determina cómo se estructuran y presentan los elementos visuales para comunicar un mensaje o transmitir una idea.

Antes de comenzar con la composición de un diseño, ya sea de una página, de varias (revistas, libros, etc.) o en gran formato (carteles, vallas, etc.), hay que tener claras dos cosas: una es el espacio del que se va a disponer para crear tal composición y otra con qué elementos se va a contar (ilustraciones, textos, fotografías, espacios en blanco, etc.).

Una vez que se conoce el espacio del que se dispone y los elementos que se han de usar para el diseño, se ha de pensar en cuál es la idea que se pretende transmitir y, por tanto, qué elementos se han de destacar para que esa idea tenga sentido en el observador.

Dependiendo de esa jerarquía de elementos, se comenzará a componer el diseño teniendo en cuenta otros factores tan importantes como necesarios.

Antes de la composición del discurso bimedial hay que recordar que se han tenido que hacer unos estudios que al menos deben haber determinado las necesidades que se pretenden conseguir, el target o público al que se procura incidir (adulto, joven, hombres, mujeres, etc.) y el mensaje con el que se intenta conseguir el objetivo previamente determinado.

5.1. Reglas de composición

Antes de comenzar con los bocetos hay que tener en cuenta ciertas reglas de la composición que, pese a ser flexibles, son de gran ayuda para el publicista o el diseñador.

Estas reglas se basan en la proporción, el peso, el equilibrio, la tensión, el contraste y la armonía.

Proporción

Lo primero que hay que conocer es el espacio del que se dispone y su orientación (horizontal o vertical) para poder saber cómo utilizar los elementos gráficos y en qué proporciones.

Recuerde

Son elementos gráficos los espacios en blanco al igual que otros elementos compositivos como imágenes o texto. Por ello, dentro del estudio de las proporciones hay que calcular los espacios ocupados como los que no, para que los textos e imágenes "respiren" entre sí.

Una regla de proporción es la conocida como **sección áurea** o **regla de los tercios.** No existe una regla estricta para fijar las proporciones, pero esta suele facilitar el proceso de distribución de espacios. Se trata de dividir espacios en tres zonas de igual tamaño para poder establecer mejor las proporciones. Se basa en la división de los espacios según el uso de la diagonal. O lo que es lo mismo, se secciona un rectángulo en dos partes y usando su diagonal se puede establecer esa tercera parte para crear un rectángulo. Gracias al uso de estas tres partes, los elementos compositivos responden a criterios de proporción muy equilibrados.

Sección áurea

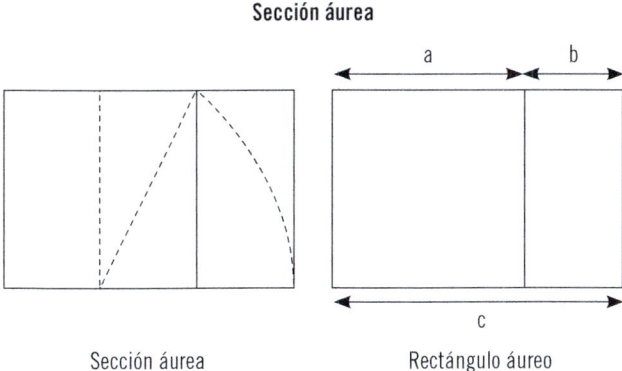

Sección áurea   Rectángulo áureo

A partir de la idea aproximada que se tiene acerca de la proporción de los textos, las imágenes y los espacios en blanco en la composición del diseño se empezarán a realizar los primero bocetos. Pero para ello es también importante la jerarquía de los elementos, o lo que es lo mismo: el peso.

Peso

El peso en imagen no lo define solo el tamaño, sino el grado de atracción visual que adquiere un elemento por su ubicación en el espacio o por su protagonismo. No necesariamente un texto o imagen gana más peso visual por ser más grande. Los espacios en blanco pueden lograr que el punto de mayor peso visual sea un objeto pequeño situado en un lugar concreto.

Por ejemplo, es conocido que los objetos colocados a la derecha provocan mayor atracción, tienen mayor peso visual que los de la izquierda, y que las zonas medias o bajas de una composición tienen mayor peso que las altas. Es algo que se puede subsanar con el uso de tipografías gruesas o destacadas a modo de titular, como en periódicos y revistas, para que la mirada se dirija primero a ese punto y luego continúe con su recorrido hacia la derecha y abajo del resto de la composición. Por lo que la escala y el tamaño, tanto de textos como de imágenes, pueden forzar a provocar un mayor peso o impacto visual, pero no siempre es necesario usar ese recurso.

Equilibrio

El equilibrio tiene mucha relación tanto con el peso como con la proporción de los elementos en el soporte utilizado. El equilibrio no tiene que ver con que todos los elementos deban tener el mismo tamaño o que la composición sea muy sobria, sino que hace referencia a que los elementos compositivos, o grupos de elementos, se encuentren equilibrados en relación con los demás elementos de la composición. Es más, el equilibrio no tiene relación ni siquiera con la simetría, sino más bien lo contrario, ya que existe el denominado equilibrio simétrico y el asimétrico. Si se divide una composición en dos partes, justo por la mitad de la misma, si los elementos de ambos lados están colocados de manera similar se trata de un sistema de composición en equilibrio simétrico, y si ambas son completamente diferentes será una composición de equilibrio asimétrico.

Una figura se considera equilibrada si, cuando se establece un eje imaginario cruzando por su centro, ambas partes son iguales y tiene relación con que a la sensación del ojo humano una figura o composición asimétrica parece que se va a caer, que tiene movimiento. Por ello a veces es necesario usar ese desequilibrio o asimetría.

Ejemplo de simetría y asimetría

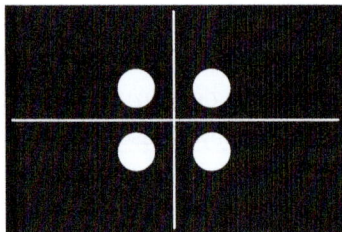 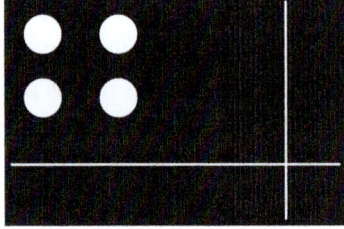

Equilibrio simétrico   Equilibrio asimetrico

Tensión

En completa relación con el punto anterior, se considera que existe tensión en una figura o composición cuando sus elementos no son simétricos. Suele ocurrir en el uso de formas irregulares donde es difícil establecer un eje central.

Pero, como todo, se usa la tensión de figuras o de composición en ciertos mensajes en los que se pretende buscar esa reacción en el público observador.

Contraste y armonía

Se consideran composiciones armónicas aquellas que representan un diseño nivelado, bien proporcionado, simétrico y con similitud en el uso del peso de los elementos visuales. Suelen ser muy efectivas, pero como desventaja resultan ser demasiado previsibles y por tanto llaman menos la atención. Son composiciones contrastadas aquellas en las que se juega con líneas de texto haciendo formas y recorridos visuales difíciles, aquellas que juegan con las figuras asimétricas con cierta tensión visual, que rompen con lo establecido y pretenden precisamente llamar la atención del observador gracias a esas composiciones poco tradicionales o alejadas de la experiencia y la costumbre (se suelen hacer *collage* de imágenes, jugar con imposibles, como barcos voladores o gente caminando por el techo; en definitiva, romper con lo habitual para llamar la atención).

Otros ejemplos de contraste y armonía en los elementos compositivos tienen que ver con el color. Si se juega con colores complementarios y suaves la composición resultará más armónica, mientras que si se usan tonos discordantes o muy chillones será una composición más contrastada.

 Consejo

Según se desee llamar la atención de una forma equilibrada y simétrica o por el contrario jugando con la tensión y los contrastes se empezará a bocetar. En esos bocetos se pretende mostrar precisamente la composición de textos e imágenes que va a sustentar al diseño final, por lo que es aconsejable hacer cuantos más bocetos mejor, jugando con esos componentes y variándolos de lugar para comprobar cuál de las posibilidades se acerca más a lo deseado.

Aplicación práctica

En labores de composición de un mensaje bimedial que contiene mucho bloque de texto pero poca imagen lleva usted horas dibujando bocetos pero sin ver claro cómo poder encajar todos los elementos en una composición agradable y adecuada. Finalmente, decide tomar bloques de texto de cierto tamaño de una revista y recortarlos. Hace lo mismo con una imagen similar a la que se va a usar y con otros bloques de texto de fuente mayor como si fuesen titulares o eslóganes. Sobre un papel del mismo tamaño del que se va a usar en la campaña verdadera comienza a mover con los dedos los bloques y la imagen hasta encontrar dos composiciones muy agradables y funcionales y, copiándolas sobre el papel, crea sus dos primeros bocetos. Sus compañeros le miran extrañados, pero ¿cree que tienen razón en actuar así?

SOLUCIÓN

No. En la actualidad, muchos trabajadores no efectúan siquiera boceto alguno previo a la fase de composición, sino que directamente se sientan frente a su equipo informático y hacen uso de sus herramientas. Eso es algo no aconsejable, dado que después puede darse el caso de que no se han calculado bien los espacios y faltan o sobran huecos. Una de las maneras clásicas de composición es usar recortes de similar tamaño a lo que se desea representar y moverlos con los dedos, por lo que ha actuado de manera correcta.

5.2. Gramática del diseño

Así como la gramática en literatura es la ciencia encargada de estudiar los principios y las reglas en los que se basa una lengua para que el código de la misma tenga sentido y significado, se entiende como **gramática del diseño** a los estudios que han ido definiendo los principios y las reglas que en parte ya se han podido avanzar en anteriores apartados de este capítulo.

La escuela alemana de la Gestalt, o de la forma, nace a principios del siglo XX con la única finalidad de establecer una serie de leyes y principios en los que se cimienta el diseño gráfico. Dado que el diseño gráfico como tal se empieza a considerar como un nuevo arte (antes no se estudiaban las reglas compositivas y el resultado de los diseños era siempre sobrio, esquemático y aburrido), era necesario encontrar una serie de pautas que sirviesen para comprender el lenguaje de la comunicación mediante el diseño gráfico.

Estos estudiosos, en su mayoría psicólogos, descubrieron que existían ciertos elementos que hacían del diseño gráfico un lenguaje universal nuevo, y que respondía a ciertas leyes que acabaron por definir y establecer como lo que hoy se conoce como **gramática del diseño.**

Con anterioridad ya se han podido ver ciertos principios universales del diseño gráfico como son sus formas más elementales (puntos, líneas, siluetas y formas, etc.) o según su composición (color, tono, equilibrio, peso armonía, etc.), y las leyes de la Gestalt acabaron por unir todos esos criterios anteriores en una serie de normas que definen la gramática o principios del diseño gráfico:

■ **Ley de la proximidad:** la mente humana tiende a agrupar aquello que reconoce como similar, por lo que esta ley demuestra que se tienden a formar grupos con objetos cercanos entre sí.

Ley de la proximidad

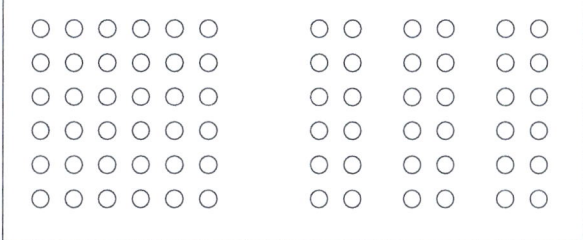

■ **Ley de igualdad o similitud:** dentro de que el ser humano cree mentalmente grupos por la cercanía de los elementos, hay que reconocer que esta agrupación se hace más evidente cuando se relacionan objetos que son similares ya sea en forma, color, apariencia, etc.

Ley de la igualdad

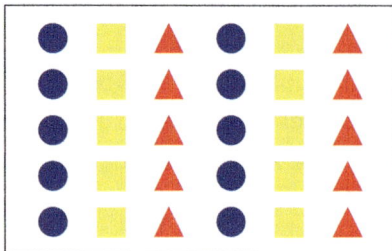

- **Ley de la experiencia:** se basa en que es más común reconocer imágenes por costumbre y experiencia entre los individuos de las mismas sociedades. Por ejemplo, el mapa de España o de la península Ibérica será rápidamente reconocido aquí, pero no por ejemplo en Qatar, así como ocurriría al contrario. La costumbre o experiencia hace que se reconozcan figuras de manera rápida en ciertas sociedades, mientras que esas mismas no serían útiles para diferentes grupos sociales. Si se sabe a qué sector se va a dirigir el mensaje se acertará con mayor facilidad, forma parte de la gramática del discurso gráfico en cada sociedad.
- **Ley de la pregnancia o la buena forma:** esta teoría sustenta que ante una multitud de formas el cerebro humano tiende a la simplificación. Se trata de una percepción ocular, pero basada en la experiencia y la tradición, dado que para el ser humano es más sencillo entender imágenes menos complejas. Quizá esta es la más controvertida de todas, dado que los resultados dependen de la percepción de cada persona de lo que para su cerebro signifique una imagen más sencilla. Normalmente estos esquemas muestran dos posibilidades, siendo una de ellas la que se ve con mayor facilidad.
- **Ley del cerramiento:** completamente ligada a la experiencia se ha demostrado que se percibe mejor una figura cuando su línea de contorno es cerrada, por lo que ante figuras abiertas que se asemejan a otras conocidas por el ser humano se tiende a cerrar mentalmente dichas formas.

Ley del cerramiento

- **Ley de simetría:** forma también parte de la experiencia y la memoria, la gramática del diseño gráfico se basa en que el ser humano reconoce mejor el discurso gráfico y le parece más correcto cuando este es simétrico. Las leyes de la simetría han sido básicas en el arte desde sus inicios.
- **Ley de continuidad:** se perciben como un camino a seguir aquellas figuras que se colocan tras otras similares y van dibujando una forma o trazado. Es como el orden gramatical en las frases. Si una frase no se compone de un orden lógico (artículo, sustantivo, adjetivo y verbo, por ejemplo), y se percibe incongruencia, se tiende a dejar de leer la frase, pero si tiene sentido se continúa, da igual la posición que tenga el texto o las formas que describa. Lo mismo ocurre con objetos similares marcando un trazado, la visión del espectador seguirá tal dibujo con la mirada hasta su final.

Ley de continuidad

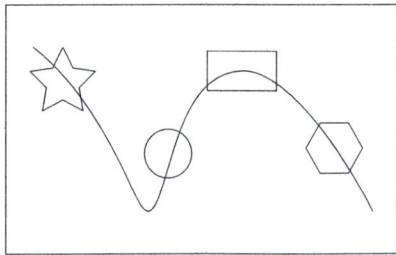

- **Ley de figura y fondo:** esta regla define el concepto de que el fondo suele tener siempre menor importancia que la figura que se represente, dando igual el uso del color, la textura o los marcos; el fondo siempre se percibe como tal, y toda figura o texto que se coloque sobre el fondo, basado en la experiencia humana, destacará sobre el mismo.

Ley de figura y fondo. Se perciben antes las botellas en negro que las que están bocabajo en blanco

Con estos principios o leyes, unidos a los anteriormente citados, se fundamenta el discurso gráfico, la gramática visual o del diseño, y se consolidan como reglas básicas de otro tipo de lenguaje, el lenguaje gráfico.

 Actividades

21. Elija de entre los ejercicios de la Gestalt previamente mostrados los tres que más le hayan llamado la atención y, sin comentar con nadie los resultados, muestre tales pruebas a algunos amigos y familiares apuntando los resultados obtenidos. ¿Cree que se cumplen las leyes de la Gestalt? Razone la respuesta.
22. Siguiendo los criterios de la ley de la pregnancia o de la buena forma, atrévase a hacer un dibujo original de ese tipo jugando con dos formas posibles. ¿Cuál cree que será la forma que mejor perciban sus amistades y familiares? ¿Por qué? Razónelo.

5.3. Breve historia de la composición

El diseño gráfico como disciplina de las artes gráficas tiene una vida relativamente corta y no es hasta inicios del siglo XX que se tiene en cuenta como tal.

Gracias entre otros a los estudios de la escuela de la Gestalt se considera disciplina independiente de otros tipos de arte como la ilustración o la pintura, a partir de esos inicios del siglo pasado.

Pero la evolución histórica de este arte proviene de tiempos pasados que se pueden datar con el inicio de la composición de textos e imágenes, por lo que se puede reconocer como un arte clásico, dado que casi todas las culturas dominaban la inserción de ilustraciones o miniaturas en sus textos, algo habitual desde los más arcaicos manuscritos del Antiguo Egipto.

Oficialmente, se reconoce como el inicio de la disciplina del diseño gráfico como tal en la Edad Media, más concretamente con el inicio de la imprenta de tipos móviles allá por 1450, dado que es realmente con los tipos móviles cuando se puede hablar de composición de textos e imágenes de manera automatizada. Antes, con la xilografía, y mucho antes de manera manual, ya se había logrado el mensaje bimedial (texto e imágenes), pero hasta este momento nunca de manera masiva e industrial que llegase a todos los públicos y en un alto nivel de ejemplares.

Recuerde

No hay que olvidar que, a su vez, la imprenta de tipos móviles es el resultado de la mejora del uso que de los tipos móviles ya se hacía en la Antigua China, mucho más avanzada en aquel entonces usando ya planchas de tipos móviles de porcelana pero con un método más rudimentario y manual.

La época clásica del diseño gráfico comienza con la invención de la imprenta de tipos móviles y básicamente se reducía al uso de tipografía de carácter gótico y unas limitadas y básicas ilustraciones ornamentales que solían ceñirse a orlas o letras capitulares muy coloridas y vistosas.

Posteriormente, del siglo XVI al XVIII, con el auge de los acuñadores y los tipógrafos, las familias tipográficas fueron aumentando, y con ellas la demanda de diferentes diseños de páginas por parte de los clientes. Nace la diversidad y la originalidad de la composición de los textos.

Ya en el XIX se considera como un estilo nuevo de diseño gráfico el conocido como **movimiento romántico.** La evolución en cuanto al uso de elementos gráficos era evidente. Los textos se volvieron mucho más recargados de imágenes, las orlas decorativas florales empezaron a ocupar mucha importancia y espacio en las páginas, se incluyeron motivos orientales como arabescos y las ilustraciones empezaron a tener mucha más importancia.

La verdadera revolución gráfica coincidió con la pictórica y todas esas nuevas corrientes denominadas **los ismos,** que querían romper con todo lo establecido hasta el momento en las artes gráficas, y que ya desde mediados del XIX tuvieron vital influencia e importancia.

El impresionismo, primera de estas nuevas tendencias artísticas, supuso el verdadero comienzo de lo que actualmente se conoce como **diseño gráfico.** Resultó ser una auténtica revolución en cuanto a tipografía se refiere, nacieron muchas nuevas familias, sobre todo decorativas y de fantasía; no en vano, había nacido también una nueva forma de expresión claramente ligada con la publicidad: el cartel. Se conoce como **cartelismo** a esa corriente nacida a mediados del XIX y vigente hasta ahora. Artistas como Toulusse-Lautrec revolucionaron el arte del cartel con figuras planas y estilizadas que simulaban las estampas japonés del arte *ukiyo-e,* y otros como Beardsley o Cheret engrandecieron este nuevo arte.

Con el *art noveau* y el modernismo de finales del XIX e inicios del XX surgen unas tipografías de fantasía y de tipo caligráfico espectaculares basadas en la naturaleza, el movimiento floral. Las ilustraciones adquieren una mayor importancia y son muy recargadas y florales, siendo su máximo representante

Alphonse Mucha. Los estilos compositivos empiezan a enfocarse hacia el diseño gráfico de la actualidad. El *art nouveau* derivó en el *art decó,* ya que cierta-
mente estos estilos nacieron con clara dirección decorativa.

En los inicios del siglo XX, todas esas nuevas corrientes que buscaban la
simplicidad de la forma y la abstracción de las ideas como el cubismo, el dadaísmo o el surrealismo tuvieron clara influencia en el cartelismo y en el uso
de nuevas tipografías. Las tipografías de palo seco tuvieron un gran auge en
esta época así como la composición asimétrica, la preferida por los cartelistas,
que en sus composiciones jugaban con diferentes escalas en la misma frase
y con imágenes transgresoras o basadas en *collages* imposibles. La ley de la
continuidad y textos con diferentes movimientos y formas, típicos de Apolina-
rire o Morinetti, eran algo común hasta la llegada de lo que se denominó como
felices años 20 y que convivió hasta 1930 con estas tendencias excéntricas
habituales en los ismos.

 Definición

Collage
Técnica artística consistente en ensamblar elementos diversos y de distintos materiales
en un todo unificado a base del recorte y el pegado de dichos elementos que por separado
tienen un significado totalmente diferente a la nueva composición.

En los tiempos que derivaron desde esos felices años 20 hasta la crisis
mundial de 1929, las imágenes de las ilustraciones se estilizaron, aunque
aún con ciertas reminiscencias del pasado *art noveau,* mostrando casi siempre
a mujeres en actitudes relacionadas con esa época de crecimiento, y solían
aparecer ataviadas con esos vestidos cortos, sombreros y joyas de la época, en
actitud sensual o desafiante, siempre fumando o haciendo cosas consideradas
modernas, como era la conducción de vehículos. La tipografía se estilizó alar-
gándose en altura y siendo más fina (extrafinas o *thin)* y estrecha, y el cartelismo volvió a recuperar su fuerza.

Gracias a la convivencia de estilos más clásicos de tipo *art nouveau* con las vanguardias del momento, el caldo de cultivo para el nacimiento de escuelas que estudiasen el fenómeno gráfico con la escuela de la Gestalt o la Bauhaus era evidente. La primera estudió la gramática y la composición de la forma en el diseño gráfico, mientras que la segunda intentó incluir los conceptos de la nueva industrialización con el arte y el diseño gráfico. El uso de nuevas técnicas arquitectónicas, la sobriedad y a la vez el movimiento de sus fuentes tipográficas, el uso de la línea, etc., siguen estando vigentes en la actualidad y dando paso a lo que se conoció como **la nueva tipografía** en el periodo de entreguerras, una revolución tipográfica que propició que todos los países comenzasen una especie de competición y de la que nacieron miles de nuevas tipografías muy originales y totalmente diferentes a lo visto con anterioridad.

Hasta 1922 no se utilizó por primera vez la acepción de **diseñador gráfico,** término introducido por el americano William Adison Dwinggins y que tuvo una gran repercusión y aceptación general.

En los años 50 surge una nueva tendencia conocida como **estilo internacional,** nacida de los estudiosos de las escuelas suizas de Zurich y Basilea, que tras esa nueva revolución tipográfica decidieron volver al orden y la buena legibilidad de las fuentes, además del uso de la retícula como sistema de composición y orden en el diseño, gran parte perdidas con el auge de las nuevas vanguardias en años anteriores. Estas escuelas suizas tuvieron elevada importancia en cuanto a la mejora del diseño gráfico industrial y se volvió a recurrir al uso del cartel publicitario mucho más sobrio y selecto, con un elevado uso de fotografías y textos, y *collages* de imágenes nada transgresores y un elevado uso del blanco y el negro para mostrar seriedad.

Los años 60, sin embargo, significaron un nuevo cambio de tendencia hacia lo transgresivo y la psicodelia. Este tipo de arte, conocido como **arte pop** o ***pop-art,*** surge del gran desconocimiento que se tenía del abuso de las drogas por aquel entonces. Fruto de esos estados oníricos que producían las mismas, nació una nueva tendencia basada en el uso de colores vivos y motivos florares típicos del movimiento *hippie* y rockero del momento, simbolizando el rechazo a las guerras y como ejemplo del sentimiento libre y la paz espiritual.

Importante

El máximo exponente del pop-art fue Andy Warhol, conocido por el uso de la serigrafía en arte (cuadro de Marilyn Monroe, por ejemplo), por sus series de cuadros de tipo cómic y por sus latas de conserva de tomate frito Campbell.

Las tipografías se vuelven anchas y redondeadas, y muchas veces con escasa legibilidad, pero con sentido de movimiento y generalmente muy agrupadas entres sí, sin interletraje alguno, muy relacionado con la psicodelia del momento y con el movimiento de las imágenes reales que son producto del consumo de drogas duras.

No sería hasta finales del siglo XX cuando el diseño gráfico sube el escalón definitivo, cuando nacen los primeros programas informáticos que facilitarían el trabajo de la composición y el diseño. Sin ellos hoy en día no se entiende el diseño gráfico, pero no fue hasta casi finales del siglo pasado que el uso de este tipo de programas digitales comenzó a ser extensible al sector de la publicidad y finalmente al de toda la sociedad.

Los primeros ejemplos de *software* específicos de diseño gráfico solo permitían el uso de mapas de bits, por lo que los resultados no eran aún muy óptimos y tanto imágenes como fuentes siempre aparecían pixeladas.

Pronto se subsanó el problema con el uso de la tecnología de vectores o programas vectoriales y todas las fuentes existentes hasta entonces fueron adaptándose a los sistemas informáticos. Hoy en día las imágenes, las ilustraciones vectoriales y las tipografías son elementos esenciales en la composición del mensaje bimedial, y no hay empresa dedicada al sector de las artes gráficas que no tenga programas digitales de retoque fotográfico, vectoriales o de maquetación. Además, la infografía ha adquirido una importancia esencial en el sector de las artes gráficas y son muchas las veces que se pueden observar imágenes emulando tridimensionalidad y generadas por ordenador gracias al uso de programas infográficos o de generación de modelos 3D.

En la actualidad, el diseño gráfico se ha hecho extensible a casi todas las artes y está presente tanto en animación como en preimpresión e impresión, y tanto en las redes con el diseño gráfico y web como en el cine y la televisión, donde se usan efectos visuales creados con este tipo de *software* específicos y cuyos créditos de inicio y finales son también producidos con este tipo de programas.

5.4. Retórica del diseño gráfico

La retórica, cuando se habla del lenguaje, de los idiomas, se entiende como la manera de expresar un comunicado o un discurso, buscando la persuasión en el receptor del mensaje.

Es algo muy común en la emisión de mensajes, dado que siempre al comunicar se pretende persuadir o llevar al terreno propio al destinatario o destinatarios de los mensajes. Y si eso es algo común en cualquier conversación, ni que decir tiene que lo es aún más en la comunicación publicitaria o partidista, en la que se pretende lograr la respuesta positiva del consumidor o del votante.

La retórica del diseño gráfico viene referida a esos aspectos relativos con la persuasión. Estudia la relación que ha de tener el mensaje bimedial del discurso gráfico para que ese diseño tenga aceptación en el observador y le provoque un estímulo, una posible acción de compra o un interés.

El mensaje que ha de lanzarse con un producto de diseño gráfico debe primero despertar la atención o la curiosidad en el observador, por lo que se considera que debe ser atractivo.

Con atractivo no siempre se hace referencia a que sea bonito, cuidado o estético, sino que se refiere a que provoque una reacción temprana en el observador, dado que, como ya se ha podido comprobar, muchas veces se consigue esa reacción de llamada de atención por el discurso del diseño gráfico cuando este ha sido transgresor, antiestético, difícil de entender o raro.

Importante

No importa cómo, pero el mensaje debe llamar siempre la atención.

Una vez que se ha conseguido el primer paso, se debe hacer uso de un buen discurso gráfico para lograr la siguiente reacción necesaria: provocar interés. Para ello se hace uso de una serie de recursos, conocidos como **figuras retóricas.**

Actividades

23. Recuerde la última campaña publicitaria que le haya impactado. ¿Cree que ha tenido importancia la retórica en ese mensaje? ¿Cuál cree que ha sido el elemento de persuasión que más le ha influido?

Discurso gráfico, figuras retóricas

No hay que olvidar que el diseño gráfico, dentro de las artes gráficas, no deja de ser una manera de expresar o comunicar un mensaje a través del uso del texto y las imágenes; o lo que es lo mismo, a través de lo que se denomina **discurso gráfico.**

El discurso gráfico, como se ha podido ir observando a lo largo del capítulo, tiene una gramática, un código y una sintaxis propia. Todo ello, unido a que se vale de la retórica para que en su propio lenguaje bimedial de textos e imágenes ese discurso se convierta en atrayente e interesante, hace del diseño gráfico una disciplina ideal para el mensaje publicitario.

No en vano, la sociedad actual se encuentra invadida de mensajes publicitarios en todo medio que hace uso del diseño gráfico como herramienta, como es la televisión, la prensa impresa, Internet, la cartelería exterior y, como no, la telefonía móvil.

Todo lo visto con anterioridad en este capítulo hace referencia al lenguaje del discurso gráfico, a su codificación, su significado, su orden y su manera de entender a nivel compositivo el mensaje que se pretende ofrecer. La retórica tiene que ver más con la percepción psicológica que se tiene del mensaje que con la propia percepción real o el entendimiento del mensaje en sí.

Cuando se comienza a crear el mensaje publicitario, cuando se inicia un proyecto, se hacen estudios, como el público al que va a ir dirigido el mensaje o el tono que va a llevar la campaña (humor, seriedad, emocional, etc.), y no es algo que deba resultar extraño, ya que esto definirá la retórica final del discurso gráfico.

 Nota

No hay que olvidar que la experiencia es algo muy importante para el ser humano, y que el humano actual lleva siendo bombardeado por mensajes publicitarios tantos siglos que su ojo y su mente discriminan aquello que les resulta vagamente interesante de lo que realmente les parece atractivo.

Cuando se realiza un discurso gráfico hay que tener muy en cuenta el uso de las figura retóricas clásicas, porque nada funciona mejor que lo que ya ha tenido resultado. Al fin y al cabo, la experiencia forma parte del ideario colectivo y es muy difícil intentar sorprender de otro modo. La forma de diferenciar un mensaje de otro vendrá de la pericia del diseñador gráfico o creativo para despertar el interés del receptor con un mensaje original y atractivo, pero no por ello hay que olvidar los métodos retóricos que siempre se han usado para ello.

Existen dos tipos de figuras retóricas: las visuales y las semánticas.

Figuras retóricas visuales

Son aquellas que se valen de la mera muestra, aquellas que son entendibles gracias al ejemplo de lo que se presenta. Se vale del propio lenguaje del diseño gráfico para jugar con él y llamar la atención del receptor, muy acostumbrado ya al discurso gráfico habitual.

Como se ha podido ver a lo largo de este capítulo, la gramática del diseño dicta el orden lógico que el discurso gráfico debe tener para que este sea entendido, e importantes escuelas estudiosas de la forma y el mensaje como la de la Gestalt demostraban que, mediante el juego o el engaño, ese discurso podía entenderse del mismo modo pese a no ser completo, dado que en la mente humana la experiencia daba sentido a ese mensaje.

Las figuras retóricas se basan en ese concepto, y se dividen en cinco clases:

- **Privación o eliminación:** se usa el recurso de la figura tipográfica de la eliminación de parte del mensaje. Muchas veces se elimina el final de la frase de mayor peso o eslogan; otras se juega con la privación o la resta de la mitad de la imagen principal del mensaje; y otras se elimina por completo la imagen dejando un gran hueco en blanco o solo la silueta de lo que se debería representar dibujado. Como la mente humana, por experiencia, tiende a completar el mensaje, se juega con esa eliminación para provocar el estímulo necesario y el interés en el receptor del mensaje.
- **Transposición:** o lo que es lo mismo, alterar el orden del mensaje. Todo mensaje debe llevar un orden gramatical o dentro de la gramática del diseño. Si se altera ese orden, la llamada de atención suele ser bastante importante.

Publicidad por transposición. El conocido personaje cambia el orden lógico de las palabras, pero es algo reconocido en ese personaje.

▌ **Acentuación:** es la obligación de dirigir el ojo humano al punto deseado mediante un cambio en el peso de la imagen o el texto del discurso gráfico. Se puede lograr enmarcándolo, destacándolo mediante el uso del color, por nitidez o difumine, mediante el uso de la luz o el contraste y, sobre todo, por el cambio de tamaño o escala para acentuar la atención o foco de interés.

▌ **Repetición:** a veces se juega con la repetición de la misma imagen en el mismo diseño para reforzar el mensaje, a veces lo que se reitera es un eslogan o frase, otras veces con repetición de colores, etc. Lo importante es que mediante el uso de la repetición se consiga imprimir el mensaje en el recuerdo o memoria humana.

Publicidad por repetición

■ **Tipogramas:** como su nombre indica, se refiere al uso de la tipografía para crear dibujos. La llamada de atención se produce cuando estas frases no llevan el orden lógico y horizontal (o vertical) de la lectura, sino que establece curvas, líneas, trazados diferentes para crear una imagen compleja o simplemente dirigir la imagen del espectador al punto o imagen que se quiera centrar como foco o punto de interés.

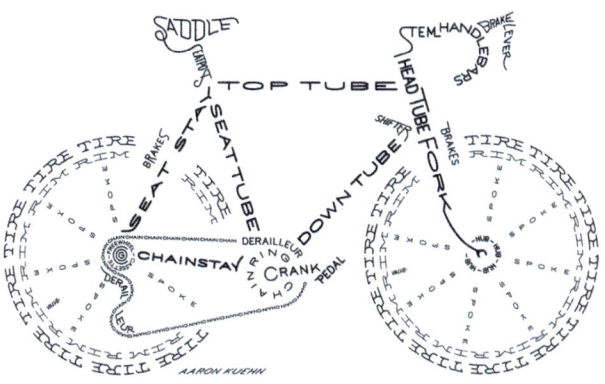

Ejemplo de tipograma

 Aplicación práctica

Le han encargado hacer la campaña publicitaria de una nueva marca de vehículo que para promocionarse ha decidido imprimir una serie de cupones en ciertos medios gráficos y que, reuniendo una cierta cantidad, regala ciertos accesorios como el climatizador de aire acondicionado, el sensor de aparcamiento, etc. Usted decide no usar la imagen o fotografía del vehículo en la campaña, sino que en su lugar hace uso de la silueta enmarcada con líneas discontinuas y el dibujo de una tijera, como en los descuentos recortables de las revistas. ¿Cree que ha actuado correctamente?

SOLUCIÓN

Por supuesto. Se trata del uso de la figura retórica de la privación y además llama doblemente la atención dado que con la idea de la línea discontinua y las tijeras indica el sistema de recorte de puntos que la campaña ofrece como premio al consumidor. Es algo muy acertado.

Figuras retóricas semánticas

Son aquellas que logran mediante el diseño gráfico alterar su significado. Al igual que en el lenguaje, la semántica del diseño gráfico se basa en la importancia del significado connotativo que provoca esa alteración del discurso bimedial que lo que realmente representaría mediante el uso de factores externos; como sería en estos casos:

- **Comparación:** suele hacerse uso de representación gráfica para este uso de figuras retóricas. Se muestra el objeto o imagen con la que se pretende atraer frente a otra de peor calidad que simboliza el no uso del producto o servicio, o de la competencia. Son habituales las imágenes de antes y después, pero también aquellas que muestran el producto que se pretende ofertar destacado frente a otros de la competencia.

Ejemplo de comparación

- **Contrariedad:** se trata de una figura retórica muy efectiva dado que muestra ambas caras de un mismo mensaje. Cuanto mayor sea la diferencia entre ambas imágenes o mensajes, más interés suele suscitar en el receptor. Casi siempre se representa mediante el juego de las opciones: qué hubiese ocurrido si haces tal cosa y qué no por no haberlo decidido hacer. A veces, son simplemente recursos que se utilizan por que la simple imagen crea confusión por el hecho de que se trata de dos elementos que deberían ser contrarios, pero que sin embargo aparecen juntos con una clara intención de favorecer una imagen sobre otra.

Ejemplo de contrariedad

Exageración: también conocido en el uso de figuras retóricas como hipérbole. No es más que una evolución de la figura retórica de la comparación, solo que en este caso se hace uso de la exageración para que la comparativa sea descaradamente favorable. El uso de la exageración o hipérbole suele ser habitual en campañas de tipo humorístico, de otro modo puede resultar inapropiada.

Ejemplo de exageración de adelgazamiento rápido

▮ **Metáfora:** es este caso se suele jugar más con los intangibles que con los tangibles; o lo que es lo mismo, lo que se suele mostrar es una representación o figuración de las características o capacidades del objeto en sí, más que el propio objeto. De hecho, muchas veces se obvia el objeto dado que el significado metafórico es tan evidente que su muestra se hace necesaria. Generalmente lo que se muestra en este tipo de figuras retóricas semánticas son los valores que dan ciertos productos más que la muestra del producto en sí (fama, riqueza, poder, tranquilidad, disfrute, etc.).

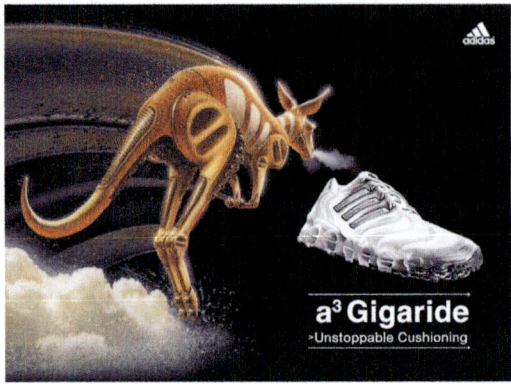

Ejemplo de metáfora. Se sabe que el zapato te hará saltar mucho solo con ver la imagen del canguro.

▮ **Personificación:** como su nombre indica, se trata de dar forma humana a objetos, animales o plantas para jugar con esa fantasía. Suele usarse con carácter humorístico y es recurso muy habitual en el dibujo animado, pero también sirve para despertar sentimientos y emociones cuando se hace de manera artística y profesional.

Ejemplo de personificación

▌ **Sustitución:** son aquellos trucos visuales en los que se sustituye algo por otra cosa o cosas que para al ojo y cerebro humano, en base a la experiencia, le evoque o recuerde ese primer objeto que no está pero que se reconoce como tal.

Ejemplo de sustitución

Actividades

24. Recuerde y apunte campañas publicitarias donde haya sido patente el uso de este tipo de figuras retóricas. ¿Cree que su uso está muy extendido? ¿Cree que hay marcas que recurren más al uso de este tipo de figuras retóricas que otras? Indique cuáles.

6. Resumen

Los fundamentos creativos y técnicos del diseño gráfico son aquellos recursos que dan sentido al discurso gráfico. Los forman desde las tipografías y sus diferentes familias y grupos de caracteres hasta las corrientes artísticas y compositivas que definen el discurso bimedial entre textos e imágenes.

La gramática, la sintaxis y la retórica de este discurso convierten al diseño gráfico en todo un lenguaje propio, alejado de las demás ciencias pero tan similar a veces.

El diseñador gráfico o el creativo de la empresa del sector debe conocer bien cómo manejar este lenguaje y en base a él construir su propio mensaje. Para ello es necesario ser consciente de la evolución que este arte ha tenido a lo largo de la historia, pues igual que el diseñador puede valerse del uso que siempre se le ha dado a este tipo de discursos bimediales, puede servir justo para lo contrario, para darle la vuelta a la concepción habitual llamando la atención del espectador en mayor medida.

Y no solo se han de tener en cuenta características propias de las tipografías y las imágenes, sino que no se podrán obviar otros factores igualmente o más importantes como la percepción visual y psicológica de los colores o la composición en sí o de la figura y la forma, como demuestran los detallados estudios de la escuela de la Gestalt.

Ejercicios de repaso y autoevaluación

1. De las siguientes afirmaciones, indique cuál es verdadera o falsa.

a. Los estudios demuestran que ante una exposición prolongada en entornos naranjas se produce en el observador síntomas de alegría, estimula beneficiosamente el corazón y evoca estados de optimismo.

☐ Verdadero
☐ Falso

b. Conocido también por su anglicismo *tracking,* el verso indica la separación entre los cuerpos de letra y en la actualidad se pueden acercar o ampliar esos espacios de letra o interletraje en la edición digital de textos.

☐ Verdadero
☐ Falso

c. Las cartas de color suelen tratarse de una serie de cuadrados o rectángulos de color que contienen un amplio abanico de tonos que pueden acercar cualquiera de los colores reales que se pueden encontrar dentro o fuera de la naturaleza al resultado impreso.

☐ Verdadero
☐ Falso

2. Complete los siguientes textos.

El _____ de texto tiene su nacimiento en la imprenta clásica de tipos móviles y calcula la _____ del bloque de plomo en que originalmente estaba fundida la letra. El tamaño del cuerpo era el tamaño total que tenía ese carácter según el _____ de letra y sus espacios en _____ de alrededor.

Muchos _____, sobre todo los nocturnos, perciben colores por debajo del rojo (o _____) que el ojo humano no puede comprender, así como otros pueden percibir por encima de los _____ (_____), cosa que no puede entender el cerebro humano y no da significado a eso colores provenientes del impacto de la _____ sobre los objetos.

3. Se trata de una figura retórica muy efectiva dado que muestra ambas caras de un mismo mensaje. Cuanto mayor sea la diferencia entre ambas imágenes o mensajes, más interés suele suscitar en el receptor.

    a. Exageración.
    b. Repetición.
    c. Comparativa.
    d. Contrariedad.

4. Son fuentes de tipo *true type...*

    a. ... solo las fuentes digitales que provienen de las clásicas.
    b. ... fuentes de tipo bitmap o pixeladas.
    c. ... fuentes vectoriales.
    d. ... tipografías propias del sistema Adobe.

5. Relacione cada color con su simbolismo.

    a. Unidad y pureza
    b. Seriedad y seguridad
    c. Frescura y profundidad
    d. Poder y sacrificio

    __ Azul
    __ Marrón
    __ Violeta
    __ Blanco

6. La ley de _____ relaciona objetos que son similares ya sea en forma, color o apariencia.

    a. proximidad
    b. pregnancia
    c. igualdad o similitud
    d. Todas las opciones son incorrectas.

7. ¿Cómo se llama el remate a modo de final de asta alargada que suele rebasar la línea descendente en mayor o menor medida?

   a. Oreja.
   b. Ápice.
   c. Cola.
   d. Gancho.

8. Complete con las siguientes palabras: lectura, canon, tipografía, cícero, altura y puntos.

   Un _____ se considera como un _____ o medida muy importante dentro del arte tipográfico porque se considera que toda _____ que se preste a cambios debe al menos permitir la _____ de doce _____ como mínimo para la calidad y _____ de sus caracteres.

9. Marque los aparatos de medición del color.

   a. Micrómetro.
   b. Colorímetro.
   c. Cantonera.
   d. Atlas.
   e. Tipómetro.
   f. Cartas Ral.

10. Busque cuatro elementos de la sintaxis de la imagen.

C	S	R	T	I	N	T
D	O	S	D	O	D	R
Z	I	O	S	Q	W	A
V	E	Y	T	L	T	N
L	O	R	S	N	F	S
O	N	R	J	A	U	F
B	R	R	E	R	S	P
D	O	T	K	U	S	R
T	T	L	A	T	R	E
A	N	O	T	X	A	N
C	O	U	Q	E	H	C
C	C	S	N	T	N	I
I	E	I	I	R	I	A
D	L	S	D	O	D	A

11. Enumere al menos cuatro criterios a los que responde la escala de iconicidad.

_____

_____

_____

_____

12. Según el sistema de Didot basado en el de la medida del pie de rey, un cícero equivaldría a...

    a. ... la altura de doce puntos.
    b. ... 4,54 mm.
    c. ... 24 puntos de pie de rey.
    d. Todas las opciones son correctas.

13. Son fuentes de palo seco...

    a. ... las bastardas.
    b. ... las elzevirianas.
    c. ... las grotescas.
    d. Las opciones a y c son correctas.

14. Para la composición de formas complejas en dibujo y diseño...

    a. ... se debe partir de formas más simples.
    b. ... se usan aparatos como el micrómetro.
    c. ... hay que hacer previas maquetas.
    d. Todas las opciones son correctas.

15. Son grados de iconicidad...

    a. ... el mesomorfismo.
    b. ... el amorfismo.
    c. ... el isomorfismo.
    d. Todas las opciones son correctas.

Capítulo 3
Realización de esbozos en el diseño gráfico

Contenido

1. Introducción
2. Planificación del trabajo
3. Reparto de tareas
4. Técnicas de incentivación de la creatividad
5. Metodología de trabajo para la realización de esbozos
6. Elementos básicos del diseño gráfico: la tipografía, la imagen, el color, el movimiento y el tiempo
7. Jerarquías de la información
8. Síntesis visual
9. Figuración/abstracción
10. Realización de esbozos según los parámetros definidos en el informe de registro y el informe técnico
11. Resumen

1. Introducción

Es algo más que evidente que, sin la realización de esbozos en un trabajo de diseño gráfico, es imposible llevar adelante un proyecto de comunicación visual de este tipo.

Siempre ha de haber unas ideas previas para realizar tal composición o maquetación, dado que de este modo se simplifica el trabajo y se establecen las pautas a seguir previamente.

Pero es más importante aún tener claros los conceptos que definen cada proyecto gráfico. Por tanto, hay que seguir unas pautas que determinan la planificación propia del trabajo y el reparto de tareas en el entramado empresarial.

Para la realización de los esbozos se han de tener primero unas pautas iniciales que determinen en qué dirección van a ir dirigidas esas ideas para el bocetaje, y eso vendrá determinado por la orden de pedido que se asigne a cada empleado, como podrá verse a lo largo de este capítulo.

2. Planificación del trabajo

Es necesaria una correcta planificación del trabajo para que el funcionamiento del departamento de creatividad y esbozo en diseño gráfico tenga una perfecta compenetración con las distintas secciones empresariales que siguen a este departamento donde el trabajo se empieza a fraguar.

Como se pudo observar en el primer capítulo, lo primero que se ha de hacer es establecer una cita con el cliente y escuchar sus necesidades para plantear cómo se va a llevar esa idea inicial al trabajo final.

 **Nota**

Es en el momento de la primera cita o reunión con la parte interesada cuando se recibe por parte del cliente, o se concibe, el archivo o producto final que se requiere según sus necesidades o ideas previas.

Una vez confirmado el pedido por el departamento de recepción y administración, se creará un informe de registro y el encargado o jefe de la empresa se dirigirá al departamento de creatividad o diseño gráfico, o en su defecto (sobre todo en empresas dedicadas a la impresión o al arte final) al departamento de preimpresión, para comenzar a concebir el trabajo.

Este encargado accede a un listado completo de los pedidos y los trabajos confirmados, ya sea mediante el uso de un programa informático que agilice el proceso o a través de archivos impresos en papel y convenientemente renovados y actualizados a cada instante, y será quien, gracias a este listado, organizará la actividad empresarial que define lo que se conoce como **planificación del trabajo.**

Cuando este empleado accede a cada una de las órdenes de trabajo según su prioridad, determina ciertos criterios en las diferentes órdenes o partes de trabajo que deberá entregar a cada empleado involucrado en la cadena de producción.

De este modo, el encargado podrá establecer la carga laboral de cada operario, estimar los tiempos y plazos para poder finalizar el trabajo en su fecha estimada e indicar las herramientas que van a ser necesarias para su concepción así como el número de empleados que estarán al cargo de ellas.

Lo que se conoce como **orden** o **parte de trabajo** puede tener diferentes características, ya que cada empresa tiene un sistema diferente de asignación y redacción de partes.

Los más comunes en pequeñas y medianas empresas son los partes escritos o sobre papel, algunos completamente manuscritos por el encargado o jefe de sección, otros en forma de plantilla impresa con campos vacíos para ser rellenados por los citados superiores inmediatos encargados de distribuir el trabajo.

En la actualidad, existen también órdenes o partes de trabajo informatizados y, por tanto, insertos como *software* en los equipos informáticos de las empresas, donde irán apareciendo por orden de prioridad y que se abrirán o no en el equipo de cada empleado cuando la tarea se asigne a cada cual por el encargado.

Sea como fuere, y ya se trate de papel o en pantalla, los partes u órdenes de trabajo tienen en común una serie de campos que siempre han de aparecer para que la consecución del trabajo se realice sin problemas mayores. A continuación se enumeran los campos que obligatoriamente deben aparecer en un parte de trabajo:

- **Número de pedido:** siempre que un trabajo llega a manos de los empleados ya tendrá asignado un número de pedido con anterioridad. Este número permitirá diferenciar un trabajo de otro y, al almacenarlo en la base de datos, será de fácil búsqueda y recuperación en caso de ser necesaria una repetición del mismo o de una parte de ese trabajo.
- **Fecha de entrada:** indicará cuándo se recabó la información y se puso en marcha el pedido en cuestión.
- **Fecha de entrega:** esta otra fecha, más importante que la primera, indicará cuándo debe entregarse el trabajo final una vez se haya terminado todo el proceso.
- **Informe técnico:** en este apartado aparecerán datos importantes tales como si se rige por manuales de identidad corporativa, si existe o no prueba de color, dónde se encuentra el documento original y en qué formato, si está en un FTP, CD, memoria USB, etc., si es vectorial o imagen, si hay que realizarle algún tratamiento a un archivo existente o comenzar desde cero y cómo llevarlo a cabo, el tamaño y formato que debe tener el trabajo realizado, etc.
- **Soporte:** dato de los más relevantes en el parte de trabajo de las empresas dedicadas al arte final, la impresión o editorial. En este punto se encuentran detalles tales como el tipo de sustrato a utilizar y las

características del mismo, el gramaje, la transparencia, el acabado (brillo, mate, estucado, blanco o de color, etc.), el tamaño, el manipulado o la confección (si es para revista, folleto, cartelería, etc.), pliego o de bobina, y si la impresión sobre él será a color o en blanco y negro.

- **Empleado:** en la mayoría de las empresas del sector de las artes gráficas la plantilla de trabajadores es amplia, por lo que es necesario que el encargado o inmediato superior establezca la labor por turnos y por trabajadores. Por ello siempre suele haber un apartado en el parte de trabajo referente al operario u operarios que van a realizar una u otra tarea.

- **Observaciones:** si durante el proceso de trabajo se han encontrado problemas o soluciones que se consideren importantes como para recordar una próxima vez se registrarán en este apartado.

- **Incidencias o no conformidad:** en esta celda se suele redactar todo aquello que haya causado problemas o imprevistos que hayan obligado a detener o ralentizar el ritmo de trabajo.

Importante

Cada vez son más comunes los partes de trabajo mediante programas y equipos informáticos. Un sistema cada vez más implantado es por ejemplo el ERP, un sistema de control de trabajo e incidencias muy utilizado en la actualidad.

Importante

No confundir un informe de no conformidad con una manera de señalar un error propio como amenaza. Estas observaciones servirán como experiencias para que en un futuro puedan no repetirse o ser solucionadas.

ORDEN DE TRABAJO

N°

SOLICITUD

FECHA: ____ / _____ / 2010

FUNCIONARIO SOLICITANTE (Jefe de la Unidad)

UNIDAD

TRABAJO SOLICITADO

LUGAR (ES) INVOLUCRADO (S)

FUNCIONARIO (S) BENEFICIARIO (S) POR EL TRABAJO

FIRMA JEFE DE LA UNIDAD Y TIMBRE | CENTRO DE RESPONSABILIDAD:

ACCIONES EJECUTADAS

FECHA	CANTIDAD	TIPO	UBICACIÓN	VALOR NETO
__/____ / 2014				€
__/____ / 2014				
__/____ / 2014				
__/____ / 2014				
__/____ / 2014				
__/____ / 2014				
__/____ / 2014				
__/____ / 2014				
__/____ / 2014				
				TOTAL €

OBSERVACIONES (DTI)

RECEPCIÓN CONFORME DE LOS TRABAJO EFECTUADOS

FECHA ___/____ / 2010   NOMBRE | CERTIFICACIÓN DTI

FIRMA BENEFICIARIO

Ejemplo de orden de trabajo impresa

Las órdenes de trabajo son muy variadas y, aunque la mayoría de apartados son muy similares entre empresas del sector, serán en cierto modo diferentes dependiendo del sector empresarial. Así, por ejemplo, serán diferentes ciertos apartados en órdenes de trabajo según el departamento, pues, como es lógico, ciertos campos importantes para diseño, esbozo o preimpresión no serán relevantes para departamentos de impresión o de manipulado de materiales finales.

2.1. Planificación del trabajo en sistemas informáticos

La planificación del trabajo de esbozos en sistemas informáticos se lleva a cabo básicamente con herramientas instaladas en los equipos de la empresa que facilitan el control de los pedidos en todo momento de manera informatizada, ya que de este modo, y al estar los campos abiertos de antemano, se acelera el proceso de creación o modificación de pedidos.

El sistema de control informático de pedidos más conocido en la actualidad es el sistema ERP, presente en todo tipo de empresas, ya estén relacionadas con el sector de las artes gráficas, de la distribución y el suministro o en el sector del almacenamiento de mercancía.

 Definición

ERP
Siglas que responden a las palabras en inglés *enterprise resource planning*; o lo que es lo mismo: planificación de los recursos empresariales.

Se puede considerar los sistemas ERP como una herramienta de control de todos los procesos que se llevan a cabo en los departamentos de las empresa de cierto tamaño, y que sirve como sistema de gestión de bases de datos tanto de jefatura, contabilidad y administración como de producción.

La principal ventaja de los sistemas ERP es el control y la posibilidad de modificación de información relevante de cada orden de trabajo en tiempo real. Todo lo que se comunica por escrito, con el uso del teclado en estas herramientas informáticas conectadas a Internet o intranet puede ser observado por las otras partes involucradas en el proceso en el mismo momento en el que se ha notificado.

Esta herramienta de planificación determina en todo momento el orden de las tareas de bocetaje o esbozo que hay que llevar a cabo y por parte de qué empleado o empleados de entre todos los trabajadores ha de ir realizándose cada una de esas tareas.

Gracias a que el sistema de manejo es muy intuitivo y se basa en el rellenado de celdas, así como en la posibilidad de modificación en tiempo real, es muy cómoda su utilización. Además, mientras que en el uso de partes impresos, con cada cambio había que imprimir nuevas modificaciones o comunicarlas por contacto personal o telefónico a los empleados involucrados, en estos sistemas con una simple notificación a modo de mensaje instantáneo el cambio se comunica en tiempo real y puede comprobarse si la parte receptora ha leído el mensaje en el instante.

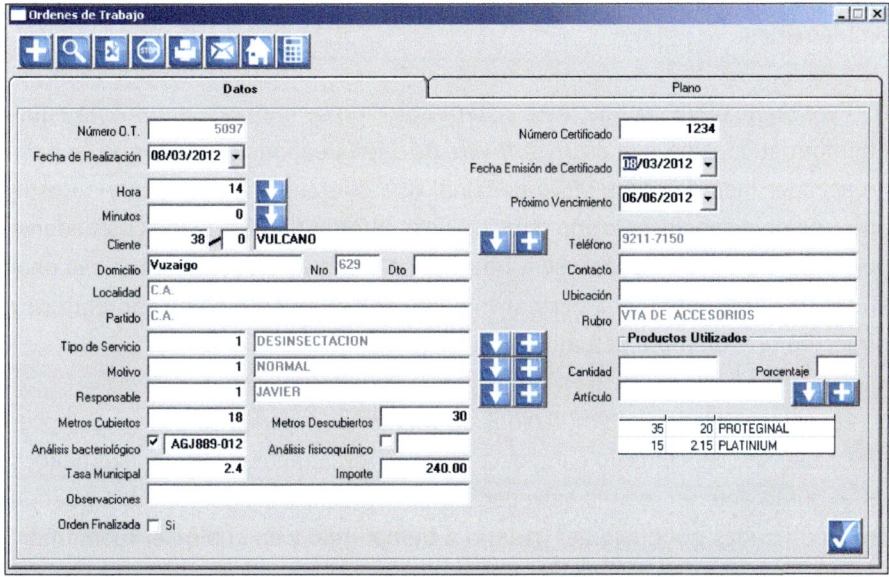

Ejemplo de orden de trabajo en sistemas ERP

Como toda nueva tecnología, supone también una serie de inconvenientes que hacen que este tipo de sistemas sean más propios de grandes empresas del sector de las artes gráficas.

El primero de estos inconvenientes es el elevado coste de este tipo de *software* específico tanto en la instalación como en el mantenimiento, ya que al ser herramientas informáticas dinámicas requerirá de ciertos cambios periódicos y cada nuevo cambio supondrá un nuevo coste.

Otra clara desventaja es que este tipo de sistemas suele ser bastante cerrado; o lo que es lo mismo, que cada *software* ERP tiene un sistema de datos básico con ciertos campos generales a rellenar, pero que evidentemente no son suficientes para muchas empresas. Cada cambio a realizar en el programa supone un extra y por tanto otro nuevo gasto o coste para el empresario que lo quiera modificar.

Y, por supuesto, requiere de un aprendizaje previo, lo que supone un coste por inversión de tiempo o dinero (en cursos de reciclaje para empleados), ya que habría que enseñar a los usuarios que vayan a hacer uso de estas tecnologías acerca del manejo de este tipo de sistemas, siendo para personas de mayor edad o con difícil entendimiento de sistemas informáticos algo realmente problemático.

Pero como clara ventaja, este sistema ERP no se implanta en un solo equipo informático, sino que es un *software* que se puede instalar y al que se puede acceder mediante una clave personal que diferencia a cada usuario desde otro tipo de dispositivos como otros equipos informáticos, *tablets,* ordenadores portátiles o móviles con acceso a Internet para que el proceso comunicacional en los pedidos tanto por la parte involucrada en el proceso como por jefatura y dirección esté siempre actualizado al instante.

En estos sistemas informatizados de gestión de órdenes de trabajo de bocetaje o esbozo, las celdas o campos a rellenar son similares a los especificados en el punto anterior, con la salvedad de que aquellas que lo permiten pueden ser modificadas por cualquier usuario a tiempo real y en cualquier momento.

El campo de observaciones o el de incidencias o no conformidad son ejemplos de campos a rellenar modificables durante todo el proceso por cualquier empleado para facilitar la comunicación y el trabajo.

Evidentemente, otros datos como cambios en las fechas de entrega de los esbozos o el número de pedido, por ejemplo, son datos fijos que solo se podrán modificar por parte de jefatura, administración o dirección.

 Aplicación práctica

Está trabajando en la realización de bocetos para un cliente en concreto cuando entra su encargado y le pregunta cómo lleva el trabajo de otro cliente prioritario que a usted no le suena. Tras varias conjeturas se descubre que un compañero suyo, por error, había tomado la orden de diseño que le correspondía a usted y que ni siquiera había comenzado aún con el diseño. ¿Es usted responsable? ¿Dónde puede estar el error?

SOLUCIÓN

No se le puede responsabilizar a usted del error, ya sea mediante órdenes impresas o sistemas de organización y gestión informáticos. Si otro compañero comienza el pedido pasa a sus manos y, por lo tanto, no lo puede realizar usted. El parte impreso estaría en su mesa de trabajo y en el sistema informático desaparecería de sus órdenes al ser activado por otra persona. El error se encuentra en que su compañero no ha leído correctamente los campos de la orden, sino descubriría que en el apartado dedicado al empleado está su nombre y no el suyo.

3. Reparto de tareas

Como se ha podido observar en los dos apartados anteriores, la planificación de las tareas en cada orden de pedido viene especificada por parte de jefatura o dirección, y ya sea mediante el uso de órdenes impresas o informatizadas, este tipo de acciones de reparto de tareas en cualquier empresa del sector de las artes gráficas ha de ser supervisada y llevada a la acción por parte de los mandos superiores.

Toda orden de trabajo conlleva varios pasos. En estudios de diseño, agencias de publicidad o comunicación y demás empresas relativas al desarrollo de la creatividad, el proceso acaba en la constitución de los artes finales para que estos sean enviados a otras empresas del sector de las artes gráficas dedicadas a la publicación o impresión de documentos gráficos.

Dependiendo del tipo de empresa, el número de empleados intervinientes en el proceso puede ser mayor o menor, pero indiferentemente de la cantidad de departamentos o de las posibilidades empresariales el reparto de tareas es algo que se debe consolidar desde la creación de la orden de pedido por las personas encargadas de realizar esa función.

Generalmente, esta acción la lleva a cabo el departamento de administración bajo las directrices de la jefatura; o, al contrario, es función o trabajo del encargado destinado a ello.

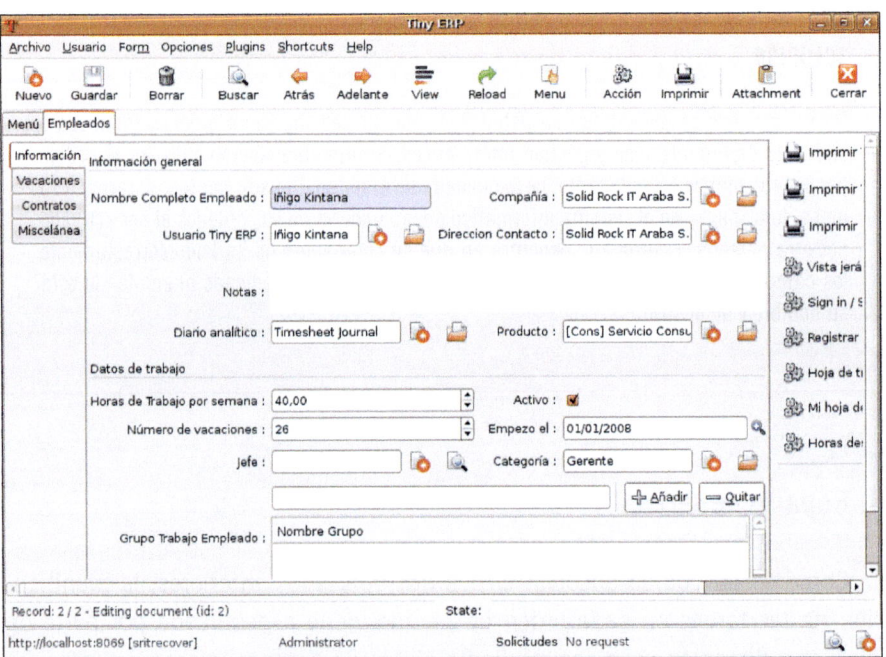

Ejemplo de organización y reparto de tareas en ERP. En el sistema aparece el tiempo que un compañero va a estar de vacaciones y por tanto con el que no se va a contar para el reparto de tareas durante un periodo determinado.

Evidentemente, el trabajo de determinar el reparto de tareas debe ser organizado por aquella persona que sea conocedora de las posibilidades y habilidades de los empleados de la empresa, dado que será responsabilidad de esta persona encargada tal toma de decisiones y que se cumplan las directrices de cada orden de trabajo asignada en el tiempo que se ha indicado en cada uno de esos partes.

 Nota

A veces el reparto de tareas puede ser revisado por los propios empleados, pues puede ocurrir que uno de ellos lleve excesiva carga de trabajo y la prioridad de los mismos sea alta. De este modo, se puede ayudar al compañero y que todas las tareas se terminen en su plazo de tiempo.

Ya sea de manera impresa o informatizada, la orden de cada parte de realización de bocetos y esbozos debe reflejar los nombres de las personas elegidas para hacer cada tarea indicada, de este modo se agiliza el trabajo y se evitan mayores dificultades como la distribución de las tareas entre los propios empleados de la empresa; e incluso, gracias a esta asignación, se pueden depurar responsabilidades directas o dirigirse directamente a la persona indicada.

Muchas veces, y debido a un excesivo volumen de trabajo, serán los propios empleados los encargados de tomar la decisión de repartirse cada una de las órdenes o tareas de bocetaje y esbozo entre ellos para hacer más llevadera la rutina laboral. Pero de ser así, se habrá de indicar en las órdenes, o en su defecto a la persona inmediatamente superior o encargado, dado que siempre se ha de notificar esos cambios a jefatura.

4. Técnicas de incentivación de la creatividad

Ya en el primer capítulo de este manual se pudieron comprobar que existen ciertas técnicas de incentivación de la creatividad para aquellos momentos en los que resulta difícil concentrarse o dado a que no siempre es tarea fácil despertar la inventiva ante ciertos primeros esbozos o bocetos.

Las técnicas de incentivación de la creatividad más utilizadas y conocidas son la tormenta de ideas o *brainstorm* y el método simplex.

Como se recordará, el sistema de tormenta de ideas se basaba en una reunión grupal de entre seis y doce personas limitada por un espacio breve de tiempo y en la que cada miembro podía decir absolutamente todo lo que se le ocurría acerca del boceto a llevar a cabo sin desechar idea alguna por muy mala o absurda que parezca, anotándolas brevemente.

El método simplex era otra herramienta muy útil en la que no existía una limitación de tiempo y que se cimentaba en una constante revisión de los resultados hasta depurar las mejores ideas.

 Recuerde

El método simplex consta de constantes revisiones de resultados hasta acabar por delimitar las variantes a solo una o dos posibilidades.

Pero estas técnicas no son las únicas que se utilizan en labores de incentivar la creatividad ante el proceso de bocetaje. A continuación se muestran y explican otras conocidas y utilizadas técnicas:

- **Phillips 66:** este sistema es muy útil cuando la plantilla de trabajadores en el departamento de creatividad es muy amplia, ya que se deben hacer varios grupos de seis personas. A cada grupo se le expone la idea de lo que se pretende conseguir y durante el mismo tiempo (seis minutos) se exponen las soluciones entre ellos. Luego se exponen los resultados en común, se seleccionan las mejores ideas y se evalúan, eligen o complementan entre sí.

- **Técnica de Gordon:** es una técnica muy utilizada para la resolución de conflictos o problemas. En este caso, ningún integrante del departamento es consciente del problema existente excepto el jefe o el encargado, quien expone al grupo un supuesto acerca de algo similar a lo ocurrido para que aporten soluciones. Más tarde se comenta que el problema o conflicto es real, y se comprueba si se puede atajar con esos medios. De este modo no se desata nerviosismo ni situación de crisis al creer que se trata de algo ajeno al propio trabajo de la empresa en cuestión.

- **Técnica del futuro ideal:** en una reunión grupal no muy numerosa un individuo propone lo que en un futuro se desea conseguir, un futuro ideal e idóneo para esos resultados. Los miembros del grupo entonces, según esa halagüeña expectativa, deben idear cómo se puede llegar a esos resultados desde el tiempo presente hasta ese punto ideal.

- **Método del profano:** puede ser complementario a la tormenta de ideas o incluso una continuación de la misma técnica si no se han obtenido buenos resultados. Consiste en incluir a alguien ajeno a la tormenta de ideas, alguien de otro departamento o alejado del trabajo del creativo, para que participe en esa tormenta de ideas, pero se espera que las conclusiones de esa visión diferente que **el profano** propone aporten mayor profundidad a los otros resultados anteriores o de la otra parte creativa del grupo.

- **Retroalimentación:** en este caso se divide al departamento creativo en dos grupos. Uno de ellos propone ideas en un periodo limitado de tiempo mientras que el grupo que observa no puede intervenir durante ese tiempo. Luego, es el otro grupo el que propone nuevas ideas sin que de nuevo intervenga la otra parte. Al final se ponen en común las mejores ideas obtenidas y se discuten entre ambos grupos.

- **Método de observación natural:** consiste simplemente en observar cómo actúa la naturaleza y de qué modo palían los inconvenientes los elementos naturales (animales y plantas) para llevarlo a cabo sobre posibles ideas.

- **Brainsailing o navegar entre ideas:** en este caso, y alejado de lo que se propone en las tormentas de ideas, no es tan importante arrojar muchas ideas creativas o absurdas sobre el asunto en cuestión, sino que de entre todas las ideas surgidas se escogen aquellas más apartadas de lo convencional. Una vez elegidas estas ideas más atípicas, se pulen entre los miembros del grupo.

- **Técnica de los verbos o de la acción:** se utiliza como técnica complementaria a las anteriores. En este caso, y tras obtener los primeros resultados, a las mejores ideas se les aplica verbos para mejorar tales resultados. Los más utilizados son adapta, sustituye, mejora y busca otra utilidad. De este modo se le da otra visión a los mismos resultados.

- **Uso de categorías:** se utiliza como técnica complementaria a las anteriores. Tras obtener los resultados con cualquiera de los métodos anteriores se categorizan o clasifican las ideas en diferentes grupos de ideas similares, de este modo se agrupan resultados similares y es más fácil llegar a una conclusión al concertar la idea más creativa.

- **Sinéctica o uso de las analogías:** se trata de otra técnica de Gordon. En este caso, se trata de proponer situaciones imposibles o de hacer que un objeto cotidiano parezca desconocido y viceversa. De este modo se consiguen ver detalles que con una visión lógica no se tendrían, como por ejemplo coger un objeto cotidiano de manera diferente (de lado, al revés, etc.), ver cómo se abriría, etc. Aporta nuevas soluciones a problemas que ni se sabía que estaban ahí, por lo que se consigue ideas versátiles y más complejas.

  William J. J. Gordon, creador de esta y muchas más técnicas relativas al fomento de la creatividad, es un conocido psicólogo norteamericano que desarrolló sus técnicas gracias a su trabajo como creativo en el Invention Design Group.

- **Relaciones forzadas:** consistente en tomar un producto al azar y completamente diferente al del cliente. De este modo se hace una tabla de dos columnas, en una se exponen las características y cualidades del producto que el cliente quiere potenciar o cambiar y en la otra las características y cualidades del producto elegido al azar para combinarlas en busca de nuevos resultados. Por ejemplo, si se compara un tarro de colonia con otro de cacao en polvo se sacarían como conclusiones del primer producto que es líquido, con aromas y en tarro de cristal mientras que del segundo se diría que es en polvo, se disuelve y está en un bote de plástico. De la combinación de ambas ideas, por ejemplo, podrían salir unas sales de baño en polvo basadas en el aroma del perfume que se disuelven en el agua.

■ **Combinación de matrices:** otra de las técnicas usadas en busca de despertar la creatividad se basa en el juego de combinación de matrices con las características de cada producto. Por ejemplo, y basándose en el caso anterior del perfume, cada integrante escribiría sobre el papel características o singularidades del producto en una sola palabra como por ejemplo cristal, aroma, transparente, líquido, flor, color, etc., y al finalizar se cruzarán esas palabras en múltiples combinaciones (flor de cristal, líquido de color, aroma transparente, cristal de color, etc.) que quizá deriven en una idea nueva, como en este caso podría ser crear el tarro de cristal con forma de flor y cada perfume con el líquido del color de la flor que representa.

Ejemplo de técnica de incentivación de la creatividad. En este caso de la técnica de Gordon, en la que el jefe conoce el problema pero lo expone de forma ajena para que los creativos respondan sin estar influenciados por una necesidad verdadera que les atañe directamente.

■ **Seis sombreros para pensar:** por último hay que comentar esta fabulosa técnica. Se trata de un proceso grupal en el que de antemano se conocen las reglas: cada color indica una manera de actuar. Se pueden usar sombreros o en su defecto cualquier otro tipo de elemento como cartulinas de color, naipes, gafas, etc., lo importante es que cada color tiene un significado y aquel que sea el poseedor del objeto de ese color debe actuar en consecuencia. En el caso de los sombreros, se colocan los sombreros tirados al azar en una habitación oscura y cada integrante tomará uno sin saber de qué color es. Con otros objetos valdrá con meterlos dentro de un saco o caja donde no se pueda ver desde fuera el color. Los colores indicarán la forma de actuar ante la idea o el problema que se expone:

- **Blanco:** neutralidad y objetividad. Aquel que posea el objeto de color blanco no puede opinar parcialmente ni ser crítico con lo que se esté exponiendo en el grupo, sino que debe mantenerse neutral ante toda opinión.
- **Rojo:** persona influyente. Debe intentar influir en las opiniones de los demás, intentar llevar las ideas siempre a su terreno, siempre debe de dar otra visión diferente a todo aquello que se exponga en el grupo.
- **Negro:** negatividad. Ante toda idea, el poseedor de este color debe influir de manera negativa y pesimista, ninguna idea le parecerá que pueda funcionar.
- **Amarillo:** optimismo. Al contrario que en el caso anterior, todo lo que se exponga se tiene que apoyar, ver el lado positivo a cada idea.
- **Verde:** creatividad. Sin este elemento no tendría sentido esta técnica. El que lleve el objeto de color verde será aquel que proponga ideas constantemente. Han de ser nuevas y creativas, para ver qué provoca en los estados de ánimo de los otros miembros, obligados por su color.
- **Azul:** mando. Es el otro color necesario en este proceso. Su participación se basa en controlar el buen funcionamiento de la práctica de esta técnica. Él decide las normas del juego, así como el tiempo de cada intervención o el tiempo total de la práctica, el cambio de sombreros (u objetos de color) entre integrantes (incluido él si así lo desea o no se ve con dotes de mando), etc. Al final de la técnica se habrán comprobado todos los posibles puntos de vista que suscitan esas ideas creativas, por lo que se elegirán aquellas que se consideren que mejor resultado tendrían ante todo tipo de reacciones en el público.

Sabía que...

La técnica "seis sombreros para pensar" fue creada por Edward de Bono y ante la posibilidad de no conseguir objetos o sombreros de color, se puede llevar a cabo mediante el uso de "sombreros imaginarios", siendo igualmente efectivo, o mejor aún, cuando los compañeros no saben qué color actúa como rol de cada personaje.

Actividades

1. Reúnase con familiares o amigos y haga una prueba de incentivación de creatividad. Elija una de las técnicas que se han podido ver con anterioridad y llévela a cabo, apuntando sus resultados.
2. Ahora, elija otra técnica completamente diferente a la anterior y siga sus criterios. Una vez obtenido los resultados, compárelos con los de la primera prueba. ¿Cuál de ellas le resulta más satisfactoria? ¿Coinciden resultados? Razone el porqué de la prueba que más le haya gustado y por qué motivo.

5. Metodología de trabajo para la realización de esbozos

El trabajo de realización de esbozos o bocetos requiere de mucho espacio por el simple hecho de que requiere de muchas herramientas manuales. Es por ello que para el creativo o diseñador es necesaria una correcta metodología de trabajo para la realización de esbozos o bocetos que comience inevitablemente por el orden y control del espacio de trabajo que le corresponda.

Evidentemente, el espacio de trabajo se corresponderá con el pupitre o mesa de trabajo, que en estos casos y como suele ser habitual constará de un tablero inclinado de grandes dimensiones, o al menos que permita tal inclinación, para comodidad del dibujante.

Junto a esa mesa se puede encontrar el pupitre para el equipo informático personal, o en su defecto al menos no se situará muy alejado de la misma, para una mayor celeridad laboral. A veces, en estudios gráficos o empresas dedicadas al sector de la publicidad o comunicación el departamento de dibujo está aislado del de diseño gráfico y por tanto no tiene equipos informáticos a su disposición, o en otros casos solo hay un equipo o dos para todos los ilustradores, pero eso dependerá sobre todo de la filosofía empresarial y del puesto de trabajo que ocupe el empleado con más o menos funciones laborales.

Dado que el trabajo de dibujante de bocetos y esbozos requiere de muchas herramientas manuales tales como reglas de distintos tamaños, cinta adhesiva, lápices, rotuladores, tijeras, gomas e incluso cuchillas de tipo bisturí o cúteres para el corte de siluetas o raspados del papel, el pupitre de diseño suele venir dotado con un estuche de madera o cajón donde este equipo quede guardado y ordenado.

Sabía que...

Existen rotuladores de la marca Pantone que tienen referencias de color basadas en su sistema de control del color y cartas de colores o pantoneras. De este modo, el resultado del dibujo o boceto, al ser escaneado y retocado en programas de diseño digital, se acercará más aún a las referencias Pantone y podrán graduarse de mejor manera los parámetros de la imagen digital y existirá una referencia clara y previa para que el impreso final sea similar al boceto de inicio.

Ni que decir tiene que este trabajo requiere del uso de mucho papel de diferentes tamaños y texturas para cuando se buscan ideas novedosas u originales. Por ello, los paquetes de papel deben estar también recogidos en todo momento tras la jornada laboral.

Mesa de diseño o de esbozo

La iluminación es algo esencial durante el trabajo de bocetaje. Habitualmente se requiere de varios focos de luz, al menos dos, además de la luz natural o artificial que ya de por sí tenga la habitación o departamento.

El uso de dos focos de luz (uno a cada lado de la mesa), además de la ya citada luz ambiental, se suele relacionar con la eliminación de sombras arrojadas sobre el papel y mesa de trabajo, pero también con una mejor iluminación dado que un trabajo de tantas horas mirando sobre una misma superficie a la larga resulta dañino para la vista.

La metodología de trabajo se cimienta en esos pasos: limpieza y orden, observación y cautela, seguimiento del orden de los pedidos, iluminación adecuada y recogida de materiales.

Cada mañana, nada más llegar al puesto de trabajo, el dibujante debe adecuar la luz de su puesto a las necesidades de trabajo. Y al mismo tiempo debe hacerse con el *planning* de la jornada laboral. Hay que prestar especial atención a los partes u órdenes de trabajo diarios. Esto es debido a que cuando comienza una nueva jornada laboral se tiende a continuar con el trabajo inacabado del día anterior. Pero esto no se debe coger como rutina dado que la prioridad de los pedidos puede variar de un día para otro por motivos de urgencia, o incluso puede entrar un nuevo pedido que requiere de mayor celeridad que los que ya se estaban llevando a cabo.

Importante

Ya sea a través de partes impresos o de un sistema ERP de gestión de trabajo, hay que revisar a diario las órdenes y comprobar si se le ha asignado el trabajo a esa persona en concreto o a otro compañero de departamento.

Los pedidos, una vez se van acabando, se van entregando en la bandeja de terminados; o en caso de usar un *software* ERP de gestión, dando por acabada la tarea. De este modo, ya sea con la recogida periódica de los partes impresos por administración como al desaparecer de la lista de órdenes en su base de datos ERP, ya puede continuar su proceso en otro departamento posterior por otro compañero diferente.

Ejemplo de buena iluminación de mesa de esbozo

Antes de comenzar con el pedido siguiente en su agenda u orden estableci-do, el dibujante o diseñador deberá comprobar de nuevo el orden de los pedidos puesto que le han podido asignar directamente un nuevo pedido con mayor urgencia, de ahí que hay que ser tranquilo, cauteloso y observador.

Al final de la jornada hay que recordar recoger todas las herramientas, nunca dejarlas mal colocadas en la mesa del trabajo dado que se pueden perder, estropear o romper. Hay que hacer lo mismo con el material, ya sea papel, cartón, etc., debe quedar recogido y preservado del exterior.

La limpieza y el orden es esencial, por lo que, aunque un trabajador deba quedarse unos minutos después la jornada laboral para la recogida y la limpieza de su zona de trabajo, deberá hacerlo. De no ser así puede provocar incluso un accidente laboral si los materiales acaban por caer al suelo y hacen resbalar o tropezarse a compañeros o a él mismo en la jornada siguiente.

Tras esa recogida, se deberán apagar las luces y se puede dar por finalizada la jornada.

 Aplicación práctica

Comienza su jornada laboral y se dispone a continuar con un trabajo que dejó inacabado el día anterior. Suena el teléfono y su jefe le pregunta si ha empezado a trabajar en el diseño de los esbozos de una campaña que deben ser entregados ese mismo día a media mañana. Le dice que estaba acabando unos bocetos que dejó sin terminar el día anterior, pero que enseguida comienza dicha nueva tarea encomendada. ¿Qué ha podido ocurrir?

SOLUCIÓN

Nada más comenzar una nueva jornada se ha de repasar el orden de los trabajos a realizar y sus prioridades. Al no revisar tal orden, usted no ha sido consciente de que un trabajo urgente acababa de aparecer en su bandeja de entrada, y por tanto está recortando tiempo de trabajo a un pedido mucho más prioritario. Lo primero que hay que hacer siempre a la llegada es revisar el orden de los pedidos para cada jornada.

6. Elementos básicos del diseño gráfico: la tipografía, la imagen, el color, el movimiento y el tiempo

Como se ha podido ir viendo a lo largo de este manual, son elementos básicos del diseño gráfico, y por tanto del bocetaje, la tipografía, la imagen, el color y el movimiento, pero lo es también el tiempo.

En el capítulo anterior se pudo observar la importancia que siempre ha tenido la tipografía en cuanto a las tecnologías de la información y la comunicación, así como en la publicidad.

Una tipografía no solo tiene la función de transmitir un mensaje, como se pudo ver con anterioridad, sino que provoca sensaciones en el espectador según su familia y características propias, y puede ser atractiva en sí y según se use en un texto u otro.

Algo similar ocurre con el color. El uso adecuado del color despierta sensaciones en el receptor de la información, en el observador. Esto es debido a que provoca sensaciones psicológicas, emociones internas. Ser conocedor de los estímulos que el uso de ciertos colores y tipografías suponen es esencial para el diseñador gráfico y su búsqueda de intenciones en el espectador.

El diseñador gráfico, como ya se sabe, construye mensajes bimediales; o lo que es lo mismo, juega con composiciones basadas en los grafismos o textos y en las imágenes.

Esta composición ya reflejada previamente en los bocetos y esbozos principales se convierte en un solo mensaje y se entiende por el espectador como un todo, un conjunto. Y dicho discurso bimedial es igualmente válido para composiciones destinadas a ser impresas como para la creación de vídeos, de animaciones o para ser expuestas con cierto parpadeo en las páginas de Internet.

De ahí que el control del movimiento sea algo tan importante para el creador de los esbozos. Pero hay que recordar que con movimiento no se hace solo referencia a esas imágenes animadas que suponen las animaciones de dibujos o los vídeos tomados con cámara videográfica, sino que el movimiento se puede representar de diferentes maneras.

Se pudo observar que, en un dibujo de tipo cómic, el movimiento se suele representar con líneas que indican la dirección que ese objeto toma en el espacio; pero es que el movimiento se puede simular de muchas otras maneras y, de hecho, así se representa en los primeros esbozos.

 Sabía que...

La primera película rodada por los hermanos Lumière fue *Llegada del tren a la estación*. En ella, de solo unos minutos, se veía simplemente eso: la llegada de una locomotora de vapor y sus vagones a la estación. Pese a que era muda y en blanco y negro, mucha gente huyó de la sala de proyección por miedo a que el tren pudiese salir de la pantalla y atropellarlos. Hasta entonces no se había captado la imagen en movimiento, algo que impactó sobremanera al público asistente.

Hay que recordar que la fotografía puede tomar ese movimiento real cambiando la velocidad de obturación del objetivo, pero también haciendo uso de las técnicas estudiadas por la escuela de la Gestalt así como usando la experiencia humana y la percepción para que con simples desniveles en la forma ya se pueda indicar desequilibrios y distancia, movimiento al fin y al acabo. De hecho se suele jugar mucho con tipografías en movimiento usando cualquiera de estos recursos.

Fotografía donde se ha captado movimiento.

Pero el tiempo se consolida como un nuevo elemento básico para el creador de bocetos o esbozos, y es que es así en todas sus acepciones. Por un lado, el tiempo limita el trabajo creativo; por otro, puede obligar a tomar ciertas decisiones, e incluso puede provocar una tarea repetitiva, como a continuación se va a explicar.

El tiempo es esencial en las tareas de bocetaje, pues en él se va a basar prácticamente todo el trabajo.

Por un lado, el tiempo marcará la pauta diaria del trabajo. Como ya se ha podido comprobar, siempre existe una fecha de entrega de los primeros esbozos, por lo que ya estará limitando un tiempo para su comienzo y otro para su fin, obligatoriamente.

Pero también puede interrumpirse este tiempo debido a la aparición de una nueva orden de pedido que requiere una mayor urgencia, por lo que de nuevo el tiempo se convierte en el elemento que dirige la jornada laboral del diseñador gráfico, quien ha de interrumpir un trabajo para dedicar su tiempo a otro con mayor urgencia.

Esto limita, sobre todo en tareas creativas, el tiempo a dedicar en técnicas para despertar la creatividad, dado que el carácter urgente lleva consigo por desgracia el inevitable salto de pasos o pautas laborales.

 Aplicación práctica

Se encuentra preparando un diseño para una campaña que requiere de mucha prioridad y de entrega inmediata, pero comprueba que no le da tiempo por más prisa que se está dando. Decide llamar por teléfono a su inmediato superior para sugerir una prórroga en el tiempo y así poder acabar con el diseño. Este le responde que le disculpe, pero que se le olvidó indicar en la orden de pedido que se trataba de un trabajo de simple modificación de un diseño anterior, pero que no había indicado la dirección del archivo alojado en el FTP. ¿Qué consecuencias puede tener esta negligencia?

Continúa en página siguiente >>

<< Viene de página anterior

SOLUCIÓN

Evidentemente se trata de un error de considerables dimensiones y que efectivamente acarrea problemas. Por un lado, se ha trabajado en vano en un diseño nuevo cuando este ya existía y solo debía ser modificado. Por otro lado, se ha invertido mucho tiempo en este trabajo cuando se trataba de una tarea sencilla que no requería invertir un excesivo tiempo. Además, ese tiempo perdido y no recuperable lleva como consecuencia directa un retraso de tiempo con el que no se contaba que seguramente hará que se demore la entrega de otras órdenes posteriores. Un encargado o superior no puede dejarse campos sin rellenar y menos en este sentido, por lo que se trata de una negligencia grave y, si deriva en consecuencias, solo él se tendrá que hacer responsable.

Pero el tiempo a veces sirve también para marcar pautas y tareas repetitivas, como son el uso del mismo tipo de recursos para diferentes clientes en ciertas temporadas marcadas en el calendario: primavera-verano, otoño-invierno, navidades, Día de los Enamorados, Halloween, aniversarios, etc.

Entonces será el tiempo (en este caso la tendencia o temporada) el que dirija el sentido completo de la composición del mensaje bimedial.

Además, en el trabajo con vídeos y animaciones, el tiempo se convertirá en el elemento esencial que delimitará el trabajo. Esto es debido a que ciertas campañas o reportajes tienen una extensión mínima o máxima de tiempo a la que hay que ceñirse por completo, por lo que también actúa como marcador de límites en los trabajos.

Y finalmente, puede aparecer directamente indicado en los diseños gráficos finales, ya sea a través de la tipografía indicando fechas u horarios (evento a tal hora en tales fechas, por ejemplo) simulados con el uso de relojes como elemento gráfico, o incluso con elementos relacionados con esas temporadas indicadas (nieve para Navidad, hojas en otoño, soleado para el verano, etc.).

Actividades

3. Haga pruebas ahora con el color. Tome rotuladores de color y un papel blanco o use programas informáticos de diseño o maquetación para la prueba. Elija una tipografía o escriba manualmente, y use siempre ese tipo de escritura. Ahora escriba la misma frase en diferentes colores. Compruebe cómo varía el peso visual del texto usando según qué colores. Valore esas diferencias acerca de los resultados.

4. Compruebe ahora resultados usando fondos de color. Si realiza el ejercicio a mano, use cartulinas de color; si lo hace en equipos informáticos, varíe el color de fondo. Vuelva a repetir el ejercicio anterior con la misma frase y los mismos colores usados con anterioridad. Ahora el efecto es diferente, y el peso visual del texto también ha variado. Compare resultados y razone la respuesta.

5. Continuando con el ejercicio anterior, varíe ahora la tipografía. Si hizo el ejercicio a mano, escriba la misma frase con diferentes formas forzadas de letra, más gruesas, menos gruesas, inclinadas, alargadas, de fantasía, etc. Si lo hace desde un programa informático, simplemente elija tipografías muy dispares entre sí. Compruebe ahora si los resultados han variado con respecto a la primera opinión acerca del peso visual del texto. Razone la respuesta en caso de existir diferencias en los resultados.

7. Jerarquías de la información

En cualquier discurso gráfico existen jerarquías de la información que servirán para dirigir al receptor del boceto o esbozo por el mensaje que con la composición se pretende dar.

Existen de dos tipos: la jerarquía de la información en cuanto al texto y la jerarquía visual, que supone el lugar y la importancia que ocupa cada elemento en una composición bimedial completa.

Definición

Jerarquía a la organización
O categorización de prioridades según orden de relevancia. El grado mayor de importancia será el mayor grado jerárquico y el de menor grado jerárquico el menos relevante.

7.1. Jerarquía de la información en el texto

En cualquier discurso gráfico es necesario focalizar la atención del receptor en ciertas zonas del mensaje para ir dirigiendo la mirada del mismo y ofrecerle la información necesaria según el orden que se desea, o según los intereses en mostrar ciertas zonas de texto o restar importancia a otras. Esto se consigue haciendo uso de las técnicas de la jerarquía de la información en el texto o en bloques de texto.

La jerarquía en los textos viene definida en relación con la teoría y la técnica del peso visual, y siempre relacionada con destacar aquello con más importancia o relevancia sobre los demás textos. Recordando de capítulos anteriores que el peso visual se define como aquellas imágenes o zonas que por sus propias características llaman la atención sobre las demás que le rodean en el caso de los textos, este peso visual estará definido por el tamaño, grosor o color de ciertas zonas de texto con respecto a otras.

Esta jerarquización de los textos es algo muy utilizado desde los comienzos de la comunicación escrita y el periodismo. Y se conoce como **jerarquía de la información** al lugar y la forma que ocupan los textos en un bloque donde se combinan varias opciones y que se encuentran divididos en titular, entradilla y bloque de texto:

- **Titular:** es la síntesis de la noticia, un resumen en unas pocas palabras de lo que se ofrece en el bloque de texto y por tanto la idea más relevante. Destaca sobre las demás líneas de texto por utilizar fuentes gruesas, en negrita y en mayor tamaño que el resto del texto. Muchas veces este titular va acompañado de un antetítulo, o frase que completa el titular y se sitúa sobre él, pero en menor tamaño y con menor peso; o subtítulo, de igual manera que el anterior pero bajo el titular. A veces no son necesarios estos recursos y se recurre directamente a la entradilla.

- **Entradilla:** se sitúa bajo el titular y usa fuentes de menor tamaño y grosor que el mismo, pero mayores que el bloque de texto de la noticia. No son más de tres o cuatro líneas de texto, donde se amplía el titular, pero que no deja de ser un resumen de todo el bloque. Suele representarse en cursiva y es el siguiente nivel en la jerarquía del peso visual del texto tras el titular.

- **Bloque de texto:** lo compone la redacción completa de la noticia. Esta fuente es de grosor normal, para facilitar su lectura, pero de mucho menor tamaño que los dos anteriores. Debido a la jerarquía y al peso visual, es evidente que muchas veces el lector no lee el bloque de texto completo sino que tras el titular y la entradilla ya se da por enterado y no amplía la noticia. Tiene que resultarle muy interesante la misma como para continuar leyendo todo el bloque completo.

Guerra al cisne invasor

MEDIO AMBIENTE

El Estado de Nueva York declara "especie invasiva" a los cisnes blancos y anuncia un plan para exterminarlos

Tan hermoso y elegante, tan evocador, tantas veces pintado, fotografiado y glosado y ahora resulta que el símbolo por excelencia de la belleza y el amor romántico tiene un lado oscuro. Tanto, que el departamento medioambiental del Estado de Nueva York ha declarado al cisne "especie invasiva prohibida" y va a eliminar unos 2.200 ejemplares. Aunque no se ha decidido todavía cómo —a tiros o capturándolos para luego gasearlos— es probable que en poco tiempo los visitantes del Central Park ya no puedan contemplar los esbeltos cuellos. ¿Su delito? Destruir el hábitat de patos y gansos, pasearse sin control por las calles, e incluso atacar a las personas.

Ejemplo de jerarquía de información con título, subtítulo, entradilla y bloque de texto.

Importante

La jerarquía en los textos es algo tan relevante que se sigue usando el mismo sistema desde su invención hasta la actualidad tanto en el periodismo clásico como en el digital y en el desarrollo de páginas web.

Esta misma jerarquía de información en el texto se lleva a cabo en el discurso bimedial publicitario y del diseño gráfico, y por ello ya debe ser reflejada en los primeros esbozos y bocetos enviados a los clientes. El mayor peso visual lo llevará la marca o eslogan dependiendo de lo que se quiera o necesite resaltar, y evidentemente usará un tipo de texto más grueso y más grande que el resto de la composición para convertirse en el foco de atracción.

Como en el periodismo de información, muchas veces este texto principal va acompañado de antetítulos o subtítulos, o incluso ambos, pero no es algo tan habitual la entradilla. En el caso de la publicidad, el titular (y subtítulos y antetítulos) suele ir acompañado directamente del bloque de texto que completa la información. Algo que sí que es habitual en publicidad y no en la jerarquía de textos informativos, es el uso de la llamada **letra pequeña,** o texto que se suele situar en la zona baja.

Actividades

6. Observe la jerarquía de textos en diferentes periódicos y revistas impresas. Compare el uso que hacen de este tipo de recursos jerárquicos entre diferentes periódicos de diferente editorial.
7. Ahora, haga el mismo ejercicio observando el uso que se hace de este tipo de jerarquía en periódicos digitales diferentes. ¿Es el sistema parecido? ¿Qué diferencias y similitudes encuentra entre ellos?

7.2. Jerarquía visual

La jerarquía visual hace referencia al discurso bimedial completo, no hace referencia solo al texto, sino a la relación que imágenes, ilustraciones, trazados y textos tienen según niveles de importancia.

Al igual que la jerarquía entre textos dirigía la mirada del lector hacia el orden que ha de seguir sobre un bloque de texto más completo, en este caso se hace referencia a la dirección que obliga a seguir la mirada una composición completa según el uso de recursos que ya deben estar presentes en los primeros esbozos y bocetos.

Algunos de los recursos son relativos a leyes provenientes de la teoría de la Gestalt, como la ley de continuidad, pero otras son propias de la distribución de imágenes y textos por importancia y tamaños según la jerarquía visual que se pretenda demostrar en esos primeros esbozos.

En este caso, tienen la misma importancia tanto el peso de los bloques de texto y de las imágenes como los espacios en blanco. La mirada del observador ante este tipo de mensajes bimediales se dirige ante todo a las imágenes y gráficos con mayores dimensiones o con colores llamativos, pero en este caso, como se suelen conjugar imágenes y textos en un solo bloque, se entiende el peso visual como el conjunto de esas imágenes relacionadas.

Los espacios en blanco tienen mucha importancia por que sirven para individualizar conjuntos y consiguen el efecto de focalizar la vista o hacer de esos conjuntos diferentes pesos visuales que facilitarán la dirección del camino que se desea que tome la mirada del espectador.

Generalmente, las imágenes suelen captar más la atención que los textos, suelen reconocerse como el peso visual en una comunicación bimedial. Y al ser la imagen la que se configura como el punto focal de la composición, se suele acompañar del texto más relevante. De este modo el punto de foco más importante suele formarlo un conjunto bimedial.

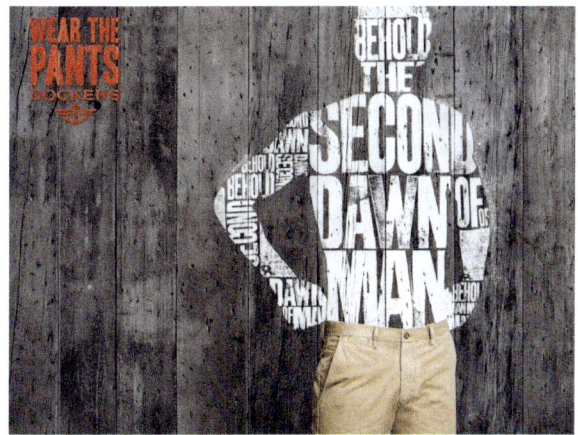

Ejemplo de conjunción de imagen y texto para el discurso bimedial

 **Consejo**

Como la imagen suele llamar más la atención que los textos, se recomienda que estas sirvan también para dirigir las miradas, así resultará más sencillo guiar el orden jerárquico posterior a la imagen en la composición.

En cuanto al uso de los bloques de texto, dependerá de la cantidad de información que se quiere mostrar. Cuando el texto es breve (un eslogan y una frase corta por ejemplo), el resultado de la composición suele sugerir sencillez, rapidez de entendimiento y suele ser muy habitual sobre todo para campañas de publicidad exterior.

Pero ante la necesidad de mostrar mucho texto en los bocetos, se aconseja el uso del bloque de texto en forma de columna; y si son varias, que estas varíen de tamaño entre sí para facilitar la lectura. Además, entre bloques de textos e imágenes es muy importante el uso de los espacios en blanco para descansar la vista. Si estos espacios están diseñados correctamente facilitará la dirección de la mirada del espectador, así como los bloques visuales organizados por grupos.

La jerarquía visual en la realización de los bocetos hará de primera maquetación de textos en el mensaje y por tanto estará dominada por la imagen como elemento principal, seguida de los textos, segundos en el escalafón de esta jerarquía, así como el uso del color; pero estos tres elementos no tienen sentido si no están bien relacionados y diferenciados entre sí con el uso de los espacios en blanco, vehículo delimitador y guía de la mirada en un sistema de comunicación bimedial.

 Aplicación práctica

Está llevando a cabo el diseño y la maquetación de un anuncio publicitario para una revista en el que de manera obligada hay que incluir una enorme cantidad de información de tipo texto pero donde la imagen ha de ser el foco visual dado que así viene indicado en la orden de pedido como información de registro por parte del cliente. Cuando termina con su trabajo hace una observación del resultado pero comprueba que no puede evitar que la mirada se centre en la pesada masa de texto, por lo que el foco visual no está enfocado en la imagen. ¿Qué puede hacer?

SOLUCIÓN

En la mayoría de los casos los grandes bloques de texto restan importancia a la imagen aun siendo está muy llamativa. Es debido a que una gran masa o bloque de texto siempre va a resultar más pesada por la cantidad de información apelmazada y dado que esta suele usarse en color oscuro, como el negro. Una opción sería variar el color del texto a otro más claro o liviano, como el blanco o los grises si el diseño lo permite, pero puede restarse la legibilidad. La solución más sencilla es controlar los espacios en blanco.

Es más sencillo dividir el gran bloque de texto en columnas y respetar y crear muchos espacios en blanco entre ellos, así no se verá el texto como una gran mancha que abarca todo el peso visual, sino como pequeños subgrupos o conjuntos, por lo que la imagen será entonces la que lleve esa carga visual dominante.

8. Síntesis visual

En una comunicación gráfica, como en el caso de los trabajos de bocetaje y esbozo, la información vertida se aconseja que sea breve pero efectiva y entendible; la síntesis visual, la simplicidad máxima de lo que se pretende comunicar debe ser el elemento principal del mensaje.

El término **síntesis** proviene de sencillez, brevedad. En un sistema de comunicación visual como es el diseño gráfico, la facultad de transmitir un mensaje de una manera sencilla y rápida de entender es algo esencial.

Se ha podido comprobar en capítulos anteriores que forma parte de la síntesis visual el grado de iconicidad de los objetos que se representan en información gráfica. De este modo, se entiende de forma rápida y directa un mensaje simplificándolo sobremanera.

Todo ello, apoyado en la memoria y la experiencia, ha derivado en un código visual que es reconocido de manera mundial y que sintetiza al máximo aquello que quiere comunicar, como es el caso de las señales de tráfico, las de parking, acampadas y monumentos, las figuras masculinas y femeninas de los aseos, la cruz roja como señal de hospital o la verde de farmacia, el color de los semáforos, etc.

 Definición

Señalética
Uso de imágenes con poco grado de iconidad en el uso de señales.

Gracias al uso de estas imágenes simplificadas al máximo exponente se ha creado un código visual que funciona tan bien como el escrito, como el uso de la palabra, y que gracias a que lleva implantado tanto tiempo en la sociedad se consolida como un lenguaje completamente propio.

El creador de esbozos y bocetos, basándose en esta memoria colectiva, debe ser breve en su discurso gráfico. Una manera de conseguir esta brevedad radica en el uso de este tipo de recursos sencillos y de rápido entendimiento.

Ejemplo de síntesis visual

El primero de los recursos, evidentemente, es el uso del color. Si el dibujante de esbozos es consciente de lo que evoca cada color, es más sencillo crear una composición completa con una u otra intención en sus primeros bocetos.

Pero si consigue en esta síntesis visual que el mensaje sea recibido de manera rápida e incluso a veces inconsciente por el espectador es en gran parte gracias al uso de este tipo de sencillos grafismos.

En la actualidad es habitual encontrar en toda campaña publicitaria de manera conjunta el uso del color, el texto, la imagen real o fotográfica y la imagen vectorial que a veces será el logotipo de la empresa, y que en otras ocasiones será una imagen en menor grado de iconicidad, representando algo más complejo y de este modo haciendo uso de la síntesis visual.

Sintetizar el mensaje al máximo es la tarea principal del diseñador gráfico, quien debe ser consciente de que a mayor brevedad mayor facilidad por parte del espectador de entender dicha comunicación, y a mayor síntesis visual más fácil de reconocer dicho mensaje y de recordarlo.

Actividades

8. Elija una fotografía propia o ajena (no importa si en Internet, revistas, periódicos, etc.). El único requisito es que en ella debe aparecer como elemento principal una sola persona o un objeto como imagen destacada.
9. Coja papel y lápiz y sintetice esa imagen a la mínima expresión, dibujando solo la silueta. Si usted tuviera que usar esa imagen para señalética, ¿cree que podría entenderse de ese modo?
10. Ahora use su creatividad e imaginación y no dibuje la silueta real del contorno de esa figura anterior. Diseñe sobre el papel la imagen que cree que podría conseguir que esa figura fuese más entendible para el observador, restándole iconicidad a la fotografía digital. Puede usar como recurso el uso de una palabra para dar más sentido a su síntesis visual.

9. Figuración/abstracción

Siempre se ha considerado que hasta la llegada de la Revolución Industrial a finales del siglo XIX e inicios del XX, hasta el nacimiento de las vanguardias, no se hace uso de la abstracción.

Bien es cierto que el término **abstracto** se acuña al nacimiento de las conocidas como nuevas tendencias o los ismos (surrealismo, futurismo, dadaísmo, etc.). Se consideraban obras abstractas o surrealistas (como acuñó entre otros el pintor malagueño Pablo Ruiz Picasso) aquellas que se alejaban de la representación gráfica de una realidad de manera entendible o reconocible por el humano. Algo que fuese más difícil de reconocer con una simple mirada por parte del espectador, que requiriera de un tiempo de recapacitación de lo que se estaba observando.

Pero la figuración y la abstracción en el diseño de esbozos y bocetos son dos términos que ya se utilizaban desde hacía mucho más tiempo, aunque el uso del segundo realmente se empieza a hacer más común tras el nacimiento de las nuevas vanguardias pictóricas citadas anteriormente.

 **Definición**

Figuración y abstracción

Figuración proviene de su similitud con la figura real y abstracción se refiere a la palabra latina *abstractio,* que significa "sacar fuera de". De ahí que a estas imágenes de difícil entendimiento o sin un claro sentido sacadas fuera de su contexto se las denomine "abstractas".

Para comprender mejor ambos términos hay que hacer mención al arte, sobre todo al pictórico. El uso de este tipo de recursos siempre ha sido muy útil para la expresión visual o gráfica de un mensaje. La figuración es la representación gráfica de algo real (una pintura por ejemplo), en la que el grado de iconicidad es alto. Esto deriva desde el hiperrealismo de ciertas pinturas o de las fotografías y vídeos gracias al uso de una u otra técnica hasta el dibujo más sencillo y lineal pero en el que se pueden reconocer perfectamente los elementos representados (como en el cómic, por ejemplo).

Sin embargo, la abstracción va un poco más allá. Cuando se habla de formas abstractas se hace referencia a que estas no son claras, a que provocan ambigüedad. Varias vanguardias artísticas así lo demuestran. En el futurismo se pretendía mostrar movimiento con el uso de líneas y formas dispersas; en el dadaísmo se intentaba mostrar la visión de los niños en su manera simple de dibujar, por lo que algunos conceptos son más claros (vehículos, casas, personas, etc.) pero otros completamente incomprensibles; y, por último, en el cubismo la simplificación es tal que la figuración o copia de la realidad es nula, completamente inexistente.

La abstracción provoca algo completamente diferente en el espectador que la figuración. Mientras que en figuración lo que se plasma es en cierto modo similar a lo que ocurre alrededor de las personas en la vida real, en abstracción se pretende evocar esa vida, pero con formas mucho más complejas y utilizando un diferente lenguaje y código visual.

 Nota

Evidentemente, la figuración es más utilizada que la abstracción en el mensaje publicitario o comunicacional que usa el diseñador gráfico, pero a veces es recomendable el uso de la abstracción.

De hecho, en la actualidad se hace uso de ambas técnicas en el mismo mensaje, tanto en la realización de esbozos como en el mensaje final, y es habitual encontrar diseños en el que formas concretas y figurativas y otras abstractas conviven a la perfección. Es el caso de campañas en las que se muestran vehículos y sobre ellos brochazos de color. Un mensaje que demuestra la gama de color completa que ofrece ese modelo de vehículo siendo en este caso figurativo el vehículo y abstractos los brochazos. El mensaje es reconocible y el cerebro humano, gracias a la experiencia, memoria y conocimiento del recurso, traduce el código: vehículo y su gama de colores; pero lo que se muestra en realidad en el diseño gráfico no deja de ser una imagen figurativa hiperrealista (la fotografía del vehículo) y otra completamente abstracta (solo manchas de color).

Captación de movimiento en el futurismo

Ocurre lo mismo con el uso de fondos de texturas extrañas para destacar la figura del objeto a representar, el uso de grafismos vectoriales como curvas y líneas, que expresan movimiento, pero nada figurativo. Un elemento muy utilizado sobre todo a inicios del siglo XXI era el recurso de las imágenes vectoriales conocidas como **tribales.** Curvas y espirales unidas a veces con elementos florales que aportaban ritmo y presencia a la composición gráfica, pero que solo suponía una representación abstracta del movimiento o tendencia dado en ese momento. Este recurso solo servía de apoyo a la imagen fotográfica, sobre todo en el uso de los fondos. Dado el alto grado de iconicidad de la fotografía (motivo o foco visual del diseño), los tribales solo aportaban una continuidad estética o un movimiento.

Sintetizando la idea para la realización de esbozos y bocetos, se puede decir que se conoce como figuración a aquellos elementos gráficos que representan un mensaje concreto y fácil de entender por el espectador en mayor o menor grado de iconicidad y que se conoce como abstracción a la representación gráfica ambigua que a veces sirve de apoyo a otras imágenes o que (sobre todo en arte) son el elemento esencial compositivo de un mensaje visual concreto.

Existen varios grados de elementos figurativos o abstractos:

- **Figuración exacta o hiperrealista:** en este grupo se podrían incluir las fotografías, los vídeos y aquellas pinturas muy fieles a la realidad, así como algunos grafismos como las composiciones y las animaciones tridimensionales que más se asemejan a la realidad. Serían aquellos elementos concretos que definen de manera visual a la perfección lo que se quiere expresar.
- **Figuración estilizada:** sería aquella representación gráfica menos realista pero aún reconocible como tal por el ser humano, como el dibujo animado, el cómic, la pintura menos realista o las animaciones en tres dimensiones pero de tipo dibujo o infantil.
- **Figuración liberada:** lo representan las imágenes con menor grado de iconicidad como las señales de tráfico, los mapas, las imágenes muy simplificadas como siluetas, las caricaturas, etc., que a veces requieren del acompañamiento de textos para que se puedan comprender mejor.
- **Figuración mínima:** muy cercanas a la abstracción. Se reconocen los elementos de la composición, pero por el recuerdo en la experiencia

humana usando formas simples que al formar quizá otras formas globales sí que se comprende lo representado asociándolo con imágenes reales. Es el caso de los inicios del cubismo o del futurismo, se reconocen las formas aunque estén representadas bajo otras figuras geométricas u otro código visual distinto.

Ejemplo de figuración mínima

- **Abstracción figurativa:** no se reconocen formas complejas, no se entiende el mensaje o su intención, al menos a simple vista, pero usa elementos compositivos como las formas geométricas simples (cuadrados, círculos, color, etc.).

Abstracción figurativa

- **Abstracción pura o absoluta:** no existe figuración alguna. Se basa en manchas, formas irregulares y uso del color. Su mensaje suele ser solo reconocible por el autor de la obra.
- **Abstracción con texto:** puede ser abstracción pura o puede ser figurativa, pero el mensaje global llega a comprenderse mejor por el apoyo de la imagen con el uso de textos que así lo complementan.

Abstracción con texto

 Actividades

11. Observe en periódicos y revistas (digitales o impresas) el uso de los recursos figurativos y abstractos en la publicidad de sus espacios. Calcule el uso de uno y otro sistema de composición visual y explique por qué cree que es mayoritario ese uso.
12. Catalogue las imágenes posteriores según su grado de abstracción o figuración.

Continúa en página siguiente >>

<< Viene de página anterior

10. Realización de esbozos según los parámetros definidos en el informe de registro y el informe técnico

Antes de desarrollar el discurso gráfico, antes de que el diseñador comience con su trabajo de bocetaje, como se pudo ver en el primer punto de este capítulo, se ha de atender a lo indicado en las órdenes de trabajo.

Todo trabajo viene definido a través de lo que se indique previamente en la realización de esbozos según los parámetros definidos en el informe de registro y el informe técnico.

Una vez que el trabajador comienza su jornada, ha de revisar las órdenes o partes de pedido y empezar a trabajar en ellas según le hayan asignado y según el orden de prioridad de unas sobre otras.

Dentro de esas órdenes, divididas por cada trabajo a realizar, se encontrarán dos tipos de informes: el informe de registro y el informe técnico.

Recuerde

Es esencial seguir los pasos y criterios indicados en las órdenes de trabajo para que las tareas se realicen según cronología y prioridades.

El informe de registro reflejará los deseos y las necesidades del cliente que ha comunicado a la empresa en esa entrevista previa entre ambas partes. Por lo que en ese informe de registro ya aparecerán esas primeras ideas y necesidades que el cliente plantea para su satisfacción personal y ante la expectativa de la representación gráfica requerida.

El informe técnico, por otro lado, es un documento más elaborado. En este caso, y tras concretar otro tipo de detalles, como el presupuesto por ejemplo, se determinan otros detalles a comunicar al diseñador gráfico como las técnicas a usar en dicha campaña, el tamaño que la composición ha de tener, el formato, el uso de recursos, etc.

El informe técnico es algo más concreto que el de registro. Mientras que en el informe de registro solo aparecen detalles como el número del pedido y los deseos del cliente ante la expectativa del diseño, en el técnico se especifican otro tipo de detalles que delimitarán las posibilidades del trabajo final a una serie de parámetros y técnicas.

Por un lado, se indicará el formato al que va a ir dirigido el diseño (para revista, cartel, publicidad exterior, *dossier,* tarjetería, etc.), dado que determinará factores tan importantes como el uso de mayor o menor texto, el tamaño de las fuentes, la simplicidad o complejidad, etc.

En otro orden de cosas puede aparecer el soporte final al que va dirigido, como papel (y tipo de papel), lonas o *banners,* metal, cartulina, plásticos o textiles, etc. Es un dato técnico relevante aunque sobre todo para otro elemento de la cadena, como pueden ser los preimpresores e impresores, puesto que cada material es en cierto modo más o menos absorbente, y por tanto puede paliar el color más o menos según la absorción que de ellos haga y de este modo pueden corregir parámetros.

El tamaño es otro de los datos técnicos ofrecidos. De este modo delimitará el global de la composición a unas medidas concretas que nunca se habrá de rebasar, y que por tanto a veces hace menguar posibilidades al diseñador ante la realización de los primeros esbozos y bocetos. Si la composición ha de ser horizontal o vertical, así como las proporciones, también irán indicadas en el informe técnico.

Otros datos ofrecidos pueden ser el tipo de recursos a utilizar, como elementos de la identidad corporativa, solo imágenes, imágenes y texto, recursos gráficos abstractos, figurativos o ambos, si se recurre o no a imágenes vectoriales, etc.

Para completar este apartado, y en caso de que así se requiera, se indicará si el cliente aporta o no prueba de color, si se trata de una modificación de un diseño anterior, dónde se encuentra el documento original y en qué formato (si está en un FTP, memoria USB, disco duro externo, etc.), si es vectorial o imagen, o si por el contrario hay que comenzar desde cero.

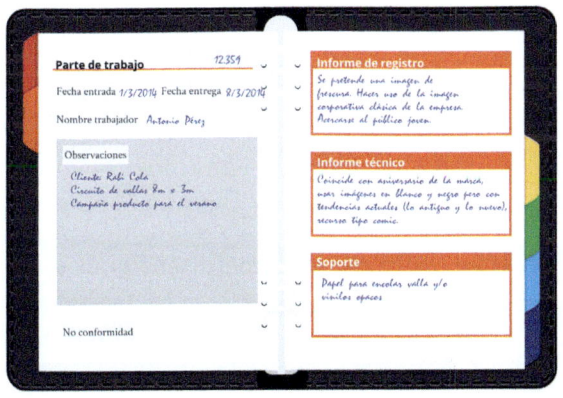

Ejemplo de parte de trabajo en realización de esbozos y bocetos

El dibujante de esbozos deberá entonces observar ambos registros y en función de las peticiones vertidas sobre ambos tomar sus decisiones propias ante la realización de los primeros bocetos.

Aplicación práctica

Llega a manos de un trabajador de su empresa el parte de trabajo que se puede observar en la imagen anterior. En él se puede observar que se trata de la realización de los bocetos para una campaña de publicidad de la empresa Rabi Cola destinada a la incentivación del consumo de sus refrescos al público juvenil y en campaña de verano. Su compañero comienza con la tarea de bocetaje usando los coloridos naranjas y amarillos que destilan juventud junto con los azules claros simbolizando el mar, la playa y el verano. Hace uso de la imagen corporativa de la empresa y envía los primeros bocetos a sus superiores. Más tarde, es llamado por los superiores y reprendido por haber perdido excesivo tiempo en un trabajo que no se puede presentar al cliente de ningún modo. ¿Qué ha podido ocurrir?

SOLUCIÓN

Como se lleva avanzando a lo largo de este capítulo, la revisión del parte de trabajo ha de hacerse de manera relajada y completa. El compañero que comenzó con la fase de bocetaje evidentemente se quedó con la idea básica de ofrecer una imagen juvenil y veraniega del producto y por ello dedicó sus esfuerzos al bocetaje de dicha campaña con colores juveniles y divertidos. Si hubiese prestado atención al informe técnico y no solo a las observaciones o al informe de registro, comprobaría que, al coincidir con el aniversario de esa longeva marca de refrescos, querían hacer algo divertido y juvenil (de tipo cómic) pero asemejándose a unas fotografías en blanco y negro, rememorando los antiguos inicios de esa marca de refrescos. Hay que leer por completo los partes de trabajo, dado que en ellos se indica de manera pormenorizada el trabajo a llevar a cabo.

11. Resumen

En el trabajo de bocetaje, así como en el de diseño gráfico, es esencial cumplir con un orden establecido en la realización de las tareas.

Sin esas sencillas pautas que han de repetirse a diario necesariamente, reinaría la anarquía y el proceso laboral podría derivar en un caos mucho mayor e incluso en la imposibilidad de poder terminar los trabajos pedidos a la empresa.

Es muy importante seguir el orden establecido por prioridades en los pedidos, pero también lo es revisar correctamente los campos indicados en cada orden, pues en ellos aparecerán datos tan importantes como a quién va asignada cada tarea y por tanto el reparto de las mismas entre los diferentes compañeros de trabajo.

Pero otros datos igualmente necesarios, como son los informes de registro y técnicos, serán también mostrados en dichas órdenes e indicarán los elementos básicos necesarios para poder llevar a cabo el trabajo de bocetaje, datos que habrá que seguir al pie de la letra sin menoscabar la creatividad que se vierta sobre esas ideas; dado que, de no ser así y con el hándicap añadido del tiempo que se tiene para terminar cada trabajo, podría llegar a no completarse una campaña en el tiempo estimado y perder dinero, el tiempo invertido en el trabajo y al cliente.

Ejercicios de repaso y autoevaluación

1. **De las siguientes afirmaciones, indique cuál es verdadera o falsa.**

   a. La figuración liberada la representan las imágenes muy cercanas a la abstracción. Se reconocen los elementos de la composición, pero por el recuerdo en la experiencia humana usando formas simples que al formar quizá otras formas globales sí que se comprende lo representado asociándolo con imágenes reales.

      ☐ Verdadero
      ☐ Falso

   b. El método de incentivación de creatividad de Gordon consiste en incluir a alguien ajeno a la tormenta de ideas, alguien de otro departamento o alejado del trabajo del creativo para que participe en esa tormenta de ideas, pero se espera que las conclusiones de esa visión diferente que el profano propone aporten mayor profundidad a los otros resultados anteriores o de la otra parte creativa del grupo.

      ☐ Verdadero
      ☐ Falso

2. **Complete siguiente texto con las palabras: texto, registro, diseño, técnico y pedido.**

   El informe _____ es algo más concreto que el de _____, mientras que en el segundo solo aparecen detalles como el número del _____ y los deseos del cliente ante la expectativa del _____, en el primero se especifican otro tipo de detalles que delimitarán las posibilidades del trabajo final a una serie de parámetros y técnicas, como el uso de mayor o menor _____, el tamaño de las fuentes, la simplicidad o complejidad, etc.

3. Busque cuatro elementos esenciales en la jerarquía de la información en textos.

F	A	Y	O	L	R	A
Z	R	O	L	O	W	A
V	P	Y	U	T	N	Z
L	A	R	T	X	F	Ñ
O	L	R	I	E	E	Y
B	L	C	T	T	S	O
D	I	T	B	E	K	L
P	D	S	U	D	R	U
A	A	O	S	E	Z	T
C	R	I	O	U	T	I
C	T	S	B	Q	L	T
I	N	Z	L	O	I	E
D	E	S	A	L	D	T
A	T	T	P	B	A	N
O	D	I	U	E	P	A

4. Relacione el significado con el color de la técnica de seis sombreros para pensar.

   a. Pensamiento de ideas creativas
   b. Influir en las opiniones
   c. Pensamiento optimista
   d. Objetividad

   __ Rojo
   __ Amarillo
   __ Blanco
   __ Verde

5. **Rodee la palabra más adecuada en referencia a la afirmación que se le hace.**

Dado que el trabajo de dibujante de (planos) (bocetos) requiere de muchas herramientas manuales tales como (reglas) (compás) de distintos tamaños, cinta adhesiva, lápices, rotuladores e incluso cuchillas de tipo bisturí o (cuchillos) (cúteres) para el corte de siluetas o raspados del papel, el (cubículo) (pupitre) de diseño suele venir dotado con un estuche de madera o cajón donde el equipo quede (guardado) (desordenado).

6. **En la técnica de seis sombreros para pensar, el color negro indica...**

    a. ... objetividad.
    b. ... mando.
    c. ... pesimismo.
    d. ... obligación.

7. **Complete el siguiente texto.**

El sistema _____ no se implanta en un solo _____ informático, sino que es un *software* que se puede instalar y al que se puede acceder mediante una _____ _____ que diferencia a cada _____ desde otro tipo de dispositivos como otros equipos informáticos, *tablets,* ordenadores portátiles o móviles con acceso a _____ para que el proceso comunicacional en los pedidos esté siempre _____ al instante.

8. **El término _____ hace referencia al discurso bimedial completo.**

    a. síntesis visual
    b. figuración
    c. jerarquía visual
    d. informe de registro

9. **Enumere al menos seis técnicas de incentivación de la creatividad.**

_____
_____
_____
_____

10. El tiempo en el diseño gráfico hace referencia a...

    a. ... temporadas determinadas.
    b. ... el tiempo de duración de animaciones.
    c. ... la duración de las tareas asignadas.
    d. Todas las opciones son correctas.

11.¿Qué forma parte de la síntesis visual?

    a. El grado de iconicidad de los objetos simplificados.
    b. Las imágenes figurativas hiperrealistas.
    c. El código visual que se ha creado y que funciona tan bien como el escrito.
    d. Las opciones a y c son correctas.

12. Enumere del 1 al 4 el orden de los pasos correctos en la planificación del trabajo.

    __ Escucha de necesidades.
    __ Entrega del informe al departamento creativo.
    __ Cita con el cliente.
    __ Creación de informe de registro.

13. ¿Cuál no es un campo propio en una orden de pedido?

    a. El número de pedido.
    b. Las incidencias o no conformidad.
    c. El nombre del encargado.
    d. El informe técnico.

14. El reparto de tareas...

    a. ... se pone en consenso siempre entre los trabajadores del departamento creativo.
    b. ... es tarea esencial y directa del departamento de administración.
    c. ... ha de ser supervisado por parte de los mandos superiores.
    d. Todas las opciones son incorrectas.

15. La técnica de Gordon...

    a. ... es una reunión grupal muy numerosa.

    b. ... consiste en tomar un producto al azar y completamente diferente al del cliente.

    c. ... es una técnica muy utilizada para la resolución de conflictos o problemas.

    d. ... puede ser complementaria a la tormenta de ideas.

Capítulo 4

Realización de bocetos en el diseño gráfico

Contenido

1. Introducción
2. Bocetos de imagen corporativa
3. Imagen corporativa y mecanismos de funcionamiento
4. Los signos básicos
5. El sistema gráfico
6. Los valores estratégicos de la marca versus el impacto visual
7. Principales piezas básicas corporativas
8. El manual de imagen corporativa o de normas
9. Bocetos para el producto editorial
10. Productos editoriales y principios básicos
11. Composición, arquitectura de página y retícula
12. Tratamiento de textos y tratamiento tipográfico
13. Tratamiento de imágenes
14. El papel: breve historia, clasificación, características e idoneidad de utilización
15. Resumen

1. Introducción

El diseño gráfico abarca muchos campos de las artes gráficas y del sector editorial, por lo que es lógico que el trabajo del dibujante de esbozos y bocetos, así como el de diseñador gráfico, se hace presente en todos estos trabajos creativos.

La realización de bocetos en el diseño gráfico así como en el producto editorial se hace esencial. Sin unas primeras directrices sobre las que seguir unas pautas el trabajo se dificulta sobremanera.

Ni que decir tiene que lo mismo ocurre en el trabajo de creación y desarrollo de imágenes o identidades corporativas. La realización de bocetos en este campo de identidad corporativa supone todo el desarrollo de la imagen de marca, por lo que es un elemento esencial y muy importante que no debe tomarse en vano y al que tener mucho respeto.

A continuación se muestran los pasos para la realización de bocetos en el diseño gráfico editorial y corporativo, así como los elementos y los signos indispensables que lo mantienen y sustentan.

2. Bocetos de imagen corporativa

El concepto de **imagen corporativa** puede considerarse relativamente joven, de un uso cotidiano o empresarial más común desde mitad del siglo XX e inicios del XXI.

El término **corporativo** hace referencia al conjunto de elementos asociados que dan sentido a un todo, a una corporación o colectivo. Por tanto, se puede considerar como identidad corporativa a la unidad e igualdad entre todos los elementos que constituyen la imagen de una empresa, como se podrá ver de manera más extensa en siguientes apartados.

Así, se conoce como diseño corporativo a la representación de dicho concepto de igualdad de imagen de marca plasmado sobre el papel, valiéndose de las herramientas de diseño gráfico para transmitir la visión de una empresa a través de todo aquello que engloba la imagen corporativa o el manual de identidad corporativa.

Importante

En la actualidad es fácil reconocer una imagen de marca o una imagen corporativa definida de empresa dado que es algo que resulta común y cotidiano.

A día de hoy no solo existe la idea de imagen de marca, sino la de la globalización resumida en grandes grupos empresariales regidos bajo una misma identidad corporativa, o conservando cada marca su identidad, pero bajo el amparo de una marca mayor (por ejemplo, el grupo Volkswagen compuesto por Volkswagen, Audi, Seat y Skoda).

Pero no hace tanto tiempo, cuando no existía la idea de establecer una imagen de marca o corporativa de empresa, los fabricantes compartían similares identidades como logotipos muy parecidos entre sí; o el uso de la misma tipografía, ya no solo en sus logotipos, sino en toda su papelería interna y externa, o en la publicación de sus anuncios publicitarios.

Pero como ya se ha avanzado, desde la mitad del siglo XX la idea de mantener una imagen de marca o identidad corporativa es algo que se encuentra tan extendido que hasta el menor de los comercios cuida su imagen corporativa, desde el logotipo hasta su nombre y tipografía.

Cuando se desarrollan bocetos de imagen corporativa es algo que se tiene por completo en cuenta. Ya en los primeros esbozos se idean tipografías nuevas que tengan relación con las usadas en el logotipo de la empresa para mantener una imagen corporativa homogénea.

El trabajo del dibujante de esbozos de imagen corporativa de hoy en día es mucho más complicado que el de mediados del siglo XX. Son tantas las empresas actuales con su propia identidad que cada vez es más complicado hacer algo original y diferenciador, como se pretende con el establecimiento de las identidades corporativas.

Es por ello que además de necesitarse mucha creatividad para el desarrollo de tales bocetos de imagen corporativa, hay que ser conocedor, al menos en gran parte, de la historia de esta joven cultura de imagen de marca para no caer en la reiteración o el plagio.

Cuando se parte de una idea nueva para desarrollar los bocetos de imagen corporativa, se otorga de mayor libertad y oportunidad para despertar la creatividad del dibujante de esbozos; quien partirá de cero o de unas ideas vagas expresadas por el cliente de lo que quiere representar y por tanto permitirá una mayor creatividad para comenzar por el logotipo de la empresa y poder mostrarle muchos y mejores bocetos.

El uso de la tipografía corporativa surgirá después, y será fruto de la elección de una o varias familias ya existentes; o por el contrario, se creará una nueva tipografía expresamente para el uso de esa empresa en concreto, aunque también es verdad que esto es algo que suelen hacer solo aquellas grandes empresas que pueden permitirse crear una nueva tipografía y registrarla para su uso exclusivo y comercial.

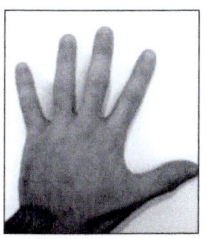
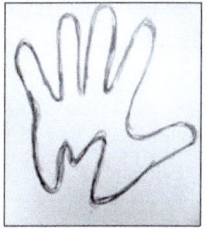

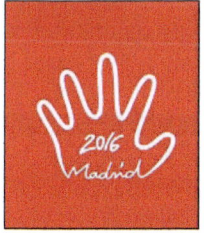

Boceto de imagen corporativa

Como se puede comprobar, hay marcas que revisan constantemente su imagen corporativa, adecuándola a imágenes más modernas o innovadoras (Pepsi, Microsoft, etc.), y sin embargo hay otras que prefieren mantener su identidad prácticamente intacta desde el momento de su creación de imagen de marca como símbolo de perdurabilidad en el tiempo (BMW, Coca Cola, etc.).

 Nota

A veces, el trabajo del dibujante de bocetos de imagen corporativa radicará simplemente en una actualización o revisión de la identidad corporativa anterior de la marca.

Ambas acepciones son igualmente válidas, tanto aquella que presume de no haber variado apenas su imagen corporativa desde su fundación como la que prefiere ir variándola con el paso de las tendencias.

Algo es común en todos los casos, pues tanto para pequeñas variaciones corporativas como en la creación de una nueva identidad desde cero o en la evolución de una previamente existente se han de realizar nuevos esbozos de identidad corporativa por parte de profesionales dibujantes y diseñadores gráficos del sector.

 Actividades

1. Imagínese que le han encargado desarrollar una imagen corporativa completamente nueva, así que coja papel y lápiz y demuestre su creatividad bocetando las primeras ideas que le surjan acerca de una nueva marca de productos de alimentación ecológicos.
2. Haga uso de una búsqueda a través de Internet o de las enciclopedias que tenga a mano y compruebe, antes de nada, que sus bocetos no son similares a algunos existentes con anterioridad de entre las marcas de alimentación más conocidas o populares.

3. Imagen corporativa y mecanismos de funcionamiento

Lo que hoy se conoce como imagen corporativa no tendría sentido alguno sin el nombre de Peter Behrens.

Peter Behrens fue el verdadero creador de lo que hoy se entiende como imagen corporativa, identidad corporativa y los manuales de imagen corporativa.

Como ya se ha avanzado en el anterior apartado, antes de la mitad del siglo XX no existía una clara diferenciación entre marcas, fábricas o establecimientos comerciales.

De hecho, casi siempre se utilizaban las mismas tipografías para todo tipo de empresa, lo que convertía en algo monótono el pasear por las calles de las ciudades sin que ninguna rotulación de fachada fuese llamativa sobre otra.

Además, el uso del color era muy limitado, por lo que predominaban las sobrias fachadas con el texto simplemente en negro, o como mucho en azules y rojos, rara vez combinados entre sí a menos que se tratasen de barberías o peluquerías.

Peter Behrens, consciente de ello, y dado que era un diseñador muy reconocido a nivel mundial en su época, decidió poner la primera piedra del cimiento de lo que hoy es conocido como **imagen corporativa.** Es conocido como el padre de la imagen corporativa empresarial dado que fue el pionero en la creación y el cambio de imagen de empresa.

Behrens dedicó sus esfuerzos en cambiar el estilo gráfico de la conocida marca Alemana AEG. Para ello hizo uso de una tipografía diferente a la utilizada hasta entones, aún con serifa, pero más gruesa, y combinó varios elementos del diseño gráfico que por aquel entonces se consideraba moderno, unificándolo en un único diseño.

Una vez que creó el nuevo (y bastante sencillo) logotipo, y tras darle su característico color rojo, también adaptó ese logo a todos los elementos corporativos de la empresa.

Con esta nueva decisión se comenzó a trabajar en la dirección correcta y la imagen corporativa empezaba a tener sentido. Al adaptar la tipografía del logo a toda la papelería tanto interna como externa de la empresa, los clientes podían asociar directamente el uso de esa tipografía característica con la empresa AEG, y cada vez más los no clientes o meros observadores de las fachadas de los edificios o de la publicidad de la empresa alemana iban asociando dicha empresa con dichos escritos.

Algo tan sencillo como desvincularse del uso de la tipografía habitual para los albaranes y las facturas, para la publicidad en las calles o los periódicos, e incluso en el uso del rojo para el logotipo en fachadas y rótulos, consiguió que AEG se desvinculara de otras marcas de la competencia, destacando como la mayor empresa del sector.

Cuando AEG cambió ese uso de tipografía sobria y elegante que todas las empresas usaban en su papelería interna y externa por la misma que usaba en su logotipo, con ese sencillo acto, se logró diferenciar de las demás empresas de su competencia y del sector. De este modo se posicionó como pionera, y creó imagen de marca tanto para la propia empresa como en la memoria colectiva de los observadores y los clientes.

 Importante

Hasta que AEG decidió cambiar su filosofía corporativa, toda empresa imprimía albaranes y facturas con el mismo tipo de fuente, e incluso sus publicidades externas e internas, la correspondencia, las tarjetas de visita, etc.

Algo tan sencillo como aquello, que sucedió en 1907, fue creando un germen en las grandes empresas, que, sabedoras de lo que había logrado aquella marca alemana con un acto tan sencillo, comenzaban poco a poco a diferenciarse de las demás tanto por su logotipo como por el uso de tipografías.

Otras empresas como Braun o la italiana Olivetti siguieron sus pasos y crearon tipografías propias de cada marca en el uso de la publicidad y la papelería externa e interna para diferenciarse de su competencia y lograr un mejor posicionamiento, aunque no fue hasta bien avanzado el año 1953 que tanto la imagen como la identidad corporativa empezaron a tomar sentido.

Cambio en la identidad corporativa de Braun representada en una retícula que indica el tamaño de su A central característica a partir de entonces

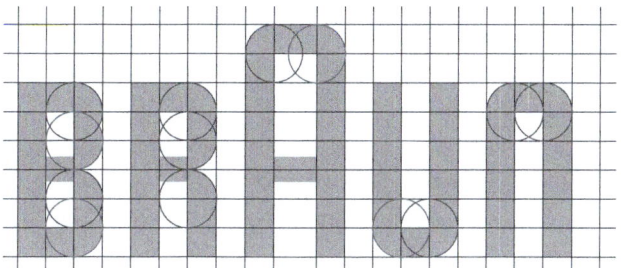

3.1. Mecanismos de funcionamiento

Con el cambio en el uso de la tipografía empresarial se consiguió avanzar en el campo de la diferenciación y el posicionamiento de las empresas, pero aún no se habían dado los grandes pasos que hoy definen lo que se conoce tanto la identidad como la imagen corporativa.

Como se puede recordar de anteriores capítulos, hasta su extinción en 1933, existía una escuela de la forma y de la interpretación que el cerebro humano hacía de diferentes criterios de líneas y figuras, tanto completas como incompletas. Esta escuela era conocida como la Escuela de la Gestalt.

Gracias a sus estudios se empezaron a definir los mecanismos de funcionamiento de la imagen corporativa, pues con la escuela de la Gestalt se incluyó en la imagen corporativa algo tan esencial como el logotipo.

En la actualidad se utiliza la palabra **logo** o **logotipo** de una manera muy extendida y que engloba a todo elemento reducido de la identidad corporativa.

Pero hay que diferenciar ciertos conceptos para poder entender mejor los mecanismos de funcionamiento de la imagen corporativa.

Aquello a lo que se llama **identidad corporativa** ha sufrido, sobre todo a través de las últimas décadas, desde los ochenta y los noventa del siglo XX hasta la actualidad, un claro momento de avance y normalización.

Cada vez más, la identidad corporativa o de marca entre las empresas es más extendida y la creación de una nueva marca cada vez más está vinculada al desarrollo de la diferenciación, de la rápida identificación empresarial ante otras ya existentes en el mercado.

Se comienza el trabajo de bocetaje y diseño gráfico desde identificadores corporativos diferenciadores, y en ese sentido los programas de identidad corporativa llevan a la creación de absolutamente todos los mecanismos identificadores, desde una simple tarjeta de visita, una etiqueta o logotipos a una flota de vehículos, la rotulación de las fachadas o incluso el uniforme.

La primera etapa en el desarrollo de esta diferenciación de signos o de marca para el dibujante de bocetos y esbozos pasa por el propio desarrollo del mercado, la sociedad, la competencia, el despliegue en las comunicaciones; en definitiva, ante la saturación de empresas y de identidades corporativas previamente existentes.

Cada vez más se va empezando a generar la necesidad de una instrumentación, un sistema riguroso de control de esas marcas y que acaban derivando en una serie de mecanismos de control de la misma que acaba plasmado en los conocidos manuales de identidad corporativa.

La identidad corporativa no la forma solo el uso de los logotipos y las tipografías, estos son solo parte de los mecanismos de funcionamiento visual de un manual completo de identidad corporativa.

Importante

Todo lo que una empresa hace o expresa al exterior, al público, forma también parte de la identidad corporativa, no todo está relacionado con el desarrollo gráfico de una empresa.

La elección de los colores y símbolos, el estilo, la tipografía son signos visibles de una empresa que tienen que ser consecuentes con la imagen de empresa, la imagen de marca. Por lo que si una empresa está dedicada a la alta costura o la moda, debe dar sensación de distinción, de lujo, y eso se habrá de hacer tanto en declaraciones de sus trabajadores como en los eslóganes de la marca, pero aún más con el uso de la elegancia y de colores que denoten lujo tanto en sus símbolos como en la tipografía que use.

Los mecanismos de funcionamiento de la identidad corporativa definen a toda la empresa por completo y no debe ceñirse solo a esa tipografía y ese símbolo, mal reconocido como logo. La identidad corporativa de una empresa es su carta de presentación frente al público, así que de tal identificación social dependerá la imagen que esa empresa ofrezca a sus posibles clientes.

Actividades

3. Comience a idear cómo sería el logotipo de su empresa. Elija un par de tipografías de entre las existentes en su equipo, o bien créelas usted mismo sobre el papel o en programas informáticos de diseño si los posee.
4. Ahora divida el texto de su logotipo en dos partes y aplique cada tipografía elegida a cada una de las partes. Después, usando sus programas de diseño informático, o bien a mano alzada y con lápices o rotuladores sobre el papel, coloree la primera parte de un color y haga lo mismo usando otro color sobre la segunda parte, creando así un logotipo bicolor. Recuerde usar colores complementarios o al menos que no sean discordantes entre sí, es parte importante del trabajo en identidad corporativa.

Son por tanto mecanismos de funcionamiento de la identidad corporativa la historia de la empresa, el discurso que se pretende dar de la misma, su labor social y sus objetivos, todo ello bien planteado y recogido en los organismos de la misma y en el manual de identidad corporativa.

Y son mecanismos de funcionamiento visual de la identidad corporativa (también recogidos, obviamente, en el manual de identidad corporativa) los elementos que hacen que todo ello funcione como son los signos, el emblema, la tipografía, el color o gama cromática usada, la imagen de empresa a un solo color, el nivel de ampliación y disminución de sus símbolos.

Pero también, y no menos importante, las directrices que determinan cómo ha de ser la papelería tanto interna como externa de la empresa, la indumentaria, el uso y rotulación de las fachadas, los regalos corporativos e incluso la rotulación de la flota de vehículos.

 Aplicación práctica

Su encargado le pide que realice con urgencia unos bocetos para una marca de golosinas, puesto que pretenden abrir pronto su primer local. Usted, encantado con su trabajo, decide hacer varios bocetos, usando el color rojo como elemento principal dado que se relaciona fácilmente con este tipo de dulces caramelizados. Cuando los termina se los remite directamente a su superior, pero este, enfadado, le recrimina que no puede abusar de ese color dado que la fachada del edificio es completamente roja y el rótulo con la marca no destacaría sobre ella. ¿Es usted responsable? ¿Se puede subsanar el error?

SOLUCIÓN

No se le puede responsabilizar a usted del error ya que el encargado no le remitió esa valiosa información. De haberlo hecho, usted hubiese utilizado otro color complementario o que llamase la atención sobre el rojo de la fachada. Por suerte, en estos casos suele haber solución, pero requerirá de más tiempo. Se puede hacer uso de las mismas ideas, pero habrá que dibujarlas de nuevo en base a otro color principal.

4. Los signos básicos

Toda imagen e identidad corporativa se basa en unos criterios de diferenciación de una empresa con respecto a otras que se cimientan sobre unos signos básicos que determinan dicha imagen y que se ven representados en todo manual de identidad corporativa.

Algunos de esos signos se han comentado con anterioridad y hacen referencia a aspectos como la diferenciación entre empresas a través del color o la tipografía, pero no son los únicos.

En identidad corporativa, los signos básicos son: el símbolo, el logotipo, el color y la tipografía.

Para el común de la sociedad todo elemento mínimo diferenciador de marca (una sola letra, una imagen, un conjunto de iniciales e imagen, etc.) es reconocido como logo o logotipo; sin embargo, hay que ser consciente, y más aún como profesionales del diseño y del bocetaje, de los verdaderos significados de las acciones que las empresas realizan en torno a sus identidades, su diferenciación y su uso.

Para ello es completamente necesario diferenciar entre logotipo, isotipo, imagotipo e isologo.

4.1. Símbolo, logotipo, isotipo, imagotipo e isologo

Existen diferentes formas de denominar al elemento representativo de una empresa o fabricante, lo que generalmente se conoce **como la marca empresarial.**

La marca, esencialmente, se compone de una imagen o icono acompañado de texto o no, y que a veces puede estar constituida únicamente por texto o iniciales de texto y es lo que generalmente se conoce por el común de la sociedad como logotipo, pero de manera errónea.

Como se verá a continuación, existen muchas maneras de denominar a esas marcas según estén compuestas por textos o textos e imágenes, y que son conocidas como logotipos, isotipos, imagotipos e isologos.

Logotipo o logo

Es el término más común y utilizado por todos, ajenos o cercanos al diseño, creatividad o bocetaje de identidades corporativas.

Es un término que suele estar mal utilizado o mal asociado, ya que a menudo es confundido con otras acepciones como identidad de marca o imagotipo.

De hecho, solo se debería hablar de logotipo cuando se hace referencia a una marca cuya identidad solo la forman letras o palabras (como el anterior caso de Braun, AEG u Olivetti).

 Nota

El término griego logos significa "palabra".

Por lo tanto, no son logotipos todos aquellos identificativos formados por imágenes, símbolos o iconos junto a la formación de texto, sino solo aquellos que se limitan al uso de mera tipografía. Sin embargo, se ha extendido a la sociedad como una mala apreciación o asociación, y es reconocido como logotipo todo aquello que representa a la empresa de manera abreviada, sea solo texto o esté el texto acompañado o no por imágenes con mayor o menor grado de iconicidad.

Logotipo

Isotipo

Aquello que se conoce como **isotipo** hace referencia a las partes simbólicas o con menor grado de iconicidad de las marcas. Se suele hacer referencia a los isotipos cuando se logra reconocer a la marca sin necesidad de que este isotipo vaya acompañado de ningún texto.

El término *iso* proviene del griego clásico y se podría traducir como **igual,** por lo que se puede considerar que una imagen con bajo grado de iconicidad se reconozca como su igual o su imagen con mayor grado de iconicidad, con lo que representa.

Pero en el caso de la publicidad se reconoce como isotipo (o como un igual) a aquello que se representa con un grado mínimo de expresión (un ejemplo es la peculiar M de McDonald's o la concha de las gasolineras Shell). Se suele usar para aquellas imágenes de baja iconicidad que hacen recordar fácilmente a una marca sin necesidad de ser acompañadas de textos.

Isotipo

Imagotipo

El imagotipo, por otro lado, sería el conjunto de ambas acepciones, la imagen en mayor o menor grado de iconicidad acompañada de un texto.

El hecho de que un imagotipo esté compuesto por texto e imagen no significa que no pueda ser entendido por separado; o lo que es lo mismo, muchas veces, un imagotipo original es separado solo en logotipo.

Imagotipo

Consejo

Se aconseja en bocetaje de imágenes corporativas partir de un imagotipo como idea principal para luego ir diversificando la identidad corporativa en sus partes: isotipo y logotipo.

Isologo

Se conoce como isologo a aquellos imagotipos (imagen y texto) que son indivisibles. Aquellas imágenes más o menos icónicas que son indivisibles puesto que perderían su significado como imagen corporativa completa. Es el caso de la marca Good Year, por ejemplo, que no es reconocible como verdadera imagen de marca si entre las palabras *good* y *year* no aparece la bota con las alas que completan el isologo. De no hacerse así podría parecer una burda copia o una farsa.

Isologo

Estos mecanismos de funcionamiento de imágenes e identidades corporativas se fundamentan en estos aspectos, pero también en otros signos básicos como se verá a continuación y que son elementos esenciales en la creación de los manuales de identidad corporativa como son el símbolo, el logotipo, el color o la tipografía.

Por lo tanto, y de manera general, se suele relacionar con el símbolo a lo que realmente sería el isotipo. Cuando las personas no iniciadas en este sector de las artes gráficas o el diseño hablan de logotipos, suelen referirse al conjunto de estas acepciones: al isotipo o símbolo y a la tipografía que lo acompaña (lo que realmente se considera logotipo), cuando la mejor manera de definir este conjunto sería refiriéndose a ello como marca.

El término marca sí puede entenderse como el conjunto de logotipo y símbolo o isotipo, y quizá es a eso mismo a lo que quiere hacerse referencia con el mal uso de la palabra **logotipo.**

El símbolo o isotipo a veces adquiere una fuerza mayor que la del propio logotipo, y se tiene un claro ejemplo en la famosa marca deportiva Nike, que no necesita acompañar a su símbolo o isotipo con el uso del logotipo, dado que es reconocible con el uso individualizado de dicho isotipo o símbolo.

 Actividades

5. Si aún no había creado un símbolo o isotipo para el imagotipo de su empresa de alimentos ecológicos, ahora es el momento. Si ya lo había hecho, recuerde que ambos conceptos, logotipo e imagotipo, deben ser consecuentes entre sí, por lo que han de asemejarse en el uso del color. Puede hacer este trabajo a mano alzada o con el uso de programas de diseño.
6. Recuerde que es importante poder escalar el isotipo de la empresa, eso sí, sin deformar sus proporciones. Haciendo uso de la escala, como se ha podido ver en este y en capítulos anteriores, proporcione el imagotipo que ha creado para mostrar el tamaño mínimo al que se podría representar y otro en el que considere que sería el tamaño óptimo para representarlo. Válgase del uso de la regla para establecer las proporciones o del *software* de diseño.

Aplicación práctica

Para un encargo de creación de una nueva marca de mensajería exprés le encargan la realización de un isotipo. Los colores corporativos ya los tiene reflejados en el logotipo, así que solo ha de continuar con la creación de un símbolo que sirva para completar dicho imagotipo usando los mismos colores. Comienza con la fase de bocetaje y tras varios esbozos usando como posible símbolo a un pájaro, empieza a dudar. No sabe si ese pájaro es exactamente obra suya o le recuerda a alguno previamente existente. Decide entrar en Internet y comprueba que, efectivamente, sin querer, estaba plasmando un tipo de pájaro que ya existía en otra marca de similares características, así que decide hacer otro elemento completamente nuevo que acompañe a ese logotipo. ¿Ha actuado correctamente?

SOLUCIÓN

Por supuesto. Es fácil que ante tanto bombardeo de imágenes que el cerebro humano percibe solo con pasear por las calles se acabe por no estar seguro de si la idea es original o por el contrario la mente le juega una mala pasada y hace suyo el recuerdo de algo previamente visto. Ante la duda, siempre existe el recurso de la búsqueda antes de continuar, y así se evita cometer plagio, aunque solo fuese de manera involuntaria.

Como la fase de bocetaje y esbozo de identidades corporativas se basa en criterios de diferenciación de una empresa con respecto a otras sustentado sobre unos signos básicos que determinan cada imagen imagen propia, siempre se ha de estar seguro de ser completamente originales. Algunos de los signos propios de diferenciación entre empresas pueden simplemente lograrse a través del color o la tipografía; pero no son los únicos, y en el caso del uso de imágenes puede llegarse a tener cierta similitud entre marcas, que siempre es mejor poder evitar ante posible plagio.

4.2. El color y la tipografía

Pero ninguna identidad corporativa tendría verdadero sentido sin el uso de otros de los signos básicos: el color y la tipografía.

De hecho, los comienzos establecidos por Peter Behrens, y luego continuados por la Escuela de la Gestalt para establecer diferencias de identidad corporativa, iban encaminados en un principio solo en el uso del color y la tipografía como elemento diferenciador de marca, sin necesidad aún de isotipos o símbolos en la construcción de marca.

Hoy en día muchas empresas mantienen su logotipo basado simplemente es eso que lo define: una tipografía propia y el uso del color (Olivetti, Ray Ban, Coca Cola, etc.).

La tipografía

Una marca puede estar compuesta por el uso de una sola tipografía en su identidad corporativa o por varias, aunque suele ser más común el uso de una sola para la construcción del logotipo (Fedex, Google, Yahoo!, etc.).

Sabía que...

Suele ser muy común el uso de una tipografía propia para la construcción del logotipo de una marca, pero sin embargo, hacer uso de otra tipografía de la familia o completamente diferente a la del logotipo, para el uso de la información en papelería tanto interna como externa de la empresa.

Tanto el uso de una sola tipografía como cuando son varias (ya sea en el logotipo o en la papelería interna) se ha de reflejar en el manual de identidad corporativa, así nunca se hará un uso erróneo de la marca y del resto de sus usos tipográficos.

---

1. Tipografía complementaria

El alfabeto Helvética LT Std Condensado refleja una imagen de claridad, precisión y modernidad. En todos los elementos de comunicación de la marca es aconsejable utilizar únicamente esta tipografía.

Todos los textos deberán ser compuestos siempre en caja alta y baja. Cuando se quiera destacar una palabra o frase dentro de un texto compuesto en Helvética LT Std Condensada, se recomienda utilizar la versión bold.

Helvética LT Std Condensed
abcedfghijklmñopqrstuvxyzABCDEFGHIJKLMNÑOPQRSTUVXYZ1234567890

Helvética LT Std Bold Condensed
abcedfghijklmñopqrstuvxyzABCDEFGHIJKLMNÑOPQRSTUVXYZ1234567890

La tipografía en una imagen corporativa

El color

El uso del color en las marcas es algo que también se determina como elemento diferenciador básico. Junto a la utilización de una tipografía en concreto es habitual que se consiga una mayor diferenciación entre marcas gracias al uso del color.

Al igual que ocurre en los logotipos, el uso del color en una marca puede permitir un solo color que homogenice por entero la marca o bien la utilización de varios colores. Estos colores pueden, a su vez, segmentar la imagen de marca; así, por ejemplo, puede que el isotipo sea de un color, que exista un fondo de otro diferente y que el logotipo o la tipografía tenga otro diferente a los anteriores. De hecho, es común que el isotipo sea de diferentes colores y no solo de un color plano; y, a veces, como en el caso de las mencionadas marcas Google o Fedex, por ejemplo, el logotipo o la tipografía que conforma la marca puede a su vez combinar diferentes colores.

Los colores corporativos deben quedar reflejados de manera concreta en las bases de la identidad corporativa, y por supuesto en el manual de identidad corporativa de la marca.

Como se puede recordar de capítulos anteriores, al igual que una tipografía se diferencia de otras gracias al bautismo de cada familia tipográfica con un nombre en concreto, los colores se ciñen a referencias de color estándares como eran los sistemas Ral, Pantone, Lab, RGB o CMYK.

En los manuales de identidad corporativa se suele usar para la referencia de los colores usados en la imagen de marca con los estándares Pantone, aunque a veces también se hace mención a las referencias Ral de color o incluso se citan ambas.

Pantone	123 U		Pantone	3115 U
C	00		C	83
M	35		M	00
Y	95		Y	20
K	00		K	00
R	243		R	00
G	174		G	171
B	24		B	198

El color en una imagen corporativa

De este modo se asegura la empresa que el color de su imagen de marca siempre será respetado, dado que existen muchísimas variaciones de un mismo color y no es igual el resultado de las impresiones ante un determinado tono de color que otro.

Es así como se evita un mal uso del color de una marca, y es otro motivo relevante por el cual se reconoce como tan importante la utilización del recurso de la identidad corporativa empresarial; para no desvirtuar la marca por completo.

Aplicación práctica

Para una presentación en una feria publicitaria, un cliente de su empresa de diseño le comunica que desea imprimir una tanda de tarjetas de visita. Como en su empresa no existe la posibilidad de hacer las impresiones dado que no dispone de maquinaria, se le encarga este trabajo a otra empresa del sector de las artes gráficas con servicio de imprenta por medio de subcontratación. Su empresa comunica perfectamente que los colores corporativos de dicha empresa están referenciados correctamente con valores tanto Pantone como CMYK en el manual de identidad corporativa que le facilita; sin embargo, cuando recibe las tarjetas impresas en sus instalaciones, comprueba que para nada el color se corresponde con lo indicado en el manual. ¿Es su empresa responsable del error?

SOLUCIÓN

No, de ninguna manera se puede hacer responsable su empresa del error en la impresión. Los manuales de identidad corporativa se hacen con esa finalidad: para que siempre se mantenga la identidad corporativa de la empresa. Al estar bien referenciado el color en el manual de imagen corporativa en valores estándares Pantone y CMYK, la empresa impresora debía haber conseguido imprimir tales documentos con la exactitud del color que se indica. La empresa subcontratada deberá volver a imprimir de nuevo las tarjetas sin ocasionar coste alguno a la empresa de diseño y suponiendo una pérdida para ella.

---

5. El sistema gráfico

La identidad o imagen corporativa de una empresa se fundamenta en una serie de principios: por el uso de sus mecanismos de funcionamiento visual, con el recurso de sus signos básicos, y por el uso que de estos se hace gracias al sistema gráfico.

El sistema gráfico se compone de una serie de recursos gráficos que se consideran constantes. Unos recursos que se mantienen, dado que gracias a ellos se consigue crear una identidad visual sólida y que se inserta en la memoria colectiva del observador, independientemente de que se observe la marca por completo o solo una de sus partes (isotipo, logotipo, solo una letra, unos colores, etc.).

El gran desafío de los diseñadores gráficos y de los creadores de bocetos y esbozos es el de saber interactuar con estos recursos del sistema gráfico para lograr el objetivo de crear una marca recordable en el tiempo por el espectador y que sea original y creativa cuando ya existen tantas otras en el mercado. Por ello se aconseja a los nuevos diseñadores y bocetadores crear imagotipos completos que permitan jugar más aún con la marca y su recuerdo.

Ante una mayor posibilidad de jugar con los elementos del sistema gráfico de la marca, mayor posibilidad de hacer mella en la memoria de los posibles consumidores.

De hecho, el jugar con elementos del sistema gráfico que sean flexibles (modificables con el tiempo) garantizará una mayor vida de la marca. Es tan bueno y recomendable que la marca no varíe con el tiempo como que tanto logotipo como isotipo puedan hacerlo.

El sistema gráfico del diseño corporativo hace referencia al uso que de cada marca completa se da dentro de los programas de identidad corporativa de las empresas.

 Nota

El recurso de los sistemas gráficos de una marca puede de hecho ser tan sencillo como la repetición de su isologo en marca de agua en el fondo de todos los elementos de su papelería a modo de patrón o fondo; como también puede ser la mínima expresión de colocar el isologo en las cabeceras o en una sola esquina de cada papel o sobre.

Otras marcas pueden permitir el uso de su isotipo como elemento decorativo; así, por ejemplo, si se trata de un diseño ondulado se puede jugar con ese elemento del sistema gráfico para, haciendo uso de tal onda u ondulación, crear pies de página en papeles o sobres.

Incluso si se tratase de un logotipo, se puede utilizar solo una letra del mismo, o parte de logotipo para representarlo en los diferentes elementos corporativos de manera incompleta o cortada, dado que si la imagen de marca es clara y permanece en la memoria colectiva, tal y como las leyes de la escuela de la Gestalt estudiaron, el texto puede ser completado gracias al uso que el cerebro humano hace de este tipo de recursos.

Otra manera de añadir elementos diferenciadores a una marca es la creación de una iconografía. Se refiere a los elementos gráficos adicionales, como íconos o símbolos, que se utilizan para complementar el logotipo y reforzar la identidad visual de la marca.

Estos elementos tienen la función de transmitir mensajes visuales de manera rápida y efectiva, agregando profundidad y significado a la identidad de la empresa.

Se considera por tanto sistema gráfico a todas esas nuevas posibilidades que permiten dar más versatilidad a una marca (duplicar, hacer marcas de agua o imágenes con menor opacidad con el imagotipo, crear versiones reducidas de logotipos con el uso de iniciales, etc.).

Gracias a la buena mano o la creatividad del diseñador o del dibujante de esbozos existirá una mayor posibilidad de hacer más versátil el sistema gráfico de cada marca.

 ## Actividades

7. Antes de continuar con el trabajo de creación de identidad corporativa para la empresa de alimentación, analice si los bocetos elaborados reflejan con sencillez los conceptos que se pretenden representar y si tienen impacto visual necesario. Analice según su criterio y los criterios mostrados en este manual si sus bocetos cumplen con los principios de proporción, equilibrio, simetría, armonía, tensión y ritmo deseados, pues recuerde que es parte importante en la creación de una nueva marca.

Continúa en página siguiente >>

<< Viene de página anterior

8. Sería ideal que el uso de los colores exactos, así como el de las tipografías, quedasen reflejados en sus bocetos al igual que ocurre en los manuales de identidad corporativa. Si posee programas de diseño en su equipo informático, diríjase a la paleta de colores y busque los colores más parecidos a los empleados y referéncielos con valores reales Pantone, o en su defecto en base a su composición en CMYK. Si no posee programas de diseño al menos haga referencia de las tipografías usadas; si han sido inventadas por usted, bautícelas con un nombre ficticio.

6. Los valores estratégicos de la marca versus el impacto visual

En la actualidad no existe empresa grande ni pequeña que no sea reconocible bajo una marca. El concepto de identidad corporativa está presente en cada empresa, dado que ya es algo que se encuentra muy extendido en la sociedad de consumo y, casi sin saber, cada nuevo empresario, ya sea de gran o pequeño comercio, nada más registrar el nombre social de la empresa crea su marca, ya sea mediante imagotipo, logotipo o isotipo.

Todas las empresas, grandes y pequeñas, tienen lo que se denomina **valores estratégicos de marca,** que es algo entendido como la percepción del valor que los observadores o futuros clientes tienen de cada marca a través de su identidad corporativa.

Los valores estratégicos de una marca trascienden más allá del imagotipo, o de los propios productos o servicios ofrecidos por las empresas; son el conjunto de sensaciones que se perciben a través de la imagen que se refleja con el diseño de la identidad corporativa.

La marca se ha de considerar como algo esencial y muy importante para garantizar la vida de una empresa, y es una pena que aún existan empresarios que no lo tienen en cuenta.

Los valores estratégicos que una marca otorga a una empresa son los siguientes:

- **Aporta coherencia:** si la identidad corporativa se lleva con seriedad y se utiliza siempre la misma tipografía tanto para el uso de la marca como en papelería interna y externa, se acabará relacionando a la empresa con un tipo de fuente corporativa, aportando coherencia a todos sus mensajes.

- **Produce seriedad:** las marcas que guardan un estricto uso de su tipografía y colores corporativos en todas sus facetas empresariales denotan una mayor seriedad y sensación de una buena empresa frente a aquellas que no lo hacen o lo hacen erróneamente.

- **Aportan valor:** aquellas empresas que siguen la coherencia de sus mensajes gracias al uso del color y tipografía empresarial son mejor consideradas por los clientes o espectadores.

- **Crean relaciones estables:** los clientes son más confiados ante empresas que le aportan seriedad y ejercen un mayor volumen de relaciones comerciales con empresas con mayor valor estratégico de marca.

- **Crea imagen de empresa:** los empleados de una empresa con una identidad corporativa estable y coherente, así como con unos valores estratégicos de marca bien definidos, suelen sentirse mejor amparados y en un mejor entorno laboral, por lo que generalmente también es beneficioso para la empresa. Cuando un empleado está contento y seguro en su trabajo aumenta su propia productividad.

- **Segmenta el valor de empresa:** con una identidad corporativa cuidada y bien dirigida se consiguen ofrecer otros valores intrínsecos en los mensajes y que el observador pueda recibir de manera inequívoca. Por ejemplo, se puede conseguir que el cliente perciba a una empresa como respetuosa con el medio ambiente usando en su imagen de marca flechas de reciclaje, el uso de unas hojas de árbol, etc.; o que es de comida saludable usando el color verde, el frescor de unas gotas de lluvia posadas sobre el isotipo, etc. De esta manera se consiguen ofrecer otros valores estratégicos de marca que se pueden asociar a la empresa del mismo modo. Pero hay que tener cuidado con ello y hacerlo correctamente, dado que de equivocarse el diseñador o creativo en el concepto puede conseguir imprimir en las memorias de los observadores o consumidores valores contrarios a los que se deseaban expresar.

- **Logra que se hable bien:** lo más importante que le puede pasar a una empresa es que sus clientes hablen bien de ella a familiares y amigos. A veces se logrará por una campaña, otras por la competitividad de sus precios en servicios o productos, y otras por la percepción de seriedad de marca. Si todos los puntos anteriores se han seguido correctamente, se habrá logrado que el cliente satisfecho hable bien de la empresa a su entorno más cercano potenciando posibles futuros clientes.

Es cuando los clientes entablan una relación con una empresa, como no dejan de tener sensaciones personales, empiezan a surgir distintas percepciones que se traducen tanto en conclusiones personales como en emociones acerca de la propia empresa. Es lo que se denomina como coherencia entre el mensaje que se pretende ofrecer y el valor estratégico que la marca aporta al consumidor.

 Importante

Una marca bien gestionada es una apuesta de futuro para la compañía.

A veces prima el cuidado de la identidad corporativa y los valores estratégicos de marca que esta aporta por el uso de imágenes llamativas o mensajes que aporten un mayor impacto visual.

Otra de las opciones utilizadas por las empresas es el uso del impacto visual en vez de conseguir unos valores estratégicos de marca. En estos casos, prima más el producir imágenes temporales y llamativas que atraigan a los clientes que crear unos valores de marca como los nombrados anteriormente.

Con el uso del impacto visual, sobre todo en campañas publicitarias, se suele lograr llamar la atención de tal modo que atraiga a los clientes ante ciertas ofertas o campañas.

Se suelen usar imágenes impactantes en las campañas, ya que como se suele decir: **una imagen dice más que mil palabras,** y con ello incitar a la compra. Pero también se logra a través del uso de otro tipo de recursos, como engaños visuales (trampantojos), como los vistos en anteriores capítulos y que eran objeto de estudio de la escuela de la Gestalt.

En otros casos el impacto visual se logra simplemente con una iluminación llamativa en el uso de rótulos, carteles, etc.

De todos modos, hay que tener en cuenta que el impacto visual es aconsejable en campañas temporales y efímeras, dado que si se usa para crear los imagotipos de empresa el objetivo del impacto deja de existir con el tiempo. Una imagen es impactante si no se excede en el uso de la misma, dado que deja de ser llamativa o impactante cuando ya se ha observado con continuidad (deja de ser novedosa), por lo que siempre se aconsejará mantener unos valores estratégicos de marca ante el impacto visual en las identidades corporativas.

Nunca hay que desestimar la importancia de los valores estratégicos de la marca. Cuando alguien recomienda una empresa a sus cercanos, cuando se consigue que se hable bien de una empresa, se están valorando unos intangibles, unos valores estratégicos de marca que forman parte al fin y al cabo de la identidad corporativa de la empresa.

7. Principales piezas básicas corporativas

Como se podrá ver en el siguiente apartado, todo lo que forme parte de la identidad o imagen corporativa vendrá reflejado en el manual de imagen corporativa o de normas que cada empresa ha de tener en sus instalaciones para poder ofrecerlo a las empresas que se dediquen a potenciar su marca y crear su publicidad tales como agencias, estudios creativos y de diseño, etc.

En anteriores puntos se ha podido comprobar cómo existen unos principales signos básicos que definen toda identidad corporativa como son el color, la tipografía y los símbolos o isotipos, logotipos, imagotipos, etc.

Todos estos signos básicos son parte fundamental de la identidad corporativa y que han de ser reflejados en todo aquello que tenga relación con la empresa; o lo que es lo mismo, que se complementan gracias a otras principales piezas básicas corporativas como se muestran a continuación.

Se consideran piezas básicas corporativas al menos: la tarjetería (tarjetas de visitas de los empleados), la papelería interna y externa, la rotulación de fachadas y demás señalizaciones y placas, y las carpetas o archivadores tanto externos como internos de la empresa en cuestión.

Ni que decir tiene que, para que una identidad corporativa sea homogénea y tenga sentido, en todas las principales piezas básicas citadas anteriormente deben quedar reflejados los elementos básicos corporativos; o lo que es lo mismo: el imagotipo (o logotipo o isotipo), el color o colores corporativos y la tipografía corporativa.

Tarjetería

Es evidente que todo empleado de una empresa debe poseer una tarjeta de visita que presentar a sus clientes, más aún si se trata de un empleado del departamento comercial. Evidentemente, esta pieza básica corporativa ha de ir decorada con los colores, la tipografía y los demás motivos corporativos de la empresa a la que representa. A veces se usan otras piezas básicas como son las identificaciones que suelen mostrarse situadas sobre el pecho en la ropa de los empleados, u otro tipo de identificadores colgados del cuello a modo de collar que son similares a las tarjetas de visita y que suelen ser útiles en congresos, reuniones, *stands,* etc.

Papelería

Tanto interna como externa. Otra pieza básica corporativa que crea imagen de marca y que debe respetar por completo los signos de identidad corporativa es la papelería tanto interna como externa. Sobres, membretes, papeles de carta, albaranes, facturas e incluso el papel de sobremesa para escribir a mano sobre él ha de conservar los rasgos, los colores y el imagotipo de la marca.

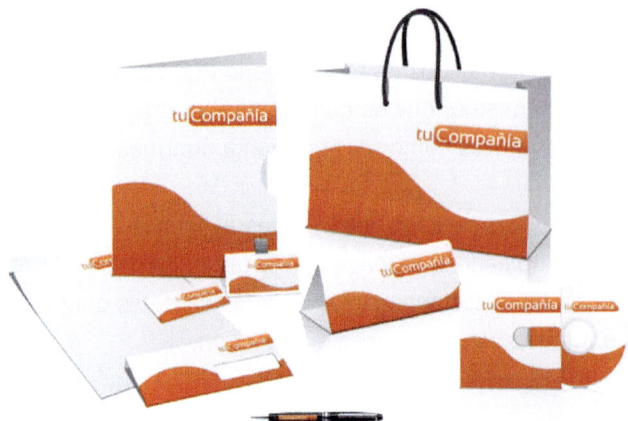

Papelería y tarjetería de identidad corporativa

Fachadas

Los edificios o locales comerciales donde se encuentra el establecimiento o la empresa han de estar bien señalizados para que se reconozca la actividad empresarial. Esta señalización suele hacerse a través de rótulos, cartelería o banderolas, e incluso a veces apoyados en otras piezas esenciales como escaparates y toldos. Todo ello ha de seguir lo establecido en el manual de normas de identidad corporativa y debe respetar el color, la tipografía y los demás signos básicos corporativos.

 Definición

Banderolas
Rótulos a dos caras que se sitúan de manera perpendicular en las fachadas de los edificios a modo de señalización destacada. Al sobresalir de la fachada puede ser observada mejor en la distancia y no será necesario ver la fachada completamente de frente para observar el rótulo principal, sino que sirve para poder ver el local también desde el lateral de la fachada. El hecho de ser a dos caras es para que sea visible desde ambos lados de la calle.

Señalización

La señalización interna de la empresa puede ser genérica, pero se aconseja que también se personalice con al menos los colores corporativos, como el hecho de que las placas tanto de entrada al local o edificio como las de horarios, señalización de departamentos, de los aseos, ascensores y escaleras o simplemente indicativas (flechas) sigan la identidad corporativa para que el posible cliente que entre en las instalaciones relacione la identidad con la empresa, dado que otorga mayor seriedad. Evidentemente, deben existir placas personalizadas para cada despacho (dirección, gerencia, departamentos, etc.) y deberán seguir el mismo criterio.

Señalización de imagen corporativa

Carpetas y archivadores

El departamento de administración no ha de ser olvidado y las carpetas y archivadores donde se almacenarán datos relevantes a los pedidos de la empresa, sus clientes, contratos, trabajadores, etc., deben mantener los mismos signos corporativos que se consideren como identidad corporativa empresarial.

Actividades

9. Para que una identidad corporativa de la marca de alimentación ecológica tenga sentido han de indicarse todas las variaciones posibles que se puedan hacer de la marca, por lo que haga una versión de su imagotipo en un solo color (a ser posible en negro) y otra solo contorneándolo para similar cómo sería en color blanco.

10. Ya tiene creada la identidad de marca de la empresa, pero ahora debe indicar cómo ha de actuarse sobre las piezas básicas corporativas de la empresa. Desate su creatividad e idee sobre el papel cuál sería el uso de dicha identidad corporativa sobre tarjetería, archivadores y demás papelería interna.

11. Haga lo propio con fachada y señalización de edificios, dado que son piezas básicas corporativas que merecen cierta atención por parte de los posibles clientes.

7.1. Otras piezas básicas corporativas

Aunque se consideren como piezas básicas corporativas las mencionadas con anterioridad, no hay que olvidar que las empresas pueden ser de distintas índoles y tamaños, por lo que en ocasiones se harán necesarias otras piezas básicas corporativas que completen toda la actividad empresarial.

Uniforme

Aquellas empresas de mayor tamaño suelen exigir el uso de uniforme de empresa. De hecho, cuando esta es muy grande, además se suelen idear diferentes uniformes según el departamento o actividad del mismo. Este o estos informes seguirán una línea estricta y que, como es lógico, combinará los principales signos de identidad corporativa como son el imagotipo, los colores corporativos, etc.

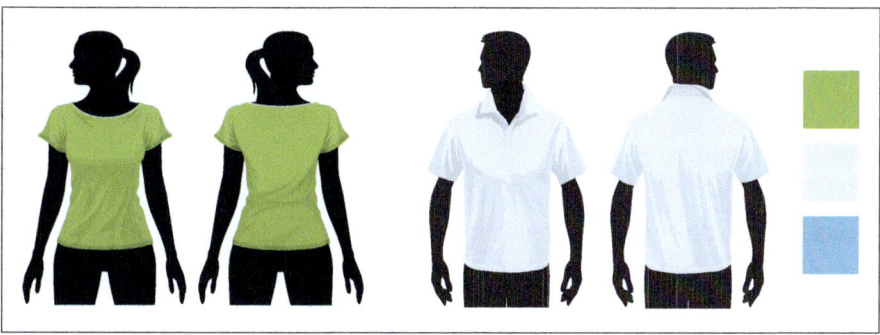

Uniforme de imagen corporativa

 **Nota**

A veces se considera como uniforme una simple prenda como un delantal o una gorra.

Flota de vehículos

Cuando una empresa tiene cierto volumen, suele poseer vehículos para el uso de sus comerciales. Además, si esta se dedica a la producción o distribución de productos, usará camiones o furgones propios para la distribución de los mismos. Tanto los vehículos comerciales como los de transporte, así como sus contenedores *(containers),* irán rotulados con las directrices del manual de identidad corporativa, identificados con colores e ispotipo de empresa. Ni que decir tiene que cuando la empresa es de un altísimo nivel, la flota de vehículos puede ampliarse en aviones, barcos, etc., que también habrán de ir rotulados en consecuencia.

Bolsas, *packaging*

Cuando la actividad empresarial es importante no se puede descuidar ni un detalle. El *packaging* o embalaje de los productos de la empresa ha de ser consecuente con la identidad corporativa, algo similar ocurre con el uso de las bolsas o papel de embalado.

Regalos de empresa

Los regalos de empresa son una muy buena forma de hacer publicidad de la compañía. Es habitual hacer regalos a los clientes en ciertos momentos o campañas tales como mecheros, bolígrafos, llaveros, chapas y pines, e incluso otro tipo de objetos de uso cotidiano como gorras, camisetas, paraguas o fundas de móviles. Los clientes aceptan de buen agrado tales regalos y, como estos estarán serigrafiados con los motivos, los colores y el imagotipo de la empresa, harán a su vez de publicidad externa.

Otras series de piezas básicas pueden estar presentes en el manual de identidad corporativa, como son el diseño básico de la página web, la historia de la empresa o el uso de eslogan, pero son piezas que pueden estar presentes o no en los manuales, dado que dependerá de la decisión directa del cliente que requiera los servicios de creación de identidad corporativa.

 Actividades

12. Imagine que la empresa de alimentación ecológica es de un tamaño considerable, así que tiene flota propia de vehículos. Idee sobre el papel o usando programas informáticos la rotulación deseada siguiendo los criterios de identidad corporativa.
13. Por último, diseñe un uniforme para los empleados de la empresa y de este modo habrá acabado con el diseño de un manual de identidad corporativa estándar al completo. Solo quedaría fijar ciertas normas y el trabajo estaría terminado.

8. El manual de imagen corporativa o de normas

El manual de imagen corporativa o de normas es aquel cuaderno o libro que recoge todo lo anteriormente citado —signos básicos, elementos, piezas básicas, etc.— siguiendo un orden establecido para que se respete de la mejor manera la identidad corporativa de cada empresa.

Como se ha podido ver con anterioridad, la identidad corporativa de una empresa la forma su propia historia, el uso de unos colores y tipografía propios, de un imagotipo (logotipo o isotipo) y de una serie de piezas básicas que componen todo lo tiene que ver con la empresa, su papelería interna, su proyección hacia el exterior y su publicidad.

Pues bien, el manual de normas o de imagen corporativa es el que contiene todo esto bien ordenado en el interior de sus páginas, complementándolo además con otra serie de indicaciones como a continuación se va a explicar.

Todo manual de identidad corporativa comenzará con un índice en el que se indica dónde se puede encontrar cada signo o pieza básica de identidad corporativa. De este modo facilitará a la empresa de publicidad, agencia o estudio de diseño acerca de la página exacta donde se encuentra esa información (imagotipo, color, tipografía, diseño de las tarjetas de visita, rótulos, uniforme, flota de vehículos, etc.). Luego puede aparecer una introducción donde se ofrece la historia de la empresa, evolución, número de empleados o actividad.

Tras estos puntos esenciales se da comienzo con lo que realmente es el manual de normas o de identidad corporativa. Lo primero que se suele presentar en sus páginas es la construcción de la marca. Aparecerá el imagotipo completo y en él se diferenciará qué parte es isotipo o símbolo, y qué será logotipo. Además, suele presentarse de nuevo el imagotipo en una retícula donde se indica una serie de medidas (en centímetros) o en proporción porcentual para indicar a qué medida mínima se puede representar ese imagotipo y nunca rebasar esa medida mínima dado que de ser así e imprimirse en catálogos, publicidad, etc., a menor tamaño, será responsabilidad de la agencia anunciadora, la agencia de publicidad y nunca de la empresa, dado que queda reflejado en el manual.

Nota

A veces, también se puede indicar un tamaño máximo de representación de isologo, pero generalmente como eso no suele ser problemático solo se indica el tamaño mínimo y se hace hincapié en que el isologo debe estar siempre proporcionado y nunca deformarlo ni en altura ni en anchura.

El siguiente paso suele ser el uso de tipografía o tipografías. En este apartado se indica la tipografía corporativa que se usa tanto para el logotipo como para papelería interna y externa y se indica con su nombre de fuente.

Y el tercero de los apartados vendrá referido al uso del color. En este se indicarán los colores corporativos exactos a utilizar, referenciados con sus códigos en cartas de color universales como Pantone, Ral, RGB, CMYK o Lab, aunque generalmente se suele hacer con las dos primeras denominaciones.

A continuación se suele mostrar una versión monocroma del imagotipo, para los casos en que el logotipo no se puede observar bien sobre fondos de excesivo color, o ante impresiones en blanco y negro (periódicos, diarios, etc.). Por ello casi siempre se ofrecen una versión a un solo color (generalmente uno solo de los corporativos), otra en blanco y otra en negro. El imagotipo en blanco se usará para fondos de color y el negro sobre fondos grises o blancos.

Una vez presentados todos los elementos y variaciones esenciales: construcción de la marca, colores, tipografías, tamaños máximos y mínimos aconsejables, imposibilidad de deformación del imagotipo y resultados sobre fondos de color y en blanco y negro, se ofrecerá todo lo relativo a las piezas básicas de identidad corporativa en el manual.

El resto de apartados del manual, por tanto, indicarán detalles tan importantes como la papelería interna y externa, tarjetería, rotulación de fachadas, señalización, uniforme, flota de vehículos, etc.

Como su nombre indica, un manual de identidad corporativa o de normas se trata de un libro de directrices (normas) a seguir para un buen resultado de las reproducciones de todas o parte de las piezas y signos básicos de una empresa.

Manual de imagen corporativa

Con esto se intenta evitar que los resultados impresos por empresas ajenas como estudios de diseño, imprentas, agencias de publicidad, etc., no sean los reconocidos por la propia empresa y se evitan malentendidos.

Si una empresa con manual de identidad corporativa ha cedido este a una empresa de impresión o una imprenta y esta no ha reproducido los colores, tipografía, imagotipo y demás elementos corporativos tal y como viene indicado en dicho manual, la responsabilidad de los malos resultados será particularmente de la empresa que ha reproducido tal error, dado que para eso se han establecido los manuales de normas de identidad corporativa, para evitar que sucedan ese tipo de incorrecciones corporativas.

Aplicación práctica

Su empresa de diseño encarga a la misma empresa del ejemplo anterior la impresión tanto de la papelería interna como de la señalización y LA rotulación de la fachada de una marca que ha requerido esos servicios. Al igual que en el caso anterior, su empresa facilita el manual de imagen corporativa de la marca que requiere de esos servicios, en el cual se indican los valores Pantone y CMYK de los colores corporativos de la empresa. Cuando recibe los trabajos terminados descubre que los colores de la papelería interna están bien reflejados con respecto al manual, pero no así la señalización y el rótulo para la fachada. Su jefe reclama explicaciones y el dueño de la empresa de impresión comunica que, al haberse realizado las impresiones con máquinas distintas, el resultado es lógico que sea diferente. ¿Tiene razón? ¿Es lógica su respuesta?

SOLUCIÓN

No. Los estándares Pantone y CMYK son valores universales y son referencias claras que indican la variación de un color. No es motivo de excusa la utilización de dos máquinas diferentes para que exista una variación de color. Las máquinas han de estar calibradas bajo esos estándares universales; pero, en caso de que ocurriese esto y no lo estuviesen, será tarea del impresor cambiar los parámetros de la máquina hasta lograr el color indicado en el manual. Los manuales de identidad corporativa se han ideado para evitar precisamente este tipo de errores, y como la referencia es universal habría de haberse acercado a ese color indicado en el manual. La empresa deberá hacerse cargo de la impresión sin coste alguno para la empresa de diseño.

9. Bocetos para el producto editorial

Los productos editoriales, tales como se suelen reconocer en el marco social (revistas, libros, periódicos, etc.), responden de igual modo a un trabajo técnico en el que los diseñadores gráficos toman parte.

Generalmente, el trabajo en este tipo de empresas del sector editorial recae en mayor parte en los maquetadores. No en vano, este tipo de publicaciones constituyen un claro mensaje bimedial entre texto e imágenes de los que un maquetador saca su mejor provecho al poder establecer con el conjunto de bloques de texto e imágenes páginas atractivas para el lector, o al menos donde los elementos se encuentren bien definidos y delimitados para permitir una mejor y relajada lectura.

Los dibujantes o ilustradores serán los encargados de embellecer el contenido de los extensos libros de texto. Lo harán con dibujos que acompañen o complementen a los mismos, algo que pueden hacer tanto ellos como los diseñadores gráficos, que a su vez también pueden idear ilustraciones, y en el caso de revistas o periódicos retocar ciertas fotografías de escasa calidad.

 Nota

El trabajo del diseñador gráfico y del dibujante es también muy importante en el sector del producto editorial.

Es evidente que para este tipo de publicaciones se hará también necesaria una primera muestra de esbozos. El boceto para el producto editorial es igualmente importante, y como se ha podido ver en apartados anteriores es algo habitual mostrar a mano alzada sobre el papel el posible resultado de la maquetación gracias al uso de esbozos o bocetos.

Tras esa presentación de los esbozos, editor o cliente (a veces ambos) decidirán si es adecuada tal maqueta y si se lleva a cabo gracias a los programas de diseño o de maquetación al uso.

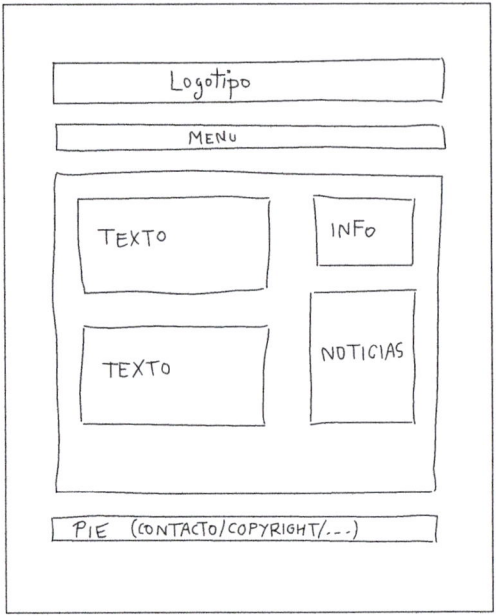

Boceto de maquetación de producto editorial

10. Productos editoriales y principios básicos

Se relacionan con productos editoriales aquellos impresos con una serie de principios y atributos basados en bloques de textos que ofrecen un conocimiento o entretenimiento. Y que por tanto supone una mayor impresión, y un mayor número de páginas de lo que ofrece un folleto, cartel o panfleto, por ejemplo.

Además, como principios básicos se entienden que estos textos publicados responden a un autor determinado y por tanto en dichos productos editoriales aparecerán nombrados tanto autor como editor o marca editorial, y que producen satisfacción o beneficios a ambas partes, así como con el contenido de los productos editoriales al lector o comprador.

Históricamente se conoce a los editoriales como a textos en los que el volumen de sus páginas es amplio, y por ello se consideran productos editoriales el libro, el periódico, el catálogo, la revista o el diario, pero hay que ampliar esas miras en la actualidad dado que con los avances tecnológicos son igualmente productos editoriales aquellos libros, periódicos, catálogos y revistas digitales alojadas en la web.

Los principios básicos de un producto editorial, además de estar firmados bajo autoría y responder a un editor o a un sello editorial, suelen tener carácter informativo o de entretenimiento.

 Importante

Cuando se habla de libros o manuales de estudio el contenido es informativo o educacional; pero existen otros tipos de libros, los literarios, en los que se ofrecen historias reales o ficticias con el único fin de entretener y divertir al lector con su contenido.

Los libros enciclopédicos y diccionarios constan de un alto contenido de texto dado que son una amplia fuente de conocimiento y suelen estar dotados de un elevado número de ilustraciones o fotografías que sirven para complementar el sentido de los textos.

Algo similar ocurre con periódicos y revistas, por lo que es otro principio básico de los productos editoriales el combinar textos e imágenes que hagan más atractiva la lectura. Aunque se puede decir que esto no es un todo generalizado, dado que precisamente en el sector del libro es muy común que el contenido de las páginas sea solo y exclusivamente texto.

El sector editorial de revistas y periódicos se caracteriza por depender de una publicación temporal. Tanto periódicos como revistas andan ceñidos a la obligación de una fecha para poder terminar e imprimir sus contenidos, siendo los más afectados por tal premura de tiempo los periódicos diarios, dado que responden a una publicación por día y, por tanto, no disponen de mucho margen de error.

Es por ese motivo que la maquetación de los periódicos o diarios resulta tan monótona y, en cierto modo, clásica. No en vano, la noticia puede saltar en cualquier momento y trastocar todo lo previamente maquetado porque una noticia de mayor trascendencia deba resaltarse en el lugar que otra mantenía hasta ese momento.

Por ello, la maquetación siempre responde a un criterio similar y el diseño de los periódicos suele ser de maquetación funcional.

En el caso de las revistas y catálogos se puede ser más creativo y original, dado que se dispone de un mayor margen de tiempo. Las revistas suelen publi-carse semanalmente, en quincenas, mensualmente o semestralmente.

En estas ocasiones existe una mayor libertad para el dibujante de esbozos y bocetos en una maquetación de página o diseño de la revista en general, y por tanto su trabajo será mucho más relevante y menos ceñido a normas. El diseñador gráfico o el creativo tendrán mayor posibilidad de llamar la atención del lector con la distribución y el uso de elementos de su contenido, y de hecho es algo que suele ser habitual en este tipo de productos editoriales.

11. Composición, arquitectura de página y retícula

Tras el proceso de bocetaje de las maquetas, y habiendo aceptado tanto cliente como editor tales esbozos, se procede a la fase de composición.

En la fase de composición, aquellos bocetos que solo representaban me-diante trazos o líneas a los bloques de texto y con rectángulos y cuadrados el espacio ocupado por las imágenes o fotografías deben llevarse a cabo y plas-marlos en un documento que convierta el boceto en producto real.

Para ello se suelen usar programas o *software* específico de diseño gráfico, siendo más habitual en estos casos el uso de *software* específico destinado a la maquetación.

En estos programas se hace uso de los elementos básicos e históricos de composición de página de manera cómoda y accesible para el diseñador o creativo. Hay que recordar que en toda composición los elementos que se sitúan en la parte derecha poseen mayor peso visual, y por tanto serán los que causen mayor impacto en el lector y los que se observen en un primer golpe de vista, mientras que los que se encuentran en la parte izquierda evidencian una sensación de mayor ligereza, por lo que los textos e imágenes de mayor relevancia se habrán de colocar en el lado derecho de las páginas o de la compaginación.

Los textos e imágenes han de **respirar** entre sí; o lo que es lo mismo, han de dejar espacios en blanco que faciliten la delimitación de contenidos y sirvan para descansar la mirada del lector, algo que también se tendrá en cuenta en la fase de composición de la maqueta de la página. Con la composición de los elementos, se ha de lograr cierto equilibrio visual.

Pero todo esto no tiene sentido si no se tiene en cuenta previamente lo que se conoce como **arquitectura de la página.** En el sector se conoce como arquitectura de la página a la situación de los elementos en ella, la estructura real que sustenta la composición de la página. En la antigüedad se hacía uso de la sección áurea, pero en la actualidad se habla de otros términos.

Recuerde

La sección áurea era una proporción entre medidas que trataba de la división armónica de una zona en tres partes iguales. Esto hace referencia a que el segmento menor es al segmento mayor como este es a la totalidad de la recta.

Para ello se reconocen fácilmente una serie de nombres que definen posiciones dentro de la arquitectura de la página y que se han ido manteniendo a lo largo de la historia. Con estos nombres se definen y son fáciles de entender y localizar para los expertos del sector ciertas zonas de la arquitectura de la página.

En el caso del producto gráfico periodístico (diarios, revistas, periódicos, etc.), la arquitectura de la página la garantiza la propia jerarquía de la información, y siempre responde a unos criterios similares como se muestran en la siguiente imagen y que posteriormente se explicarán con más detalle.

Arquitectura de página en un diario convencional

Cabecera

Viene referida a la parte superior de una página, y en ella se suele mostrar aquello más relevante de cada página. En el caso de la portada indicará el nombre del diario o revista y otra serie de datos como el precio, la edición, la fecha y datos técnicos relevantes. Si se hiciera referencia al interior del periódico, la cabecera la ocuparía el titular más relevante de cada una de esas páginas.

Titular

Como se vio con anterioridad, el titular será un breve texto en el que se resuma con claridad el contenido de la noticia y que será destacado tanto en grosor como en tamaño de letra. A veces va acompañado de un subtítulo que complementa el texto del titular, o un antetítulo, como sucede en el caso del ejemplo.

Bloque de texto o noticia

En lógica continuidad de orden, bajo el titular aparecerá el bloque de texto de la información o noticia, el cual extiende lo indicado en el titular siempre en grado descendente: lo más relevante estará en la parte superior y conforme se va leyendo va surgiendo otra serie de datos menos importantes por si el lector decide no leer la noticia o información por completo.

 Sabía que...

El nivel de importancia de una noticia va disminuyendo dado que en las primeras líneas se debe responder a las cinco W del inglés: *who, what, where, when y why*; o lo que es lo mismo en castellano: quién (lo hizo), qué (pasó), dónde, cuándo y por qué.

Otras noticias destacadas

El resto de la información o de las noticias de la página aparecen en sus respectivos bloques de texto o forman parte de las imágenes que complementan a la información. Aun así, los demás textos responden al mismo tipo de criterio compositivo y mantienen la norma con su propio titular (subtítulo o antetítulo) y bloque de texto o noticia en grado descendente de relevancia informativa.

Pie de página

También conocido como **faldón.** Será la zona baja de la página, con un importante peso visual, y que suele dedicarse también a noticias destacadas o para incluir publicidad dado que es una zona que se observa con cierta facilidad por el lector. Es conocido como el cimiento de cada página sobre el que se construye el resto de la arquitectura de la misma. También existen los pies de imagen, que como su nombre indica serán aquellos textos bajo una imagen que explican o complementan a la misma.

Otra serie de criterios compositivos y de arquitectura de página responde al uso de otros elementos necesarios como las columnas, los párrafos, los textos destacados a modo de cita importante, los módulos, etc.

Pero esos otros elementos compositivos están relacionados con el uso de la retícula en composición de textos, y que se explicarán adecuadamente en el siguiente punto.

11.1. La retícula compositiva

El anterior apartado hacía referencia sobre todo a la composición y la arquitectura de página de los productos editoriales del tipo revista o diario, pero hay que recordar que son también productos editoriales los libros de texto tanto literarios como educacionales.

Tanto para unos como otros (libros, revistas y periódicos) se hace uso de otro criterio compositivo y de arquitectura de página conocido como **la retícula** de la propia página.

Antes de empezar con la maquetación, se hará uso de los bocetos o esbozos previamente planteados que al fin y al cabo definirán lo estimado acerca de la composición de la página. Para ello, previamente se habrán tenido en cuenta dos características: el tamaño de la página y su orientación.

El tamaño definirá el espacio sobre el que se trabaja (Din A3, A4 u otros formatos editoriales de tipo libro, libro de bolsillo, revista, etc.). Y la orientación, evidentemente, indicará si este espacio responde a una posición horizontal o vertical.

Como ese tipo de criterios compositivos ya se habrán tenido en cuenta previamente en la realización de los esbozos o bocetos, se parte de esas consideraciones previas y se sigue con el siguiente paso: la maquetación.

En la actualidad se ha acelerado el proceso y se ha hecho más cómodo gracias a los programas informáticos diseñados para ello, siendo los más conocidos QuarkXPress e InDesing, por lo que entre otras cosas la retícula compositiva es más fácil de definir y de manera más exacta.

Antes de la existencia de este tipo de herramientas informáticas el trabajo se elaboraba de manera manual, por lo que se usaban retículas hechas a mano con reglas y lápices que se usaban a modo de calco o plantilla tras el papel sobre el que se iba a maquetar en realidad. Esto podía ocasionar errores si no se atisbaban bien las líneas al no transparentar bien una hoja con otra, o si la plantilla se movía tras el papel.

Todos los trabajos de maquetación, ya sea de manera manual tradicional o gracias a los programas informáticos, deben llevar una serie de líneas de guía que responden a criterios de composición de página previamente estudiados y de tamaños fijos. Es lo que se conoce en el sector editorial como **retícula compositiva.**

La retícula compositiva tiene como única finalidad el conseguir un orden y una cuidada estética dentro de la composición y la arquitectura de página.

 **Nota**

Se conoce como retícula porque el resultado de las líneas que conforma su estructura de página se asemejan a una reja o mosaico.

La retícula impone el orden dentro de los contenidos de la página, ya que actúa como plantilla en la que se consideran tanto los espacios que van a ser ocupados por los textos como aquellos que irán en blanco.

Existen muchos tipos de retículas, desde aquellas que definen el espacio en columnas (se aconsejan de dos a seis columnas por página, no más dado que las columnas de texto serían demasiado delgadas) o en módulos (parcelas cuadradas o rectangulares que delimitan los espacios), a otras algo más complicadas en las que se definen los espacios siendo más generales (como en el diseño de las páginas web).

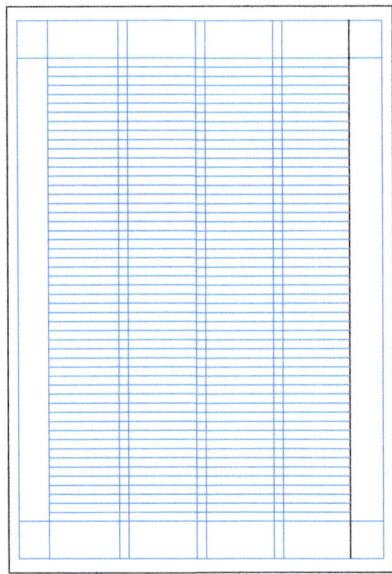

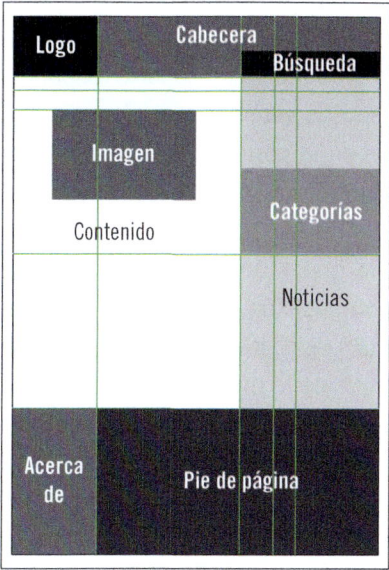

Retícula de columnas, módulos y espacios

Márgenes:
Espacios en blanco que flanquean el contenido de la página en laterales y parte superior e inferior

Módulos:
Unidad mínima de información en cada página, separados por el mismo espacio entre ellos. Cuando se unen varios, forman columnas, faldones...

Columnas:
Cuando se unen varios módulos de forma vertical se forman columnas, dividiendo la página de manera lógica y ordenada

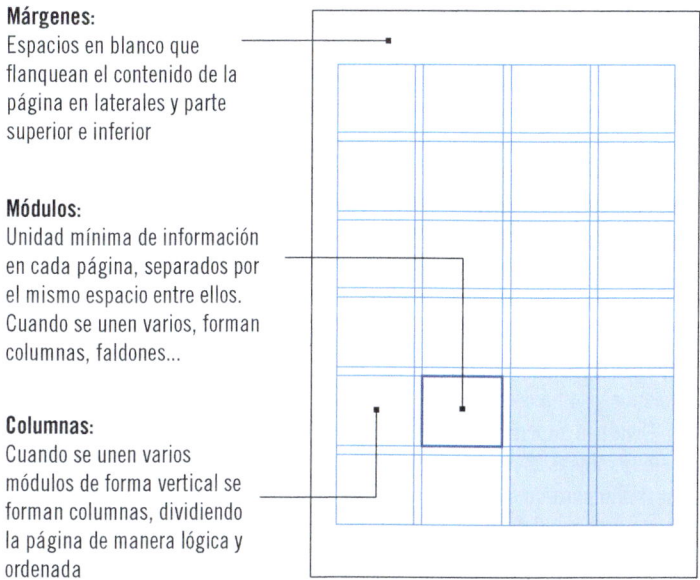

Las retículas, como se puede observar en las imágenes anteriores, tienen en cuenta una serie de espacios tanto laterales como arriba y abajo de la página que son conocidos como **márgenes.** Estos márgenes, además de dar sobriedad y respiro a la lectura, garantizan un espacio de seguridad para el caso en que, por motivos ajenos a la producción, el soporte (el papel impreso) pueda desplazarse en el momento en que este sea cortado o cizallado. De este modo, aunque la cizalla se desvíe en el corte, se respeta el texto, salvado por el espacio de seguridad que permiten tales márgenes de página.

Cuando se pretende que todo el contenido del libro, periódico o revista mantenga la misma composición, a la creación de la retícula de la maqueta que se utilizará para todo el contenido de sus páginas se le conocerá como **página maestra,** dado que es la que regirá la composición completa de todo el producto editorial. Generalmente la página maestra o página base se trata de una retícula diseñada para el contenido del producto editorial y evidentemente no tendrá que ver con el diseño de la portada y contraportada, donde se efectuará otro diseño y otra composición de página mucho más creativa y llamativa donde generalmente predomina la imagen sobre los textos.

Actividades

14. Coja un papel completamente en blanco y hágase con un lápiz y una regla. No importa si lo coloca en posición vertical u horizontal dado que se va a delimitar o hacer un marco sobre el papel, así que con el uso de la regla haga dos marcas a dos centímetros hacia dentro del papel por cada lado, una a la derecha y otra a la izquierda. Una las marcas por cada lado, dejando un marco de dos centímetros perimetrales en toda la superficie del papel.
15. Imagine que quiere establecer una cuadrícula que le sirviese de retícula para un posterior trabajo de maquetación. Habiendo dejado sobre el papel el margen de seguridad de dos centímetros solo ha de decidir el número de columnas en que dividiría el texto sobre el papel. Divida la superficie que queda entre los márgenes en tantas partes como desee y dibuje las líneas divisorias. Recuerde que entre columna y columna ha de dejar al menos 3 mm para que los textos respiren.
16. Ahora use otro papel de igual tamaño sobre el anterior y, apoyándose sobre el cristal de una ventana un día soleado, o si lo prefiere colocando un flexo bajo una mesa de cristal o usando una mesa de luz (si la tuviese), compruebe el resultado de cómo se utilizaban las retículas antes de que existiesen programas informáticos de maquetación. Valore la dificultad que entrañaba ese trabajo antes de existir las nuevas tecnologías y razone su respuesta.

12. Tratamiento de textos y tratamiento tipográfico

Una vez pautada la composición, la arquitectura de página y la retícula a usar en las páginas de la mutación del producto editorial al que se hace referencia se comienza con la distribución de los textos.

Estos textos irán determinados según los espacios dispuestos en dicha composición de página y definidos por la estructura y la retícula de las mismas.

Por tanto, existe un tratamiento de textos y tratamiento tipográfico concreto para cada una de las partes del texto que compondrán cada una de las páginas del producto editorial.

Se conoce como **tratamiento de textos** a la distribución y la composición de los mismos sobre la página. Como se ha podido comprobar en anteriores apartados, este tratamiento ya vendrá definido desde la realización de los primeros esbozos y bocetos, y se complementará con la composición de la página, cuando los textos tomarán forma dentro de cada módulo, espacio o columna que ha de seguir según la distribución de la plantilla o retícula.

 Importante

Es también tratamiento de texto tanto la revisión ortográfica previa a la impresión (siempre ha de hacerse para evitar erratas) como literaria (dedicada a que los textos tengan sentido y sean entendibles por los lectores).

Y por supuesto se reconoce como tratamiento de textos al orden jerárquico que los mismos ocuparán en las páginas. Serán de mayor importancia tanto los titulares como la cabecera sobre todos los demás textos de cada página, y entradillas, subtítulos y antetítulos tendrán un tratamiento más destacado sobre los bloques de texto que complementan la composición de página evidentemente. Algo similar ocurre con los libros de texto y literarios. en los que el encabezado de cada capítulo será el que tenga mejor tratamiento de texto, junto a los títulos de epígrafes, siendo superiores jerárquicamente sobre el resto de los textos.

Este tratamiento de los textos se apoya en el tratamiento tipográfico propiamente dicho.

La mejor manera de destacar unos textos sobre otros se hará gracias al tratamiento tipográfico de cada uno de esos bloques. Como ya se ha podido ver con anterioridad, los titulares en productos editoriales de tipo periódico o revista serán destacados gracias a un mayor tamaño y por tener habitualmente un mayor grosor de letra o negrita que el resto de los textos.

Algo similar ocurre con las obras literarias, donde el título de cada capítulo o su indicación numérica utiliza similares recursos: negrita y mayor tamaño que el resto de textos.

Los subtítulos, antetítulos o títulos de epígrafes serán destacados de igual manera. A veces lo harán en cursiva, otras veces en cursiva y negrita, y otras simplemente en negrita pero a un menor tamaño que el texto del titular.

Generalmente, el tratamiento tipográfico tiene también en cuenta el uso de diferentes familias tipográfica para cada texto según su relevancia o importancia. O incluso el uso de diferente tipografía para según qué texto, pero todo ello siempre en pos de conseguir los mejores resultados de composición y arquitectura de página.

Algo habitual en productos editoriales serios, ya sean de tipo periódico como de carácter educacional o literario, es que la primera letra de cada bloque de texto se destaque en mayor tamaño o grosor. Este tratamiento tipográfico es algo que se ha extendido en el tiempo desde épocas inmemoriales y que se relacionan con impresos de calidad.

Aplicación práctica

En el trabajo de corte y manipulado del papel impreso en una empresa dedicada a la impresión, el trabajador encargado de la guillotina no entiende como cada vez que un impreso se le desvía mínimamente en el corte elimina sin querer parte del texto. El encargado del departamento atiende las quejas de este empleado y decide comunicarlas a otros encargados superiores. Finalmente se decide volver a realizar la tirada ante la dificultad del corte en tales impresos. ¿A qué puede haberse debido?

SOLUCIÓN

Cuando ocurren este tipo de errores es porque no se han dejado unos márgenes de seguridad que eviten este tipo de cortes indeseados. El error ha evidenciado claramente que proviene de parte del departamento de maquetación. El diseñador no ha dejado los márgenes de seguridad de dos centímetros que se le había indicado en el parte y, al tratarse de un documento tan pequeño que había que sanear tras la impresión y con tan poco margen de seguridad, acababa por cortarse el texto inevitablemente con un ligero desvío en la colocación del papel bajo la guillotina.

13. Tratamiento de imágenes

Las imágenes no pueden ser denostadas en la composición y la arquitectura de una página, pues no en vano tienen la utilidad de complementar a los textos y por ello no son menos importantes.

Al igual que existe por tanto un tratamiento de textos, existe a su vez un tratamiento de imágenes dentro de la composición de las páginas.

Las imágenes, sobre todo en publicaciones periódicas, a veces no tienen la calidad necesaria como para ser impresas. Por la premura de la noticia, a veces son captadas desde lugares muy lejanos o en movimiento, por lo que dichas imágenes fotográficas aparecen demasiado lejanas o difuminadas.

En la actualidad se puede mejorar tanto el enfoque como la calidad de la imagen gracias a *software* de retoque fotográfico como los conocidos programas

Photoshop o Gimp. De este modo, se intenta mejorar la calidad de ciertas imágenes que podían no ser aptas para su impresión y distribución.

Pero no todas las imágenes que acompañan al texto son fotográficas. Muchas de ellas responden a gráficos y esquemas (que generalmente son también realizados en la actualidad con *software* de diseño gráfico), y otras a dibujos o ilustraciones.

En el trabajo de ilustración entra de nuevo la faceta creativa y será tarea de especialistas en las artes gráficas, creativos e ilustradores el mantener los mejores resultados en sus obras.

La maquetación de estas imágenes junto a los textos se considera de igual modo tratamiento de imágenes.

Pero el tratamiento de las imágenes no solo viene referido a criterios de maquetación o calidad de las mismas, sino en su preparación para la impresión o lo que es conocido como **preimpresión de las imágenes.**

Generalmente, sobre todo en empresas del sector de las publicaciones o editoriales, el departamento creativo o de diseño no solo se dedica a la creación de los esbozos, la maquetación y el diseño de las imágenes o ilustraciones, sino que mantiene en su estructura a un grupo de diseñadores gráficos conocidos como **preimpresores** y que conocen el funcionamiento tanto del diseño como de la impresión de los documentos.

Este grupo de trabajadores es muy importante en el entramado de este tipo de empresas del sector. Los preimpresores conocen bien el sistema de funcionamiento de las imprentas o máquinas de impresión digital, y gracias a ese conocimiento del uso del color que estas máquinas precisan pueden adaptar de mejor manera esos documentos aún virtuales (ya que no se han impreso) a documentos de calidad que acaben por mostrar los mejores resultados.

Algunas máquinas de impresión, como las conocidas de tipo *offset,* precisan de la división de los colores para su impresión. Estas máquinas de gran calidad requieren que cada color (CMYK) sea dividido por plancha, ya que su sistema de impresión funciona de tal modo que sobre el papel cada plancha irá superponiendo su color sobre otro hasta lograr el resultado final.

O lo que es lo mismo, primero se imprimirá sobre el papel solo aquello que contenga el color cian en dicho documento, posteriormente sobre él se imprimirá solo el contenido de magenta, luego todo el amarillo, y finalmente todo aquello que sea de color negro. De la superposición de todos estos colores surgirá una perfecta imagen a todo color.

Es por ello que el trabajo del preimpresor es tan importante, dado que debe saber dividir la imagen compuesta en cada color básico para que la máquina *offset* o imprenta pueda efectuar su trabajo.

No todas las imágenes ni textos requieren de este tratamiento, dado que existen otro tipo de máquinas de impresión conocidas como **de impresión digital de gran formato,** que hacen el mismo trabajo sin la necesidad de la división de los colores, pero en este caso el trabajo del preimpresor será el de adaptar junto con el impresor los colores según los estándares establecidos de calibración de color y con las cartas de color estandarizadas (Pantone, Ral, Lab, etc.) para que estos tengan los resultados adecuados.

14. El papel: breve historia, clasificación, características e idoneidad de utilización

La fecha de datación del primer papel se determina en un año aproximado al 200 a. C., dado que el papel más antiguo encontrado se corresponde con esa fecha y fue recogido en China, por lo que se atribuye a los chinos la invención del papel.

Estos primeros papeles se construían sobre tablillas de madera donde fibras de seda y lino se amasaban en una pasta homogénea que luego se extendía sobre esos bastidores de madera para dejarlos secar al sol y una vez secos retirados y usados tanto para envolver objetos, como más tarde y tras refinar la técnica para su uso en el dibujo y la escritura.

Asimismo, los antiguos chinos son los inventores de otro elemento esencial para el desarrollo de la cultura y la difusión de la información impresa o escrita, como es la tinta.

Hasta entonces más que escritura existía el tallado, dado que la información escrita se cincelaba sobre tablillas de madera o de arcilla, por lo que el avance del papel aceleró el proceso de difusión de documentos y consiguió que se aligerara el peso de tales históricos escritos.

Anteriormente, los egipcios ya hacían uso de un tipo de papel constituido por las fibras entrelazadas de una planta que nacía en la rivera de sus importantes ríos, como el Nilo, y que era conocido como **papiro.**

Siguiendo un proceso similar al de los chinos, se creaba una pasta machacando la planta de papiro que generaba una serie de fibras emplastadas que al extenderse sobre tendederos para luego dejar secar al sol permitían esa base homogénea.

Pero el papiro no era nada fino y no puede considerarse papel como tal, por lo que se reconoce al papel de los chinos por comodidad en tamaño y mejor refinamiento como el verdadero germen del papel actual.

Tanto el papiro como el papel de seda y lino eran aún muy toscos y las fibras que componían su estructura eran aún muy rugosas y notorias, por lo que primero griegos y luego romanos decidieron optar por el uso del pergamino para la difusión de sus documentos.

Pronto el pergamino volvió a ser olvidado en favor del papel, y esto era debido a que para la construcción de estos no se hacía uso de la seda o de fibras vegetales, sino que se basaba en el recurso de la piel animal, por lo que a la larga resultaba mucho más costoso.

El problema principal del papel y el pergamino hasta entonces era el almacenamiento, dado que este se difundía y almacenaba en rollos, por lo que ocupaba grandes espacios.

Ya en China en el siglo IX se comienza a usar el bambú como fibra básica en la construcción del papel y anticipándose de nuevo al uso de la pulpa de madera que en Asia y Europa se consolidaría y que sigue siendo usada hasta la actualidad.

Otros de los grandes avances chinos fue el del uso de marcas de agua, el uso del papel como dinero y la impresión, demostrando de este modo que seguían siendo más avanzados en el campo de la difusión de escritos que Asia y Europa, donde no se perfeccionó la técnica y la práctica hasta bien entrada la Edad Media.

El papel, según los criterios de fabricación chinos, entró en Asia por Turquestán, Persia, y Siria, aproximadamente en el siglo V, gracias a una invasión en territorio chino de las hordas asiáticas y cuando los fabricantes chinos de papel se vieron obligados a desvelar sus secretos del arte de fabricación a cambio de conservar sus vidas.

Es por este detalle que tanto España como Portugal serán los primeros países europeos en hacer uso de papel de calidad, dado que con las conquista de los árabes en la península Ibérica se extendió dicha fabricación asiática por las fronteras del viejo continente.

El primer taller fue fundado en Córdoba en 1036. En ese tiempo, España fue el principal centro de las enseñanzas clásicas, de la medicina y las matemáticas, y por eso el papel jugaba un rol importante y su difusión y fabricación era tan necesaria.

La extensión del papel al resto de Europa tuvo lugar gracias a que España se extendía hacia el Mediterráneo dado que Sicilia formaba parte de sus islas. Así que, por tanto, en fechas cercanas al año 1300 el papel de calidad se introdujo también en Italia, y de ahí se extendió su fabricación y difusión.

La necesidad de difusión de ciertos escritos (sobre todo de carácter religioso al comienzo) tenía que conseguir que se mejorara la distribución de documentos. Bien es cierto que gracias a los copistas de los monasterios la literatura se podía conservar con el tiempo y el formato libro, que hacía ya tiempo que se había generalizado para ahorrar espacios.

Pero el arte de la escritura era accesible aún a unos pocos privilegiados. El nivel de analfabetismo era bastante amplio en el periodo medieval y los escritos históricos, artísticos, matemáticos y físicos, así como el género literario, fueron conservándose a lo largo del tiempo hasta el día de hoy gracias al trabajo de dichos copistas. Estos copistas, pertenecientes a la Iglesia, dedicaban sus horas a copiar, letra a letra, las obras originales de tiempos inmemoriales, para poder conservarlas.

Al igual que los copistas, existía un trabajo también realizado por monjes y no menos difícil que complementaba al anterior. Estos monjes, conocidos como **miniaturistas,** se dedicaban a incluir imágenes explicativas o meras ilustraciones junto o entre los textos que sus compañeros de orden reproducían.

Gracias al arduo trabajo en esos monasterios hoy se mantiene el gran legado enciclopédico que se conserva en las bibliotecas. Poco a poco se fueron introduciendo novedosos sistemas para descargar del duro trabajo a estos copistas, y este primer paso se consiguió a través de la xilografía.

 Sabía que...

La xilografía es considerada como el primer proceso mecanizado de impresión, originario de China. Un sistema muy utilizado en Oriente desde el siglo V pero que no llegó a Occidente hasta aproximadamente el siglo XIII, ya en la Edad Media.

El proceso consistía en tallar a mano planchas de madera con imágenes (y posteriormente textos, o imágenes y texto al tiempo), dejando en relieve aquello que se pretendía estampar. A este relieve se le impregnaba de tinta y, al fijarlo sobre el papel, mostraba la figura o texto deseado. Al poder usarse esta misma plancha las veces que se necesitase se mecanizaba el proceso y por tanto aceleraba sobremanera la difícil tarea del copista y miniaturista.

Gracias a este sistema, ya en 1450 y gracias a Gutenberg, surgió la primera imprenta de tipos móviles, una clara y necesaria evolución de la xilografía, donde cada letra o carácter estaba tallada en una sola pieza, así se podían colocar tantas veces se quisiera y donde se necesitase para no tener que tallar textos enteros para hacer una sola página.

La invención de tal imprenta de tipos móviles se atribuye a Gutenberg, pero bien es sabido que ya en la antigua China, y en fechas anteriores al siglo IV, se utilizaba un sistema de tipos móviles (aunque no metálicos, sino de porcelana y por tanto más frágiles) para la impresión de sus documentos. Como siempre, China fue pionera en este tipo de avances en la distribución y la creación de documentos impresos.

Estos elementos o sistemas de impresión en relieve fueron dados a conocer como tipografía, y puede considerarse como el primero de los procedimientos de impresión, pero este no es ni ha sido el único; como se verá en el siguiente punto, existen diferentes procedimientos, cada cual basado en una técnica distinta con el mismo y único fin: acelerar el proceso de impresión y difusión de documentos.

A continuación se explicará de manera más detallada cómo en la actualidad se determina la clasificación, las características y la idoneidad de utilización de cada tipo de papel.

14.1. Clasificación, características e idoneidad de utilización del papel

En la actualidad existen muchos tipos de papel. Existen infinidad de formatos, texturas, colores y demás características propias que definen a uno y otro tipo, y esto hace necesaria una clasificación.

La primera clasificación la determinó el distribuir el tipo de papel según una medida general, y esta se estableció en base a su peso.

El papel se clasifica según su propia unidad de medida conocida como **gramaje** y que determina el peso de una plancha de cada tipo de papel con unas dimensiones de un metro cuadrado.

Tomado ese peso se cataloga dicho papel con ese gramaje, independientemente de que luego con ese mismo papel se hagan diferentes formatos en diferentes medidas.

De hecho, el otro tipo de clasificación que se hace del papel viene determinado por la medida de sus pliegos u hojas.

14.2. Clasificación del papel

Hay que recordar que se conoce como **pliego** al soporte de papel que se encuentra divido individualmente según unos estándares generalizados que determinan los distintos tamaños de las hojas (pliegos).

Los principales cánones vienen establecidos por las medidas de uso en Europa y gran parte del mundo occidental y oriental conocidas como **normas DIN** y el canon en el que se basan los países de influencia anglosajona o BSI.

 Definición

BSI
Siglas que se refieren a *british standards institution;* o lo que es lo mismo, el canon institucional británico.

Son estos sistemas de estandarización los que determinan no solo el tamaño del pliego, sino los mecanismos de alimentación de las diferentes máquinas de la industria del papel y la impresión.

De entre estos dos cánones de impresión, fue el denominado como normas DIN, que nace a finales del siglo XIX con la Revolución Industrial en Alemania, el que se ha impuesto como estándar más reconocido.

Estas normas DIN (Deutsches Institut für Normung o Instituto Alemán de Normalización) establecieron un sistema basado en la referencia de los pliegos en función de su manera de doblar sobre sí mismo a la plancha de mayor tamaño en que se producía el papel y considerada como A0 (con medida de 841 x 1189 mm).

Esta clasificación se basa en un sistema de letras y números en el cual con la letra se indica la norma (A, B o C, según el sistema) y su formato se establecerá por un numero indicativo a partir de dicho 0, que indica el tamaño mayor del pliego o el pliego original.

Por tanto, con cada doblez de este primer pliego sobre su mitad se va logrando el resto de las medidas existentes en el formato DIN (1, 2, 3 o 4, según vaya disminuyendo tamaño), como se puede observar en la figura que se muestra a continuación.

Sistema DIN de medida de los pliegos

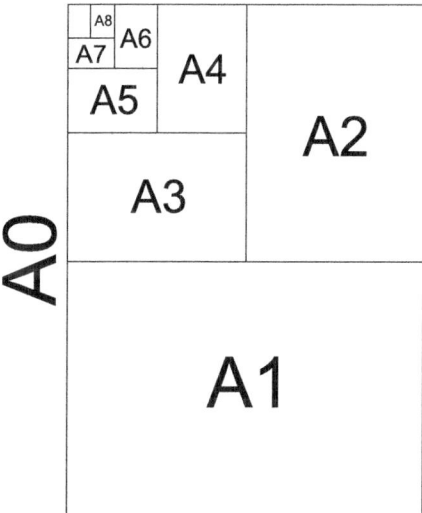

? **Sabía que...**

Todos los formatos de la serie A de la norma DIN se obtienen como un doblez por la mitad del pliego anterior.

Los sistemas de impresión han adoptado por tanto esta normativa DIN serie A como canon, al menos en su mayoría de casos para impresoras de sobremesa tipo chorro de tinta o láser, e incluso para máquinas de mayor calibre.

Por tanto, la medida de los formatos DIN serie A, partiendo desde el pliego mayor del que irán surgiendo los demás según su plegado por la mitad, sería:

- A0: 841 × 1189 mm.
- A1: 594 × 841mm.
- A2: 420 × 594 mm.
- A3: 297 × 420 mm.
- A4: 210 × 297 mm.
- A5: 148 × 210 mm.
- A6: 105 × 148 mm.
- A7: 74 × 105 mm.
- A8: 52 × 74 mm.

Además de las indicadas también son conocidas, aunque de menor uso, el A9 37 × 52 mm y el A10 26 × 37 mm, que es lo máximo que permite como doblez un pliego que parte del denominado A0 de 841 x 1189 mm.

En el caso de las impresoras de tipo *offset* no necesariamente se da el caso, ya que al permitir formatos de mayor tamaño acepta pliegos de serie A, B o C de la normativa DIN así como pliegos en sus diferentes calibres de la serie BSI.

 **Nota**

Las impresoras de tipo offset suelen abarcar muchos tipos de soportes, pero casi todos ellos derivados del papel o del cartón.

Sea como fuere, dentro de la normativa DIN se conocen otras dos series llamadas B y C, que son las utilizadas para determinar los tamaños de sobres, carpetas, tarjetería etc., y basadas en otro sistema de plegado más complicado que el que se conoce como serie A.

El gramaje de los pliegos, por otro lado, hace referencia al grosor o cuerpo del propio soporte. Los gramajes imprimibles varían desde los sesenta gramos hasta los trescientos cincuenta gramos, siendo quizá el usado con mayor asiduidad el gramaje de ochenta gramos, que se puede reconocer fácilmente pues es el que suele usarse como papel en el hogar y en las fotocopiadoras o reprografías comunes.

Otros tamaños de papel muy comunes en impresiones *offset* vienen determinados por el doblez de un pliego, que generalmente es considerado en este tipo de impresión (el tipo *offset* o imprenta), partiendo de un pliego de 100 x 70 cm, como punto de partida general. La mitad del mismo mostraría dos hojas de 50 x 70 cm, otro doblez dejaría un pliego de tamaño 50 x 35 cm, y así sucesivamente como en el caso antes mencionado de los estándares tipo DIN.

Y el canon en el que se basan los países de influencia anglosajona, y su área de influencia conocido como BSI, se basa en una clasificación diferente que se ciñe según el tamaño de lo que en esas zonas se considera carta, *(letter)* similar a la medida de un A4 (21,6 x 27,9 cm), el legal de 21,6 x 35,6 cm y el tabloide de 27,9 x 43,2 cm y vinculado con las medidas que originariamente tenían los periódicos en Gran Bretaña y posteriormente en Estados Unidos.

14.3. Características e idoneidad de utilización del papel

Según las características e idoneidad de utilización del papel, en la actualidad se conocen básicamente de dos tipos: papeles estucados y no estucados, y dentro de cada uno de estos tipos se encuentra una serie de características que a su vez diferencian a cada uno de los pliegos citados. Siendo además importantes dentro del sector de la impresión y de las artes gráficas otros materiales sobre los que imprimir tales como cartones o cartulinas, los papeles de embalaje o el papel sintético.

 Definición

Papel estucado
Es aquel que en su fabricación recibe una capa superior de compuesto inorgánico que consigue un mejor acabado, suavidad y color blanco de su superficie.

Papel estucado

Los papeles estucados son de diversos tipos y existe un mercado del papel de este tipo muy amplio y variado. Antes de comenzar con su clasificación se debe explicar qué se conoce como papel estucado.

Se denomina papel estucado a aquel que en el proceso de fabricación recibe una capa sobre su superficie de una especie de barniz inorgánico que consigue lograr un mejor acabado en cuanto a blancura y suavidad de superficie.

Se caracterizan por ser menos absorbentes ante las tintas que los papeles no estucados, porque su superficie es más lisa y suave al tacto y garantiza mayor definición de los colores así como de los detalles de la propia impresión. Son generalmente más duraderos y soportan mejor el trato y el desgaste y se pueden encontrar en todas sus vertientes: satinados, mate o brillo.

Se conoce como estucados de alto brillo o calandrado a aquel tipo de pliegos donde el acabado brillante se consigue en su fabricación mediante un proceso basado en el calor.

Nota

El papel estucado de alto brillo consigue un acabado tan brillante gracias a un proceso basado en el paso del mismo por un cilindro cromado y a una elevada temperatura.

Es un soporte que se puede encontrar en una amplia gama y gran variedad de colores. Para conseguir sus tonalidades, en el proceso de fabricación del mismo se logran colores de tonalidad fuerte mediante la técnica del huecograbado y los más suaves coloreando la capa de estuco.

Este tipo de sustrato es muy utilizado en el sector para etiquetas cuando el papel es de bajo gramaje o para grandes embalajes cuando se habla de un gramaje más alto.

Los denominados papeles cepillados o también conocidos como estucado arte son papeles estucados en máquina y fuera de ella. Se les denomina sustrato cepillado porque antiguamente se cepillaban antes de meterse en máquina, aunque actualmente no se suele continuar con ese proceso ya que en el proceso de cepillado se pueden lograr factores adversos como puede ser disminuir la porosidad del papel que conlleva un peor secado de la tinta tras la impresión.

Este tipo de papel es también denominado en el argot de las artes gráficas como **sustrato de triple capa** porque, como ya se ha indicado antes, se le establece una capa de estuco en máquina y dos nuevas capas fuera de ella.

Este papel se usa generalmente en productos especiales tales como la edición de libros de gran calidad o trabajos publicitarios de cierto nivel como grandes dosieres o manuales de identidad corporativa.

Su acabado es en mayor parte brillo, pero también existen pliegos en carácter satinado, y a veces se puede encontrar este tipo de soporte con diferentes texturas de papel que también se conoce como **gofrado.**

Papel gofrado

Otro de los papeles estucados más conocidos es el sustrato industrial o estucado moderno, que se puede encontrar también en sus diferentes acabados: brillante, satinado o mate.

Sabía que...

Los estucados modernos brillantes también se utilizan para impresiones en máquinas de impresión digital de gran formato e incluso en las impresoras de casa.

Este tipo de soporte es conocido en el uso de las rotativas como *heat set* u *offset* secado mediante calor y se tratará de un soporte similar aunque más seco que el papel conocido como **estucado moderno** y dividido en pliegos.

Este papel es muy usado para la tirada de revistas, libros, folletos publicitarios y a veces cuando se trata de papeles con brillo. Son usados también para la impresión de etiquetas, envoltorios de comestibles como chocolatinas o demás chucherías, etiquetado de botellas de plástico y cristal tales como las de aceite o envoltorios de jabón de manos.

Papel estucado

Los papeles verjurados o listados son aquellos que, si se ponen al trasluz, evidencian una trama de líneas paralelas que componen su estructura, pues no en vano esas delgadas líneas son marcas dejadas por el cilindro de prensado en la fabricación de ese papel, que contiene alambre.

Papel verjurado

Los papeles autocopiativos constituyen otro tipo de estucado que se caracteriza porque el estuco está formado por un tipo de barniz de microcápsulas capaces de transmitir una copia sobre una hoja receptora sin la necesidad de usar papel carbón.

Este tipo de papel muy reconocible es el que se ha usado habitualmente para establecer copias al escribirse sobre ellos de manera manuscrita y que habitualmente se compone por tres hojas de papel diferentes: la primera en papel normal con microcápsulas en su dorso, la segunda que en su parte superior llevaría una capa reactiva y por la inferior microcápsulas similares a la primera y una tercera que solo sería estucado en su cara superior para que las microcápsulas transmitan la copia sobre su superficie.

Este papel fue muy conocido en España gracias a las antiguas quinielas, albaranes o facturas que suelen ofrecerse en formato de talonario. Estos pliegos están unidos entre sí de tres en tres y a su vez dispuestos con cola en un mayor número de hojas formando el talonario y cubierto en ambas partes por una tapa de mayor dureza, generalmente de cartón barnizado o crudo.

Papel no estucado

Los papeles no estucados por otro lado se diferencian de los anteriores por no constar con un tratamiento superficial ni dentro ni fuera de la máquina.

 Nota

El papel no estucado es muy usado para impresión de revistas, catálogos y folletos. No tiene pelusa, pero no se recomienda para el uso casero, es decir, para utilizar bolígrafos o rotuladores sobre él, ya que la tinta no es absorbida y se producen borrones.

Probablemente el más conocido por toda persona ajena al proceso de impresión digital es el denominado **papel para fotocopias,** un tipo de papel en pliego para *offset* que a la vez puede ser usado también en otro tipo de impresoras o en fotocopiadoras de láser caliente o alta productividad, típicas de cualquier empresa de reprografía pudiéndose imprimir este soporte a una o dos caras. Su gramaje más común será más bien bajo, casi siempre oscilando los ochenta gramos, y los formatos más comunes para este tipo de pliego suele ser en A3 o A4, que comúnmente se conoce como **folio.**

El papel para registros se trata de un sustrato con un alto porcentaje de fibra y es de uso particular para casos muy especiales como la cartografía, los registros de propiedad o las acciones de bolsa, así como en impresión de planos con carácter artístico y que se quiere que sean perdurables en el tiempo. Suelen tener un color amarillento, color hueso o marfil, pero también se puede encontrar en color blanco. Este tipo de pliego se suele consolidar como de uso particular, destinado a impresiones que se puede considerar como de gran valor para el cliente o persona a la que va destinada.

Otro caso similar es el que se conoce como **papel pergamino,** que aunque en su momento se trataba de soportes realmente similares a los pergaminos originales de la antigüedad de fibra de material vegetal natural o piel animal, actualmente este tipo de papeles son denominados de esta manera cuando se hace referencia a los pliegos de sustrato refinados con una extraordinaria formación de hoja.

Su uso va destinado a impresión de prestigiosas cartas personales simulando caligrafía manual y, aunque también se pueden presentar en color blanco, su tonalidad puede variar al amarillento o hueso, así como a los colores tenues. Este tipo de pliego se caracteriza por un tacto fino y agradable de sensación suave, y suele utilizarse para ser impreso de manera monocroma, ya que, entre otras cosas, tiene la desventaja de no tener mucha tolerancia a la cuatricromía. Este tipo de papel puede también encontrarse en acabados perjurados o gofrados (con un tipo de textura, no liso).

Los papeles tipo prensa son aquellos sustratos sin estucar destinados a la utilización de los mismos para largas tiradas de impresión típicas de los diarios y con un contenido elevado de fibras. Son un tipo de papel muy reconocible, muy fino y liso, pero poco refinado y de un color amarillento o grisáceo, aunque a veces se pueden encontrar en una especie de blanco roto poco habitual. Su gramaje es muy bajo, y tiene poca resistencia a un excesivo manipulado y pliegue, por lo que suele dañarse su superficie, romperse o arrugarse con cierta facilidad ante el uso tras la impresión.

Ejemplo

Muchas veces, al leer un periódico, se ha emborronado parte de la hoja que estaba leyendo por la propia piel, por haber tenido apoyado sobre el brazo. El motivo es porque este soporte está destinado a tiradas rápidas y de poca calidad, de ahí que desprenda tinta y su acabado no sea el idóneo.

Por último, dentro del tipo de soporte en formato papel hay que hacer mención a los denominados **papeles de embalaje,** constituidos de fibra virgen y fibra secundaria, que consiguen que sean en su estructura un tipo de papel de gran resistencia. Su uso es muy común para embalajes o cajas para el envío de materiales, pero también en *packaging;* es también conocido como papel *kraft* y por su dureza.

Papel kraft

El papel *couché* es la perfecta relación entre material resistente y a su vez con superficie lisa y delicada, es por ello que se utiliza en impresión de *packaging,* tarjetería y demás papelería interna y externa. Además, abarca gramajes desde 90 a 350 gramos, por lo que es muy versátil, pero algo más caro que otros materiales similares de pero con menor calidad.

Papel couché

Dentro de los materiales derivados del papel se encuentran otro tipo de soportes que, aunque también basados en celulosa, no se pueden considerar papel por sus características y gramaje. Estos son los cartones o cartulinas, cuyos formatos más usados son los que se explican a continuación.

Una de las más comunes es la cartulina no estucada, un tipo de cartulina de gramaje superior a los ciento sesenta gramos cuyo uso suele estar destinado fundamentalmente en tarjetas de visita, felicitaciones, tarjetones, carpetas o invitaciones.

Dentro de las denominadas **cartulinas estucadas** se encuentran de dos tipos esencialmente: la cartulina sólida blanqueada y la denominada *folding,* ambas de estructura de tres capas similar a la composición que forma junto al cartón ondulado el papel de embalaje y que pueden considerarse como cara, tripa y reverso. Son, como su nombre indica, cartulinas estucadas, cuyo gramaje suele oscilar los ciento cincuenta gramos aproximadamente.

En la cartulina sólida blanqueada las tres capas que componen su estructura son de blanqueada pasta química. Son comúnmente utilizadas en portadas, cubiertas y contracubiertas de libros y en cajas o embalajes de calidad. Este tipo de cartulina suele llevar una capa de estucado para mayor calidad final del producto.

Sin embargo, las cartulinas de tipo *folding* constan de una cara y un reverso en pasta química blanqueada, pero con una tripa o capa intermedia de una pasta dura que garantiza mayor fuerza y rigidez a la cartulina. Este tipo de cartulina está ideada para embalajes donde la robustez es de mayor necesidad por el continente que han de portar tras su impresión, manipulado y montaje. Como en el ejemplo anterior, este tipo de cartulina suele ofrecer acabado en estucado o pueden estar fabricadas con fibras secundarias, de menor resistencia que las fibras vírgenes.

Otro tipo de soporte de similares características a las cartulinas antes mencionadas es el denominado **cartoncillo o papel bristol.** Compuesto de tres capas, como en los ejemplos anteriores, este sustrato se diferencia de los ya vistos en que la cara será la que muestre su acabado en pasta química blanqueada mientras que el reverso y la tripa suelen estar fabricados con papeles reciclados, por lo que el canto y el reverso adquieren un color grisáceo, típico del papel reciclado sin refinar.

Papel bristol

Este tipo de soporte también va dirigido para la impresión de cajas para el embalaje, pero con un acabado más tosco y duro que el de los vistos en ejemplos anteriores; de hecho, muchas veces los cartoncillos suelen estar acabados con fibra virgen de mayor resistencia para las características del embalaje para el que están destinados sus productos impresos.

El papel sintético, por otro lado, como su nombre indica, es el tipo de sustrato compuesto por fibra sintética de polietileno entrelazada. Este tipo de papel, de gran durabilidad temporal, es un material que por su estructura de fibras se considera de mucha dureza y que lo convierte en un soporte prácticamente irrompible. Suele usarse para pancartas, etiquetas, tarjetas plásticas, realización de sobres que vayan a contener material de cierto peso o de relativa importancia como para preservar el contenido, etc. Su uso habitual es en pliego, aunque también puede encontrarse en bobina.

Para tarjetería, carpetas, portadas de libros de poca calidad o de bolsillo se suelen usar pliegos de papel de unos doscientos cincuenta a trescientos cincuenta gramos, siendo generalmente tras su impresión plastificados o laminados con un barniz brillante. Y el papel dedicado a los trípticos, los folletos de entrega mano a mano o el papel típico de buzoneo suele caracterizarse por un gramaje menor oscilante entre los noventa a ciento treinta y cinco gramos aproximadamente.

 Actividades

17. Diríjase a la papelería más cercana y valore el tipo de papel, cartones o cartulinas que allí encuentre. Piense cuáles de ellos considera más adecuados para su uso en papelería interna y externa, sobres, para material de archivadores o carpetas y para tarjetería y *packaging*. Apunte brevemente su selección y el gramaje de los mismos si en su embalaje o envoltorio apareciese. Valore su elección y razone la respuesta de por qué ha tomado dicha decisión.

15. Resumen

La imagen o identidad corporativa en una empresa lo es absolutamente todo. Genera en el espectador una homogeneidad empresarial y aporta seriedad y sensación de seguridad, y por ello en la actualidad se hace tan necesario mantener esa identidad presente.

Resulta casi impensable que aún hoy en día existan empresas que no tienen una identidad corporativa o no hagan un buen uso o no tengan excesivo celo y cuidado con los elementos y los recursos que de ella se ofrecen.

La identidad corporativa de una empresa aporta tangibles tales como son sus imagotipos, el uso del color corporativo, incluso algunas tipografías se han quedado en la memoria colectiva de tal modo que no se conoce su nombre real, pero se relaciona directamente con la marca que la usa.

Pero también es una suma de intangibles. Aporta una serie de valores y criterios propios como esa seriedad antes mencionada, pero también de respaldo por imaginar que tras esa imagen hay una gran empresa que responde y siempre responderá por sus clientes.

Al igual que la imagen o identidad corporativa es tan importante, y por ello se ha de seguir a rajatabla lo que en su manual de normas de identidad corporativa se especifica, hay que ser consciente que la mejor manera de demostrar esa calidad de empresa es con productos editoriales gráficos de calidad.

Las revistas de empresa, los catálogos, los diarios internos o externos, así como su tarjetería, *packaging* o papelería, son elementos que habrán de mantener muy bien cuidados y elegidos, dado que también aportan imagen de marca. Hay que conocer cuáles son los productos editoriales posible y su funcionamiento, u composición, u estructura y arquitectura interna que mantiene los textos con un lógico orden y sentido, y por supuesto los materiales con los que se pueden llevar a cabo.

El papel sobre el que se imprime es el mayor ejemplo y la muestra más palpable que un cliente puede tener de una empresa; no se puede descuidar el más mínimo detalle y hay que saber elegir aquel que favorezca más a la imagen de empresa: a la identidad corporativa.

Ejercicios de repaso y autoevaluación

1. **De las siguientes afirmaciones, indique cuál es verdadera o falsa.**

   a. El boceto para el producto editorial es muy importante, y es algo habitual mostrar al cliente a mano alzada y sobre el papel el posible resultado de la maquetación gracias al uso de esbozos o bocetos.

      ☐ Verdadero
      ☐ Falso

   b. El papel autocopiativo se trata de un sustrato con un alto porcentaje de fibra y es de uso particular para casos muy especiales como la cartografía, los registros de propiedad o las acciones de bolsa.

      ☐ Verdadero
      ☐ Falso

   c. Con los valores estratégicos de marca, sobre todo en campañas publicitarias, se suele llamar la atención de tal modo que atraiga a los clientes ante ciertas ofertas o campañas al usar imágenes impactantes o trampantojos.

      ☐ Verdadero
      ☐ Falso

2. **Complete los siguientes textos.**

   La fecha del _____ papel se determina en un año aproximado al _____ a. C., dado que el papel más _____encontrado se corresponde con esa fecha y fue recogido en _____, por lo que a ella se le atribuye la invención del _____, que se construía sobre tablillas de _____ donde fibras de _____ y _____ se amasaban en una _____ homogénea que luego se extendía sobre los bastidores.

   _____ era un _____ muy reconocido a nivel mundial que decidió poner la primera piedra del cimiento de lo que hoy es conocido como _____.
   Es conocido como el padre de dicha técnica empresarial dado que fue el pionero en la creación y el _____ de imagen de _____.

3. Busque cuatro elementos de la arquitectura de página en un diario convencional.

R	S	R	T	I	N	T
D	A	S	D	O	D	O
Z	I	L	S	Q	W	L
N	E	Y	U	L	T	U
E	C	R	S	T	F	T
G	A	R	J	A	I	I
A	B	R	E	R	S	T
M	E	T	K	K	S	E
I	C	L	A	T	R	T
E	E	O	T	B	A	N
D	R	U	Q	G	H	A
E	A	S	N	N	N	I
I	E	P	I	R	I	A
P	L	S	D	O	D	A

4. No es una pieza principal básica corporativa...

    a. ... la cartelería.
    b. ... la papelería externa.
    c. ... la tarjeta de compra.
    d. ... la señalización interna.

5. Los egipcios utilizaban un tipo de papel que usaba como base natural una planta fibrosa que nacía en la rivera de sus importantes ríos, como el Nilo, y que era conocido como _____.

    a. pergamino
    b. papiro
    c. papel de seda
    d. kraft

6. Los colores en un manual de identidad corporativa se ciñen a referencias de color estándares como son los sistemas...

    a. ... Ral.
    b. ... Pantone.
    c. ... CMYK.
    d. Todas las opciones son correctas.

7. Los valores estratégicos que una marca otorga a una empresa son:

    a. Segmentan el valor de empresa.
    b. Aportan impacto visual.
    c. Logran que se hable bien de la empresa.
    d. Las opciones a y c son correctas.

8. Complete con las siguientes palabras: papelería, coherencia, tipografía, corporativa y seriedad.

Si la identidad _____ se lleva con _____ y se utiliza siempre la misma _____ tanto para el uso de la marca como en _____ interna y externa, se acabará relacionando a la empresa con un tipo de fuente corporativa, aportando _____ a todos sus mensajes.

9. Relacione cada signo básico con su composición.

    a. Imagotipo
    b. Logotipo
    c. Isotipo
    d. Isologo

    __ Solo símbolo o imagen
    __ Símbolo + tipografía divisible
    __ Solo tipografía
    __ Símbolo + tipografía indivisible

10. Marque aquellos tipos de papeles sobre los que se puede imprimir.

    a. Estucados de alto brillo
    b. Perjurado.
    c. Papel de triple capa.
    d. Papel para registros.
    e. Papel *kraft.*
    f. Papel *couché.*

11. Enumere al menos cuatro tipos de papel estucado.

_____
_____
_____
_____
_____

12. Los elementos que se sitúan en la parte derecha de una composición o maquetación de página...

    a. ... se observan a primer golpe de vista.
    b. ... serán de mayor relevancia.
    c. ... tienen mayor impacto visual.
    d. Todas las opciones son correctas.

13. Se le conoce como _____ cuando se crea una retícula compositiva de la maqueta que se utilizará para todo el contenido de las páginas del producto editorial.

    a. gofrado
    b. tratamiento de texto
    c. página maestra
    d. tratamiento tipográfico

14. Las retículas se pueden dividir en...

    a. ... de dos a seis columnas.
    b. ... módulos.
    c. ... espacios menos generales.
    d. Todas las opciones son correctas.

15. No es un producto editorial...

    a. ... el catálogo.
    b. ... la revista.
    c. ... el folleto.
    d. ... el libro.

Capítulo 5

Realización de bocetos especiales

Contenido

1. Introducción
2. Bocetos para *packaging*
3. Características del producto multimedia
4. Resumen

1. Introducción

No todos los productos gráficos hacen referencia a impresos del tipo editorial como revistas, catálogos, libros o periódicos, de hecho ni siquiera se resumen a su uso comercial como en el caso de la publicidad exterior, las tarjetas de visita, la cartelería o los manuales de identidad corporativa.

Muchos de estos productos gráficos son considerados especiales por alejarse de los convencionales previamente citados. Son productos que requieren de otro tipo de conocimientos, muy diferentes a los comentados productos editoriales o gráficos considerados como clásicos o habituales.

Aquellos que se consideran productos de etiquetado o envasado y empaquetado, conocidos como *packaging,* tienen una amplia relevancia en la industria actual y se aleja de los convencionalismos dado que para el diseño de este tipo de productos se requiere de una serie de conocimientos de montaje volumétrico, de moldeado de formas, que poco tienen que ver con lo que se ha podido ver hasta ahora.

Pero no solo son productos gráficos los citados recursos editoriales o los referentes a la industria del *packaging,* dado que se consideran también productos gráficos aquellos que no han de ser obligatoriamente impresos a posteriori: son los productos multimedia.

Este capítulo irá se centrará en la realización de los bocetos de estos productos denominados **especiales:** los conocidos como productos multimedia y de *packaging.*

2. Bocetos para *packaging*

Se conoce como industria del *packaging* al sector de las artes gráficas dedicado al bocetaje, diseño y fabricación de los productos de etiquetado, envasado o embalaje de productos industriales.

Generalmente se habla de *packaging* siempre en referencia al embalaje o al envase; o lo que es lo mismo, a la imagen exterior que se proyecta de los diferentes productos del mercado.

Es por ello que muchas veces se asocia con *packaging* a los productos de las artes gráficas dedicados a proporcionar protección o conservación del producto industrial en sí, y que a su vez este debe servir como promoción publicitaria y atractivo de compra para el cliente. Es por ello que usa recursos gráficos derivados de los publicitarios para la impresión de su superficie.

Pero dentro de lo que se conoce como *packaging* no hay que obviar al etiquetado, dado que las etiquetas del producto forman parte de esta vertiente ascendente de las artes gráficas.

Se considera realización de bocetos especiales los destinados a la industria del *packaging,* dado que la mayoría de ellos van destinados al embalaje de productos y por tanto necesitan de una mayor dedicación que otros tipos de bocetos vistos anteriormente.

Al tratarse de productos tridimensionales y por tanto con volumen, deben ser estudiados por su forma tanto una vez montada su estructura como en un plano bidimensional (el papel donde se boceta).

Como se podrá comprobar más adelante, no es de extrañar por tanto que se suelan hacer planos de montaje a modo de plantilla en lo referente a bocetaje y diseño de productos de *packaging*.

2.1. Características específicas del *packaging*

Se pueden considerar por tanto características específicas del *packaging* a las relativas a su fabricación como protector del contenido, como identificador y elemento publicitario del contenido, así como de conservación del propio contenido de producto.

Todo ello relativo sobre todo al uso de los materiales que constituyen el tipo de envase o etiqueta de producto, ya sea de papel, cartón, metálico, madera, plástico o cristal.

Actividades

1. Haga una relación de productos que contengan etiqueta o que han sido etiquetados en su superficie para comprobar el nivel de inserción que tiene ese elemento del *packaging* en la sociedad. ¿Qué tipo de información muestran o contienen dichas etiquetas?

Características específicas del *packaging* como elemento conservador

Para comprender y diferenciar de mejor manera las características específicas del *packaging* de productos hay que hacer una primera diferenciación entre tipos de productos de *packaging*.

La primera de ellas hace referencia a la distinción de productos de *packaging* entre etiquetas, envases y embalajes.

Se asociará la etiqueta o etiquetado con los elementos identificadores y publicitarios de los productos de *packaging,* al embalaje como elemento protector y a los envases como elementos conservadores del producto.

El envase es también conocido dentro del sector del *packaging* como **embalaje primario,** ya que a veces actuará como elemento conservador y envase real del producto en sí, y otras como el primer elemento protector del mismo.

El envase es considerado embalaje primario ya que de no existir este primer tipo de envasado sería imposible almacenar ciertos tipos de productos. Estos envases hacen referencia a los dedicados a la difusión y venta de productos líquidos, gaseosos o en grano, y son los que se reconocen en el mercado como botellas, aerosoles, frascos o latas, entre otros.

Además, estos tipos de envases o *packaging* primario determinan las proporciones o cantidad de producto ofrecidas al cliente final.

Ejemplo

Existen ciertos estándares como las botellas de 1 l y 1,25 l para el agua, de 2 l, 1,5 l y 20 cl para refrescos. Al igual que botellas de 1 l para cervezas, 75 cl para los vinos o las latas de 33 cl para refrescos y bebidas alcohólicas.

Los primeros envases nacen de la necesidad mercantil entre los diferentes pueblos de la antigüedad. Aquellas primeras tinajas de arcilla para transportar y servir agua y diferentes materias líquidas como aceites pasaron a convertirse en grandes recipientes de cristal y pequeñas jarras de mano.

La fragilidad de ese tipo de envases llevó a que su uso, al menos para el transporte por mar en barco y por tierra en carruajes, se fuese sustituyendo por el uso de la madera y el metal.

Los barriles son los ejemplos más claros de envases de carácter primario que hasta hoy mantienen vivo su uso para todo tipo de mercancía ya sea sólida, en grano o líquida.

Como envase se puede aún encontrar a la madera como *packaging* primario en el sector del tabaco, como cajas de cigarros puros, o en algunos ejemplos de alta joyería o relojería.

No obstante, en la actualidad, el uso de la madera se está generalizando como embalaje de carácter lujoso. No es raro encontrar surtidos de ibéricos caros en cajas de madera, ciertos quesos o la mencionada joyería.

Con el tiempo, los envases han ido evolucionando y de aquellas viejas latas metálicas que se tenían que abrir forzosamente con la mano se pasaron a las de anilla con las que separar la tapa metálica; o las más recientes, que combinan a la perfección el metal de la lata en sí con el papel de aluminio que sirve de tapa y envase al vacío a la vez.

Actualmente, cuando el producto, por sus características, responde a un estado líquido, suele estar envasado en materiales plásticos o de cristal, generalmente a modo de botellas, o bien en envase metálico como las latas de aluminio de refrescos y demás tipos de bebidas.

Importante

Los líquidos pueden estar también envasados en materiales mixtos como el tetra brick, que conjuga aluminio, plástico y cartón a partes iguales.

No se puede obviar el uso del papel y el cartón como envase conservador o *packaging* primario, muy habitual de hecho en la industria actual. El papel o cartón puede responder a dos formas básicas a la hora de ser útil como embalaje primario de productos como son el saco y la caja.

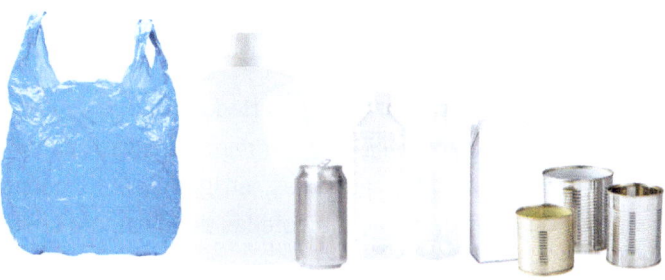

Tipos de envases

Los materiales de construcción granulados como el cemento, la gravilla o el yeso, por ejemplo, suelen estar presentados en formato saco, mientras que para casi todo el resto de productos el uso más generalizado es la caja de cartón, que puede conformarse como embalaje primario o secundario según su uso.

Las cajas de plástico a día de hoy son muy utilizadas, ya sean como férreas cajas de transporte, generalmente de frutas, hortalizas y verduras, como en su vertiente conservadora a modo bandejas o cajas de poliestireno expandido para productos perecederos o que necesitan de congelación.

 Actividades

2. Los productos de *packaging* que tienen como finalidad ser elementos de conservación pueden ser de muchos tipos. Compruebe de entre los productos de su casa cuántos de ellos se corresponden con el formato de envase.
3. Haga una relación en un gráfico de barra o en una tabla de los diferentes productos de tipo envase que hay en su hogar y cataloguelos según sus características. Por ejemplo: tarros de cristal, botellas de plástico, etc.

Características específicas del *packaging* como elemento protector

El *packaging* en sí hace referencia al elemento contenedor de producto, y por tanto, casi siempre se suele relacionar con la caja.

Como se ha podido comprobar en el apartado anterior, eso no es del todo cierto, dado que se considera *packaging* primario al envase de productos que por sus características (líquidas, gaseosas, en grano, etc.) necesitan de un primer elemento conservador, como las botellas de plástico o cristal, las cajas de madera, los tarros de cristal o las latas.

A veces estos envases son a su vez elemento conservador y protector, como en el caso de las latas metálicas y las cajas de plástico, pero en otros casos y dada su fragilidad (envases de madera, papel o cristal) necesitan de un *packaging* secundario o embalaje de producto que sí que suele estar relacionado en su mayoría delas veces con la caja.

Se suele relacionar con embalaje primario a lo que se ha observado en el punto anterior como envase, y que haría referencia a aquel primer embalaje en contacto directo con el producto. Pero también con las medidas de seguridad que preservan al producto o envase en sí de posibles golpes o de un mal uso de la caja o embalaje secundario en su transporte o almacenamiento. Un ejemplo claro sería el porexpán blanco que suele preservar electrodomésticos, juguetes, etc.

El embalaje secundario sería por tanto la caja donde el embalaje primario suele estar inserto. Esa caja garantiza que el contenido no se mueva al estar completamente adaptada a la mercancía interior para garantizar su seguridad tanto en el transporte como en su manejo en las estanterías de los almacenes.

Dependiendo del producto que se pretende preservar se utilizará un material u otro en su embalaje y que contribuya no solo en la seguridad del contenido, sino que en algunos casos también dependerán de manera importante para su conservación o presentación.

 Nota

Existen varios tipos embalaje que dependerán del uso al que estén destinados, por lo que suelen estar construidos con diferentes materiales.

Estos son los materiales más usados en el embalaje tradicionalmente:

- **Cartón:** es el material más utilizado en el embalaje de productos. Es muy cómodo de usar y puede plegarse una vez se ha abierto ocupando muy poco espacio si se desea reutilizar. Estas cajas de cartón pueden abrirse desde arriba o por ambos lados (arriba y abajo) por el tipo de cierre de pliego en esas zonas. Como ventaja hay que destacar que las cajas de cartón son muy manejables y permiten además ser impresas con diseños o indicando su contenido, y como inconveniente que se estropean con facilidad a causa de la humedad, por su apilamiento y manipulación o por golpeo.

- **Madera:** este tipo de material era muy usado en los transportes en barco antiguamente. Hoy en día su uso es menor, pero sigue estando muy generalizado como grandes contenedores de productos o para contener elementos considerados de lujo, como botellas de vino o licor de cierto carácter lujoso, surtidos de productos alimenticios caros, etc. Como ventaja hay que destacar que soporta muy bien el golpeo y el apilamiento, pero la desventaja es que sus tablas pueden partirse y que también absorben demasiada humedad, por lo que a veces acaba por pudrir el embalaje.

- **Plásticos:** el uso de este material para el transporte es muy amplio. Por sus características de fácil maleabilidad y dureza se trata de un material muy utilizado para el transporte en diferentes formas y tamaños, son más comunes las cajas de tapa abierta, para frutas, hortalizas y verduras, así como el pescado o la carne, pero también se pueden encontrar grandes cajones con tapa para contener cualquier otro tipo de producto. Como desventaja, el apilamiento de objetos pesados sobre ellos pueden llegar a combar el plástico o incluso partirlo en ocasiones. Pero la mayoría de las veces, los plásticos utilizados para el embalaje protector del producto serán los que se suelen utilizar para contener al vacío el producto, en fina capa transparente, raras veces impreso. En otras ocasiones este fino plástico más que para proteger está destinado a decorar, y se usa a modo de embalaje secundario o terciario (sobre la caja secundaria de producto) siendo este de color o con impresiones sobre su superficie.

- **Papel:** el papel a modo de envoltorio decorativo, así como en su modalidad de bolsa de mano (de papel o fino cartón), está siendo cada vez más usado como tipo de embalaje secundario o terciario, y pese a ser más decorativo que preservador de contenido, es considerado del mismo modo elemento protector.

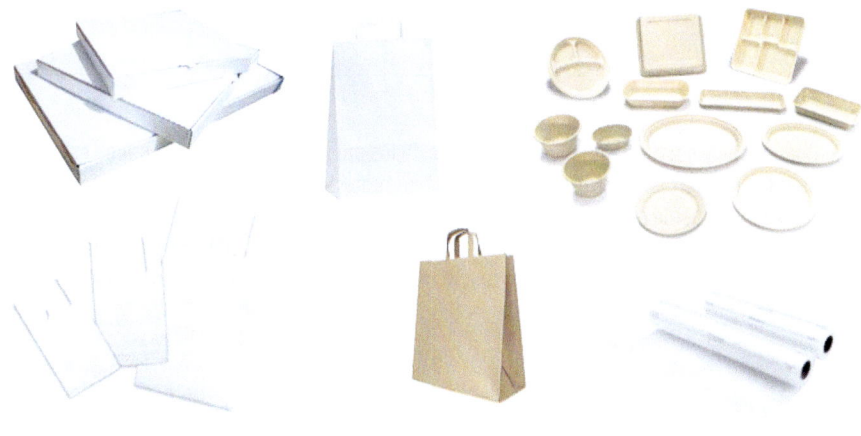

Tipos de embalaje secundario

 Aplicación práctica

Una empresa dedicada al *packaging* decide cambiar el concepto y utilizar como embalaje secundario plástico transparente con motivos impresos para envolver botellas de cristal de una conocida marca de vinos. De este modo destacará entre la competencia y será un producto novedoso. Pero, ¿cree que es acertada la decisión?

SOLUCIÓN (Propuesta)

La decisión será acertada siempre y cuando esas botellas sean luego de nuevo embaladas en otro formato más seguro como la caja de madera, plástico o cartón, y acolchada con otros elementos protectores como separadores de cartón o bolas de porexpán, dado que la finalidad del embalaje no es solo hacer más llamativo al producto en sí, sino prevenirlo y protegerlo ante el transporte, el golpeo o el apilamiento. Si se pretende solo embalarlo con dicho plástico transparente se estará ganando en originalidad y atractivo pero perdiendo en seguridad y mantenimiento de sus contenidos.

 **Actividades**

4. Compruebe y haga una relación de cuántos de los productos antes mencionados están metidos o insertos en otros elementos de tipo protector como embalaje secundario o terciario. Recuerde que no solo son embalajes las cajas, sino que existen otros elementos protectores como las bandejas de plástico o porexpán, plástico de tipo film transparente, etc. Razone por qué cree que esos envases están protegidos por embalajes secundarios o terciarios.

Características específicas del *packaging* como elemento identificador o publicitario

El elemento identificador como característica específica quizá sea la acepción más reconocida del *packaging* o, al menos, aquel que se suele asociar con esta industria de las artes gráficas con mayor facilidad por personas ajenas a este tipo de trabajo.

Muchas personas reconocen al *packaging* como el diseño en cuanto a colorido e imagen de las cajas destinadas a preservar los productos; pero, como ya se ha podido observar, eso no es del todo correcto.

El diseño de la caja o embalaje del producto se constituye como una de las características del *packaging,* pero no como la única acepción.

Cuando se hace referencia al *packaging* como elemento identificador o publicitario, se habla no solo del embalaje secundario o terciario (la caja exterior del producto) sino del diseño del propio envase y de su etiquetado.

Importante

Son etiquetas tanto los adhesivos que se colocan sobre la superficie de los productos o aquellas que se cosen a otras como prendas textiles como aquellas individuales que se unen mediante asas o elementos plásticos a los productos finales tras su fabricación y que pueden ser retiradas posteriormente a su compra.

En este apartado se reconoce el todo, dado que ese todo debe tener sentido y estar relacionado, al igual que ocurre en el caso de los manuales de identidad corporativa. Tanto etiqueta como envase y embalaje deben estar en consonancia y mantener un mismo estilo, color y armonía, dado que de ello depende su reconocimiento como identificador de producto, y como elemento publicitario del mismo.

Si el envase del producto (un tarro de cristal o botella de plástico, por ejemplo) es de un color determinado; o por el contrario, lo es su etiqueta, la caja contenedora o embalaje secundario debe respetar tal color o ser complementario al mismo, dado que de la imagen de producto depende mucho su publicidad y su elemento identificador.

Algo similar ocurre con la tipografía usada, el diseño gráfico en general de caja, envase y etiqueta. Y en todo ello se basan las directrices de la industria del *packaging*.

2.2. Sistema de funcionamiento

El *packaging* es en sí el método eficaz para que un producto en venta pueda ser percibido de manera atractiva y posteriormente adquirido por parte del cliente, permitiendo preservarlo en cuanto a calidad y conservación.

Para que todo eso sea efectivo, debe valerse de un **sistema de funcionamiento** que permita mantener el producto en situación óptima en cuanto a protección y conservación, pero también ha de tenerse en consideración otro tipo de detalles de funcionalidad, como su capacidad para el transporte, el peso y el volumen, el coste de producción del mismo, la comodidad de agarre y destape y el diseño.

Para que un sistema de *packaging* funcione correctamente ha de ser sobre todo llamativo, fácil de portar o transportar y cómodo a la hora de ser abierto o agarrado.

Como en casi todo lo referente a este tipo de industria dedicada a complementar los productos en materia del diseño gráfico, pero también en cuanto a seguridad y conservación, requiere de un proceso de esbozo y bocetaje previo.

Ese bocetaje no solo define el diseño exterior del producto, como su etiquetado o su embalaje o caja exterior, sino que define el montaje de la propia caja en sí, o la forma del envase primario.

Cada forma de botella de plástico o cristal, cada lata o cada caja, ya sea de madera, plástico o cartón, requiere de un bocetaje previo que defina sus formas específicas.

Aunque siempre es aconsejable que el envase primario deba ser simple y de rápida fabricación, dependiendo de las marcas o fabricantes surgen nuevos modelos o envases de formas originales y complejas, buscando con ello provocar una llamada de atención, un impacto visual previo, primando a veces la comodidad o la sencillez de los estándares.

En la fabricación de ciertos envases o en los embalajes secundarios, como en el caso de las cajas, se necesita de un estudio previo que define el montaje volumétrico.

Mientras que en la creación del diseño de ciertos envases valdrá con el diseño de su forma exterior mediante formas planas sobre el boceto o esbozo en papel, para idear otro tipo de productos como los embalajes secundarios habrá que pensar en el montaje tridimensional de sus formas.

Es por ello que no solo será necesario un estudio artístico de sus formas y diseño exterior, sino cómo habrá de montarse dicha forma, cómo se habrán de unir o pegar las solapas o encajar las partes, etc.

Por este motivo se recurre a la uniformidad de los estándares y se tienen en cuenta los tamaños ya existentes y universales que se encuentren en el mercado para facilitar la tarea de bocetaje en la manera de plasmar el embalaje y todas sus partes en un plano bidimensional que posteriormente habrá de ser manipulado para crear formas más complejas y tridimensionales.

 Nota

Utilizar como base las medidas estándares universales suele facilitar el trabajo de diseño de embalajes en *packaging,* dado que será más fácil encontrar plantillas existentes previamente.

Muchos de los embalajes están dedicados a la formación de cajas, por lo que en el plano de montaje que se esboza primero se habrán de representar todas las caras que forman el paralelepípedo o cubo, como si este se encontrase abierto o desmontado.

En esos bocetos se deben representar también el doblez de las solapas que dan más fuerza a las paredes o cierres de las cajas, como se ve en la imagen a continuación.

Embalajes y planos de montaje

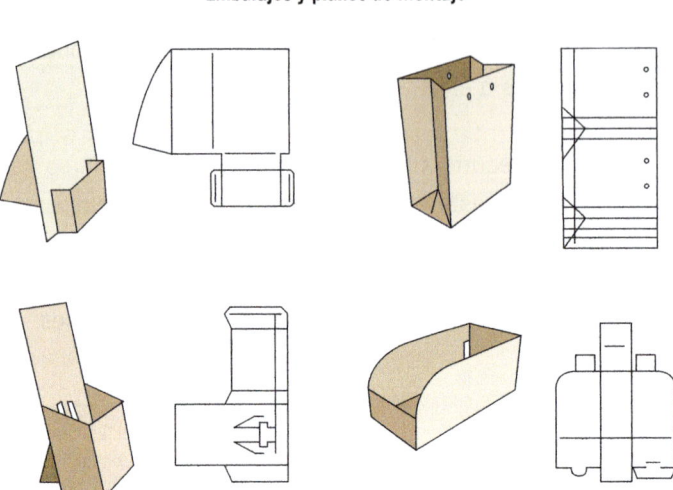

Estos dispositivos o elementos de cierre deben ser lo menos complicado posible para el que manipule dicho embalaje. A veces serán tapas, en otros casos simplemente solapas del propio embalaje de manera superpuesta o incluso solo un fino plástico transparente que recubra el envase primario y que habrá de ser cortado y roto para poder acceder al interior del embalaje.

Algo similar ocurre con los envases, donde los elementos de apertura en este caso han de ser sencillos, como tapas a presión o rosca, y elementos denominados **abrefáciles** como esquinas recortables, anillas o elementos de perforación que suelen ir acompañando al envase y que permiten perforar alguna de las partes de dicho envase o embalaje.

Depende de las propias características del contenido que tenga que preservar el envase o embalaje que este mantenga unas características y formas concretas.

Alguno de esos factores determinantes pueden ser la fragilidad del contenido o si ha de mantenerse en unas condiciones de temperatura óptimas para su conservación, pero otras las definirán el modo en que se pretenda que sean manipulados, o el transporte, almacenamiento y su apilamiento que se sabe que dichos embalajes o envases van a tener tanto en almacén como en el punto de venta.

Aplicación práctica

Ante el contenido de las cajas, una empresa de *packaging* destinada a la fabricación de embalaje secundario de electrodomésticos toma la decisión de realizar aperturas laterales para que puedan introducirse las manos para ciertos productos ligeros como microondas y pequeños hornos de grill. Estos diseños se han decidido solo para esas cajas de menor tamaño y con contenido más ligero. ¿Cree que es una buena decisión?

SOLUCIÓN

Sí, por supuesto. Una de las finalidades del *packaging* es favorecer el transporte o manipulado como sistema de funcionamiento. Si los electrodomésticos pesados van a ser transportados y manipulados mediante carretillas elevadoras, ya que su peso así lo indica, no necesitan de esas aperturas manuales, pero al ser cajas de menor tamaño y mucho más ligeras en peso se favorece el transporte y manipulado manual de dichos objetos, por lo que la decisión es completamente acertada y lógica.

Actividades

5. Haga un ejercicio mental e intente recordar qué tipo de envases (botellas, tarros, latas, etc.) de los que ha podido ver en los supermercados habituales se valen de elementos de funcionamiento tales como asas o tiras para su transporte, o se corresponden con el tamaño o forma para ser asidos con las manos. Haga una relación y razone su respuesta. ¿Qué sistemas de apertura y cierre tienen esos objetos? Explique si cree que los sistemas de funcionamiento de estos elementos de *packaging* son adecuados a sus características.

6. Comience un proceso de construcción de producto para el *packaging*. Según se ha podido observar en la ilustración anterior, así como en la siguiente, cada embalaje secundario ha de plantearse de manera que se pueda construir mediante un boceto que indique las caras que componen su figura abiertas y planteadas sobre un plano bidimensional. Haga uso de su imaginación para inventar un producto de *packaging* de embalaje secundario o válgase de una búsqueda en Internet (o en la biblioteca más cercana) y plantee sobre el papel con sus herramientas de bocetaje (lápiz, goma y regla) el plano que constituirá su figura tridimensional.

2.3. El volumen

Es algo evidente que tanto los envases como los embalajes de productos tienen como característica principal el volumen. Son objetos volumétricos, en tanto que se tratan de objetos tridimensionales.

Por ese motivo, cuando se realizan bocetos o esbozos de productos de *packaging,* hay que tener en cuenta esta tridimensionalidad del producto gráfico tanto en sus primeras líneas como en el diseño final.

Es por ello que hay que plantear la construcción del envase o el embalaje desde las directrices que marcan las dimensiones; o lo que es lo mismo, habrá que plantear todas las caras que componen el objeto tanto en altura como en anchura y en profundidad, sin olvidar las tapas tanto superiores como inferiores si las tuviera.

Es algo lógico que tras los primeros bocetos haya que ir ya planteándose en un plano bidimensional, el esquema de montaje de tales caras, lo que se denomina **el desarrollo de la pieza volumétrica.**

Ese plano de pieza volumétrica, cuando ya se convierte en arte final tras la fase de diseño gráfico, pasará por un proceso de impresión y posteriormente a fase de manipulado o montaje, por lo que debe de haberse calculado muy bien ese montaje tridimensional puesto que en esa fase final se plegarán dichas formas y habrán de formar el envase o embalaje nombrado, teniendo que encajar correctamente.

Los envases, como ya se ha indicado anteriormente, no necesariamente han de establecer un plano de pieza volumétrica, ya que generalmente al tratarse de botellas, tarros, latas o botes que han de llevar un proceso distinto de fabricación pueden expresarse en los bocetos de manera artística y ya en el proceso de fabricación se calculará cómo conseguir esas formas indicadas sobre el papel.

Pero en el diseño de embalajes, sobre todo en el montaje de las cajas, sí hay que expresar todas las caras de la misma, entre otras cosas porque dicha caja suele ir rotulada, si no en todas, en casi todas sus caras.

Plano de montaje de embalajes

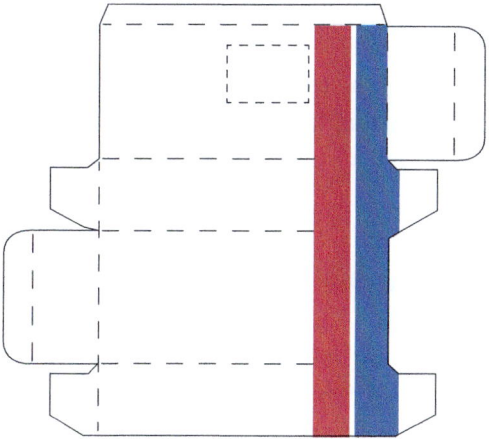

 **Importante**

Dado que el diseño de embalajes es volumétrico, hay que plantear el plano de montaje. Entre otras cosas porque cada cara puede contener diferente mensaje y hay que plantearla desde el momento en el que se diseña.

2.4. La ergonomía

Otro aspecto esencial en el bocetaje o diseño de productos de *packaging* es la ergonomía.

Un envase o embalaje, como ya se ha indicado previamente, ha de ser cómodo y manejable tanto al ser cogido o asido con las manos como para su posterior transporte.

Estos factores, que son los que forman parte de la ergonomía de los productos, están al servicio del consumidor. Y al estar a su servicio, se adaptan por completo a él y sus formas responderán a formatos estándares y proporciones adecuadas para que estos puedan ser cogidos o transportados de manera cómoda y manejable.

La ergonomía de los productos se rige por una serie de factores como son la ligereza, la comodidad, la limpieza y la seguridad.

Ligereza

Cuando se habla de ligereza, no se hace referencia a que los productos han de ser excesivamente livianos en el peso. Sino más bien que los pesos tanto de envase y producto han de regirse por unos cánones estandarizados para que no exceda ciertos límites y puedan ser transportados de manera manual por los clientes. De ahí que se hayan establecido límites para los pesos de ciertos *packs* de productos como las cajas de varios *tetrabriks* de leche o de latas de refrescos, los piensos de los animales, los sacos de abono para las plantas de jardín, etc. Todos esos pesos máximos se han determinado antes y siguen unas condiciones de ligereza, dado que antes se excedía en los pesos máximos y el consumidor podía llegar a dañarse con su carga.

Comodidad

En función a la comodidad, el envase o embalaje ha de ser cómodo de coger y transportar en varios sentidos. Si son objetos pesados, se suelen añadir asas o aberturas laterales para que entren las manos; si son más ligeros, se adaptarán a la forma de las manos para que puedan ser más llevaderos. Además, los elementos de apertura como tapas, abrefáciles, anillas, chapas enroscadas o tapones son cada vez más cómodos y por tanto más fáciles de manipular.

Limpieza

En materia de limpieza, son cada vez más seguros y más limpios tanto los envases como los embalajes, que garantizan que el producto o contenido se conserve en mejores condiciones y en materia de seguridad y limpieza. Gracias a que cada vez se preservan mejor los contenidos, es más difícil que acaben por manchar o ensuciar. Para ello han de estar golpeados o rotos, que puede darse el caso, pero ese factor es posterior a la fabricación de los envases o embalajes por un mal uso de los mismos.

Seguridad

Al igual que los envases o embalajes se mantienen en condiciones de limpieza, lo han de hacer igualmente en condiciones de seguridad. Es más, ambas acepciones van a veces de la mano, dado que igual que los embalajes o envases se encuentran tanto en los puntos de venta como en el hogar en estanterías preservando su contenido en condiciones de limpieza, lo hacen también en condiciones de seguridad. Eso sí, existen ciertos elementos de apertura y cierre, sobre todos de envase, que garantizan la seguridad ante posibles vertidos de contenido, mal uso, o para que no puedan ser manipulados o usados por los menores, como son los denominados **cierres de seguridad.**

Estos cierres suelen ser tapones o aberturas difíciles de manipular para un menor (como por presión y luego rosca) para precisamente evitar que ocurra ese tipo de inconvenientes y mantener el contenido en condiciones de seguridad ante el mal manipulado.

2.5. La legibilidad e impacto visual

Uno de los requisitos esenciales en cuanto a elemento identificador o publicitario es la necesidad de la legibilidad e impacto visual tanto del etiquetado como del embalaje del producto, por lo que forma parte del diseño gráfico en *packaging.*

Ya desde la fase de bocetaje y esbozo del diseño tanto del envase como del embalaje o etiquetado, hay que tener en cuenta el mensaje bimedial que se pretende ofrecer según la imagen corporativa de marca. Ese mensaje bimedial puede conjugar imagen o fotografía y texto, o bien imagen vectorial con texto.

Forma parte del diseño del *packaging* que el uso del color o imagen corporativa provoque atractivo y deseo de compra en el posible cliente, pero por supuesto es un elemento esencial que los textos sean perceptibles en la distancia y legibles para cumplir con su cometido.

En cuanto al impacto visual, tanto si se usa imagen de tipo fotográfica como si se usa solo mediante forma y color, el uso de cada elemento ha de ser llamativo, para provocar la atención del cliente.

Por tanto, son elementos relativos al impacto visual tanto el color como la composición del mensaje bimedial en cuanto a diseño gráfico, como la tipografía. Pero por supuesto lo es también la propia forma del envase o del embalaje del producto.

Sabía que...

Muchas veces, es el propio texto el que provoca el impacto visual, ya que existen tipografías de carácter caligráfico, de fantasía o decorativas que con solo el trazado de sus formas y el uso del color que se aplique a la propia fuente ya consiguen provocar el impacto visual necesario como llamada de atención para los posibles clientes al ser mostrados en el punto de venta.

Muchas veces se consigue lograr un mayor impacto visual gracias a la propia forma del envase o el embalaje, destacando de entre los demás tamaños y formas estandarizadas, aunque se pierda en otro tipo de características o funciones como la comodidad para asir o transportar los productos, o la facilidad o versatilidad para su colocación en el punto de venta.

Tipo de expositor y a la vez embalaje secundario para su colocación en el punto de venta

En el caso del uso de la tipografía, es importante la legibilidad, dado que aunque la fuente principal utilizada para provocar impacto visual sea de tipo caligráfico o de fantasía debe ser ante todo legible.

De nada sirve provocar impacto visual si no se reconoce el contenido del producto a causa de una mala legibilidad de la tipografía principal, ya sea de marca o de mero indicativo del contenido.

En el uso de tipografía de etiquetas, envases o embalajes, hay que dedicar tiempo de bocetaje y esbozo, así como de diseño gráfico posterior, ya que en todo producto hay que hacer uso al menos de dos tipografías diferentes.

Suele ser habitual que la marca contenga una o varias tipografías en la composición de su isologo o su logotipo, pero a su vez se suele hacer uso de otra tipografía que, lejos de provocar impacto visual en el posible cliente, permita una mayor legibilidad.

Esa fuente mucho más legible (generalmente de palo seco o sin serifa) suele estar dedicada para indicar el contenido, los ingredientes o composición si se tiene, etc.

La información que debe emitir tanto un envase como un embalaje ha de ser clara y por tanto legible, dado que ha de expresar muy bien qué es lo que contiene, y por otro lado ha de ser llamativa o provocar impacto visual, ya que la amplia competencia existente en el mercado obliga a diferenciar un producto de otro de manera atractiva.

Los envases o embalajes no pueden ser objetos que hagan dudar al cliente acerca de su contenido, la información, la publicidad y la marca han de ser legibles de manera clara y contundente, y a ser posible en la distancia.

Aplicación práctica

Respetando la identidad corporativa de una empresa, decide introducir en el diseño del lateral del embalaje secundario la composición del producto y sus ingredientes usando la tipografía corporativa de dicha marca. Un compañero que pasa por su lado le comunica que no es una fuente muy legible, pero usted, haciendo caso omiso, continúa con el diseño dado que de este modo respeta por completo dicha identidad corporativa de marca. Una vez terminado el diseño, su encargado más próximo, que ya ha revisado el trabajo, le comunica que esa tipografía no es nada legible y que debería cambiarla por otra mucho más legible. ¿Cree que tenían razón tanto el compañero como el encargado con su decisión pese a no respetar la identidad corporativa?

SOLUCIÓN

Evidentemente, tanto el compañero como el encargado de la empresa de *packaging* tienen razón. La identidad corporativa o de marca ha de ser siempre respetada, y por tanto utilizada en todo concepto y diseño de nuevas líneas de productos o en materia de publicidad, pero con la salvedad de los detalles tales como la composición o los ingredientes de cada artículo o producto. Esto es debido a que son datos que deben ofrecerse con claridad, y si la letra no es legible, siempre se recomendará una tipografía de palo seco. Estas directrices hay que respetarlas a rajatabla, y en ningún caso se estará rompiendo con los criterios de identidad corporativa o de marca.

Cada vez es más difícil distanciarse de otras marcas de la competencia, por ello el impacto visual es importante, pero no en cuanto al color y la tipografía solamente, sino a través de otro tipos de recursos llamativos.

A veces se recurre a la provocación en el diseño gráfico de las caras de los embalajes o envases, en otras se recurre a la ilusión o a la sensación de mejora de los clientes con el uso del producto, etc.

Muchas veces eso se consigue con la propia forma diferenciada tanto de la caja como del envase, pero otras veces, y manteniendo las medidas estándares, se consigue con el diseño gráfico.

En la actualidad se recurren a otros tipos de sensaciones como son también el tacto o el olfato, y los productos de *packaging* se hacen cada vez más en materiales diferentes a los habituales o con texturas llamativas, rugosas o suaves para provocar sensaciones en los clientes.

Otras veces tendrán perforaciones en su embalaje para que el cliente pueda oler el contenido, ya sea alimenticio, como de limpieza o perfumería. Nuevas sensaciones que provocar para distanciarse de la difícil competencia.

Embalaje con perforaciones laterales para poder percibir mediante el olfato otras sensaciones diferentes a las habituales.

 **Actividades**

7. Existe una serie de criterios universales que definen que tanto el volumen como la ergonomía de los productos de *packaging* sean de esa forma y no otra según sus características y los productos que envasen, conserven o protejan. Pero ¿cree que podrían mejorarse algunos sistemas o formas? Invente algún sistema de funcionamiento o envase de producto innovador y realice unos bocetos o esbozos que definan sus formas. ¿Cree que podría inventar un nuevo sistema de cierre o apertura de seguridad? Explique y razone su invento.

Continúa en página siguiente >>

<< Viene de página anterior

8. Continuando con el ejercicio anterior de creación de producto de *packaging* de tipo embalaje secundario, retomará el boceto del plano de montaje planteado sobre el papel y utilizará sobre él las técnicas de impacto visual, composición de color y legibilidad, inventándose una marca o línea de producto (se podrán usar lápices o rotuladores de color) y bocetando sobre dicho plano y a mano alzada el contenido del mensaje bimedial de cada una de las caras que constituirán dicho embalaje.

2.6. El punto de venta y el lineal

El lugar destinado a la colocación de los productos para su muestra en las diferentes zonas de los establecimientos comerciales es conocido como **punto de venta.** No hay que confundir el punto de venta y el lineal, ya que mientras el primero es todo el lugar físico donde se distribuyen los productos en un local comercial, incluido el mostrador y el escaparate (pero no el almacén ya que no está a la vista del cliente), el lineal es la zona de estanterías sobre las que se distribuyen los mismos, como se podrá ver a continuación.

La técnica de animación del punto de venta es conocida habitualmente con el anglicismo que la define como *merchandising.* Para lograr una buena venta no solo se ha de ofrecer y ofertar un producto, sino que habrá que atraer la atención del cliente de manera sugestiva, llamando su atención; en resumidas cuentas, haciéndolo atractivo. Un método muy utilizado para la presentación de productos en el punto de venta es el que se centra en un sistema conocido como **AIDA.**

Las siglas de AIDA vienen referidas por este orden a las necesidades que deben despertar en el cliente los productos en el punto de venta: llamar la Atención, despertar Interés, provocar el Deseo de compra, para finalmente provocar la Acción de compra deseada.

Para lograr que el modelo AIDA sea efectivo, hay que valerse de dicha técnica, pero también en las técnicas físicas de equipamiento del propio establecimiento como son, entre otros, los mencionados lineales.

Las técnicas físicas de equipamiento, como su nombre indica, son aquellas destinadas a atraer la atención del cliente gracias a su forma, colocación, colorido, etc. Son todas aquellas técnicas habituales que se pueden encontrar en cualquier comercio, ya sea grande o pequeño, y que intenta ofrecer los productos de manera atractiva, ya sea por su colocación, por estar presentados en atractivos *stands,* por el orden en las estanterías o góndolas y sus estantes.

 ## Actividades

9. En materia de *packaging* no siempre se acierta con el diseño o la rotulación de los envases y embalajes. En su próxima visita al comercio más cercano observe las etiquetas y los embalajes de productos que considera desacertados en cuanto a bajo impacto visual o que sean poco legibles. Anótelos o fotografíelos.
10. Ahora tiene la oportunidad de cambiar la imagen de dichos productos previamente anotados. Realice una serie de bocetos con los cambios que considere oportunos para mejorar el impacto visual o la lectura de sus elementos. Recuerde que la imagen corporativa no puede ser modificada, así que respete en todo momento dichas acepciones y, si considera que el concepto de la identidad corporativa es erróneo y decide modificarlo, recuerde anotar la tipografía y los colores que va a usar en el cambio o evolución de la marca.

La colocación de productos en la zona de ventas no es algo que se pueda ejercer de manera aleatoria y desordenada, más bien todo lo contrario, ya que requiere de un estudio previo de las posibilidades que ofrece el local comercial en concreto.

 ## Sabía que...

Existen áreas diferenciadas en la zona de venta catalogadas como "calientes" "frías" y "templadas", siendo las zonas calientes las más aptas y llamativas para los clientes y las frías aquellas que pasan más desapercibidas.

Estas posibilidades recaen no solo en las instalaciones físicas del comercio, ni siquiera en las posibilidades que ofrece el mobiliario o de los obstáculos arquitectónicos, sino que responden a criterios organizativos y de filosofía empresarial.

Los criterios que definen la colocación de los productos están siempre referidos a aumentar la capacidad de venta y rentabilizar la actividad comercial al máximo pese al tamaño de la empresa, de su *stock* o de las instalaciones.

La colocación de los productos en la zona de venta definen en gran parte el éxito de la actividad comercial desarrollada, por ello se sopesan tanto las funciones como las necesidades y criterios organizativos que un producto debe cuidar ante su exposición en la zona de ventas.

Zona de ventas y otras zonas destinadas a almacén o auxiliares en un local comercial al uso

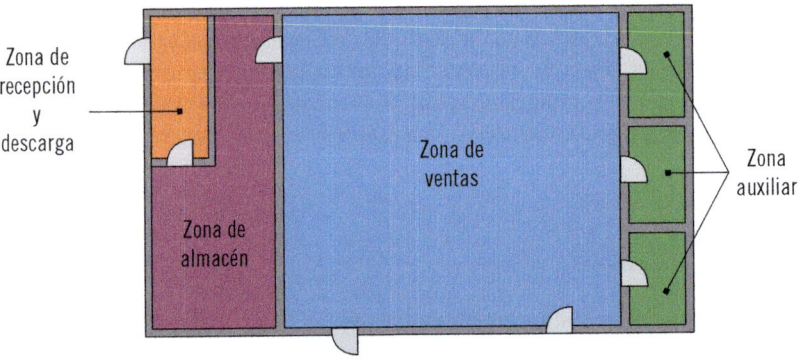

Para entender rápidamente y en unas pocas palabras el significado de los lineales como concepto, un lineal no es el estante de un mueble o expositor en concreto, sino una consecución o línea de elementos expositivos, ya que puede entenderse como un lineal a los diferentes estantes de diversos sistemas de exposición como *stands,* expositores, góndolas y estanterías que se encuentren próximos entre sí.

El concepto de lineal es quizá más fácil de entender cuando se hace referencia a los pasillos en las zonas comerciales. Al transitar los pasillos creados por el mobiliario en las zonas de ventas y observar solo uno de los laterales del mismo, se pueden ver todos los productos expuestos de un solo lateral, estén o no a la misma altura y en la misma disposición.

Un lineal es, por tanto, un sistema de medida formado por diferentes muebles, sean similares o no. Se entiende como lineal a toda la longitud que ofrecen varios muebles unidos entre sí de punta a punta. Y tal es así, relacionado con una unidad de medida, que también forman parte del lineal aquellos productos situados en el suelo o sobre palés, en la zona baja de muchas estanterías y góndolas que lo permiten.

 Importante

Se considera como medida de longitud al lineal, entendiéndolo como unidad de medida una cara completa de uno de los pasillos en concreto, desde el inicio al final de la correlación de muebles y expositores.

De hecho, es tanto una unidad de medida que se suele diferenciar como longitud del lineal cuando se calcula la distancia que supone un lineal completo midiéndolo de punta a punta gracias al extremo de un metro colocado en el inicio de los diferentes muebles y al final de los mismos.

Gracias al concepto de lineal, y dado a que representa una de las caras de cada pasillo creado en la zona de ventas de un local comercial en concreto, se entiende el concepto conocido en *merchandising* como **fronteo.**

El fronteo de productos viene relacionado con la presentación del producto por su cara frontal o delantera, o por su colocación frontal, en cada lineal del punto de venta.

Por ello han de ser atractivos los diseño de los embalajes y envases de productos, para destacar primero en el lineal y, si es posible, en todo el punto de venta.

Concepto de lineal como unidad de medida

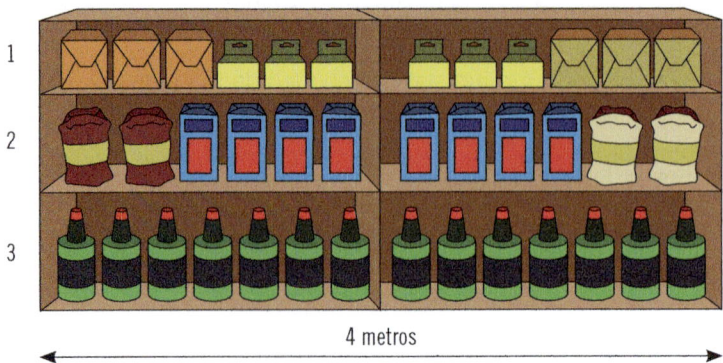

4 metros

Ha podido ocurrir a veces que no se encuentra un producto en concreto a simple vista por culpa de no verlo rápidamente en el lineal del punto de venta.

Si un producto no se encuentra en primera línea, tiene grandes posibilidades de salir perjudicado frente a otro de la competencia, de ahí que sea importante colocar siempre una primera línea de productos visibles o productos en fronteo en los estantes de los lineales.

 ## Actividades

11. Defina el concepto de fronteo de productos para que una persona no iniciada en el estudio de la actividad comercial comprenda su significado. Escriba con sus palabras cómo explicaría este tipo de actividad comercial a un familiar cercano. Explique brevemente en qué consiste un lineal.
12. Continuando con el ejercicio de montaje de su propio embalaje secundario, habrá de llevar ahora sus bocetos hechos a modo de plano de montaje a un material rígido con el que construir las formas de dicho producto de *packaging*. Puede usar los bocetos previos y recortarlos con tijeras como plantilla sobre dicho material más rígido, o puede volver a plantearlos, esta vez sobre una cartulina o un cartón de un gramaje no superior a 350 gr.

Continúa en página siguiente >>

<< Viene de página anterior

13. Si tiene la posibilidad y los conocimientos como para hacer uso de aplicaciones de diseño gráfico, se aconseja que se valga de ellas llevar la composición planteada sobre el boceto a reproducción digital. Si no tiene esa posibilidad, continúe con su trabajo siendo muy cuidadoso y pasando a limpio sus bocetos sobre el plano de papel al nuevo plano o plantilla creado sobre la cartulina o cartón. Recuerde que el impacto visual y la composición del mensaje bimedial ha de ser cuidada con excelencia en este paso, dado que dicho trabajo (tanto a mano sobre la cartulina como en *software* específico de diseño) serviría pasa ser mostrado a un cliente a modo de prueba o maqueta.
14. Suponiendo que el cliente hubiese dado el visto bueno, ya solo habría que montar dicha estructura. Si ha usado *software* de diseño deberá primero imprimir su plano de montaje sobre una cartulina o papel grueso o sobre un papel que luego habrá de pegar a dicha cartulina para ofrecer mayor consistencia.
15. Tanto si hizo el plano de montaje a mano o lo ha impreso, use ahora la las tijeras y recorte el plano de la figura de la cartulina o cartón sobre la que se encuentra.
16. Con cuidado haga los dobleces necesarios y ponga pegamento en las solapas que lo necesiten para dar resistencia y unir las diferentes caras de su embalaje secundario de producto de *packaging*. Una vez construida la estructura se puede obtener como resultado una maqueta real o a escala de un producto de *packaging* de tipo embalaje secundario.
17. Es el momento de ser autocrítico y observar los resultados. ¿Cree que responde a criterios de funcionalidad y ergonomía? ¿Produce un correcto impacto visual, existe uso correcto del color y son legibles sus tipografías? Anote en un papel las posibles correcciones y mejoras para la construcción de la maqueta final de producto y habría completado el ciclo de bocetaje y maquetación de producto de *packaging*.

2.7. Materiales y sistemas de impresión

Existen muchos materiales y sistemas de impresión diferentes en el sector del *packaging*. Es más, debido al tipo de materiales que se usen en la confección de tales productos preservadores de contenidos, se usará un sistema u otro de impresión.

En el caso del etiquetado y en los embalajes secundarios del tipo caja de cartón o papel, es evidente que se usa el sistema clásico del *offset,* también conocido como imprenta tradicional.

El sistema de imprenta *offset* garantiza muy buenos resultados y grandes calidades sobre el papel y el cartón, y de ahí que sea el sistema más utilizado en este sector de la industria del *packaging*.

Pero para la industria del envase, al tratarse de otros tipos de materiales como el cristal, el metal o el plástico suelen usarse otros sistemas de impresión como son la impresión flexográfica o flexografía y el huecograbado.

Materiales y sistemas de impresión en *offset*

Como se ha podido comentar en la introducción anterior, el sistema de imprenta *offset* permite muy buenos acabados y unas grandes calidades en el uso de materiales derivados de la celulosa como el cartón y el papel, por ello es muy habitual su utilización en etiquetado y embalaje secundario.

Los materiales más utilizados en *offset,* por tanto, serán el papel (en todos sus gramajes y formas) y el cartón (también en diferentes gramajes), y por ello se destinan al sector del embalaje y etiquetado.

Tanto el papel como el cartón se dedican no solo a la fabricación de cajas o etiquetas, sino que permite también ser utilizados para la formación de bolsas o sacos fabricados con estos materiales y que también pueden ser impresos en su superficie.

El sistema *offset* puede ser de dos tipos: sistema *offset* tradicional y *offset* en seco.

Offset tradicional

El sistema *offset* tradicional se basa en un sistema litográfico o de repulsión del agua. Este proceso se aleja de los sistemas de impresión en los que existe una diferencia de nivel, ya sea de realce o en hendidura, entre lo que se va a imprimir y la tinta, y que tras presionar sobre una superficie o material dejará impregnado el motivo deseado sobre la superficie por contacto directo.

El principio litográfico en el que se basa el *offset* tradicional innova y permite un mayor y más rápido proceso de impresión gracias al uso de planchas completas de caracteres o imágenes efectuadas al mismo nivel, sin tener que establecer diferencias de nivel alzadas o hendidas para retener la tinta en esa diferencia de altura, y dejando en blanco por tanto aquellas otras zonas no entintadas precisamente por esa diferencia de ras.

Parece algo complicado que se pueda conseguir imprimir ciertas partes de un texto o dibujo sin diferencia de altura entre fondo y figura, pero el sistema es más sencillo de lo que desde un primer momento pudiera parecer.

Estas piedras litográficas, piedras calizas con las que se establecía el procedimiento de estampado sobre sustrato originariamente, tienen una característica especial basada en absorción o impermeabilidad de elementos líquidos que se sustenta en la ley natural de sustancias hidrofílicas o hidrofóbicas (sustancias afines al agua o que por el contrario la rechazan).

Sobre esta peculiar piedra se estampa la imagen a reproducir mediante pinturas grasas que forman la figura o texto a imprimir. Una vez establecida la imagen, y mediante el proceso de hidrofilia o hidrofobia, se comprobará que la zona donde reside la tinta grasa con la que se ha creado la figura o los caracteres a reproducir, absorberá y por tanto se impregnará de la tinta líquida para la reproducción de la imagen, mientras que la zona no dibujada repelerá esta sustancia.

Al prensar esta piedra sobre el sustrato, por la teoría natural del rechazo del agua y la grasa, solo quedará impregnada sobre el papel la imagen dibujada, ya que la zona no dibujada habrá rechazado la tinta.

El sistema *offset* más evolucionado que el sistema litográfico logra el mismo efecto en base a planchas que se colocan en cilindros para acelerar el proceso, pero que actúan del mismo modo gracias al principio de hidrofilia o hidrofobia que rechaza el agua, dejando impreso solo la tinta sobre el material, que en estos casos suelen ser el papel o el cartón.

Offset en seco

El *offset* en seco, por otro lado, es una técnica más avanzada del proceso tradicional, y aunque también se vale del uso de planchas con el contenido a imprimir y cilindros que aceleran el proceso, es más parecido realmente al proceso de flexografía que al del *offset* tradicional, pues dichas planchas sí que han sido creadas con realces de las figuras que se pretenden imprimir.

Materiales y sistemas de impresión en flexografía

La flexografía es un sistema de impresión que gracias a su versatilidad para la adopción de formas complejas está siendo el más utilizado para la rotulación e impresión directa de envases. Por tanto es idóneo para usarse sobre materiales como el cristal, el plástico, la madera o los metales.

Este sistema, a diferencia del *offset* tradicional o el huecograbado, se caracteriza precisamente por mantener formas en relieve que al ser impregnadas en tinta acaban siendo plasmadas sobre el material por esa diferencia clara de nivel. Procedimiento muy útil y eficaz, no exento de evolución.

Hay que recordar que es similar al sistema de la primera imprenta de Gutemberg de caracteres móviles, y de aquellas planchas xilográficas usadas en China desde el siglo V y en Europa posteriormente.

En la imprenta de Gutenberg, mediante moldes realizados de los propios tipos posteriormente rellenados con metal fundido, se podía fabricar en serie tantos tipos móviles como fuesen necesarios para repetirse en los cada vez más extensos textos, por la precisión de la letra a cada vez menor tamaño. Más adelante, estos moldes sirvieron para realizar tipos móviles en goma y plásticos más ligeros y de fácil uso.

Con este nuevo procedimiento el trabajo de los periódicos diarios fue cada vez más ameno y productivo, y tal vez por la necesidad de la inmediatez de la noticia se logró evolucionar este método hasta llegar al conocido como **procedimiento tipográfico de presión cilíndrica o rotativa,** por su carácter extendidamente periodístico.

 Importante

La mejor manera de conseguir una mayor tirada en menor tiempo radicaba en la necesidad de crear un sistema que acelerase el proceso del paso del papel sobre la plancha fija de caracteres, pero para ello se necesitaba un proceso de impresión que igualase la alta velocidad que un rodillo podría alcanzar con la de la plancha con el texto anteriormente citada.

La solución vino finalmente dada por Richard March Hoe y William Bullock, entre otros pensadores de la época. Fue el segundo, en 1865, el que logró inventar la primera máquina sustentada en la tecnología de los dos cilindros, primer sistema revolucionario y de extrema velocidad y tirada existente en el procedimiento tipográfico de impresión.

La plancha donde residían los textos ahora pasaba de ser plana a estar adaptada a la forma cilíndrica sobre la que se encontraba sujeta, por lo que al ser entintada y dejándola rodar sobre el papel o diferente material dejaba impreso en plano lo que se encontraba en relieve a través de su circunferencia.

En la actualidad, ese es precisamente el proceso que se usa en flexografía y también en el *offset* en seco.

La palabra flexografía viene de la flexibilidad que permiten las planchas que contienen tanto el texto como la imagen en este sistema de impresión. El archivo digital se pasa a la plancha como en el caso del *offset* tradicional, grabándola con láser en la actualidad, conocido como sistema *computer to plate* en inglés o del ordenador a la plancha en castellano.

La diferencia reside en que en flexografía y en *offset* en seco estas imágenes que se van a entintar para ser luego impresas sobre el material deseado se encuentran a diferente nivel.

Las imágenes, formas y textos se encuentran realzadas, y por tanto al impregnarse con el color quedarán entintadas por contacto. Luego, como es lógico, al posarse sobre la superficie del envase deseado se habrá logrado la impresión del objeto.

Como estas planchas suelen ser de goma flexible se adaptan a cualquier forma y por ello se utilizan sobre envases con formas curvas o cilíndricas, como suelen ser los envases de cristal, plástico o metálicos.

Materiales y sistemas de impresión en huecograbado

El huecograbado industrial es un sistema de similares características a los anteriores de *offset* en seco y flexografía de presión cilíndrica o rotativa. Y por ello es también muy utilizado en la industria del *packaging,* aunque generalmente sobre papel y cartón o superficies planas de embalajes como la madera o el plástico y rara vez sobre envases.

En este caso, las planchas, generalmente de cobre, estarán grabadas de manera que lo que se quiere plasmar sobre el material será lo hendido en hueco, al contrario que en el caso flexográfico. Estas planchas, sobre un cilindro, serán impregnadas de tinta, y en un proceso parecido al anterior irán dejando impreso su contenido sobre el material.

La tinta, de componentes solventes, será muy volátil, por lo que se secan pronto cuando son inducidas a calor, evaporando el exceso de disolvente al aire.

El grabado sobre el cilindro que va a ser entintado se realiza mediante el sistema de *computer to plate,* pero en este caso las formas serán hendidas y no realzadas.

En sus comienzos, el carácter artesanal del grabado sobre el cilindro ralentizaba el proceso sobremanera, al menos antes de ser este puesto en funcionamiento en su fase de creación.

Nota

Actualmente se usan tecnologías digitales mediante grabado electrónico y el uso del escáner para captar cada detalle que formará la trama de color.

El cilindro, en todos los sistemas antes mencionados (*offset,* flexografía y huecograbado) va eliminando el exceso de tinta de cada pasada mediante un sistema de rascado para evitar una sobreexposición del cilindro a la tinta y evitar resultados desfavorables. Como el cilindro gira sobre su eje, una cuchilla, generalmente de acero, denominada **rasqueta,** se encuentra situada en un punto fijo y a una misma altura (rascando la superficie del cilindro) eliminado y limpiando el exceso de tinta antes de continuar con una segunda pasada sobre los materiales.

El huecograbado es un sistema que se suele relacionar como el *offset* a la impresión de materiales derivados de la celulosa como el papel, el cartón o en todo caso la madera, dado que al ser sus planchas metálicas (generalmente de cobre) no admiten tanta flexión en sus formas. Por ello se elige el sistema de flexografía para la impresión directa de los envases y los sistemas de huecograbado y el *offset* para los embalajes y las superficies planas y rígidas.

Actividades

18. Explique con sus palabras las diferencias existentes entre los sistemas de impresión utilizados en el desarrollo y rotulación de los productos de *packaging* de tipo *offset* tradicional, *offset* en seco, huecograbado y flexografía.
19. Particularmente, ¿cuál de los sistemas de impresión observados considera como el mejor o más efectivo? Razone su respuesta.

2.8. Maquetas de bocetos de *packaging*

Como se ha podido ver en apartados anteriores, el *packaging* en sí es un arte, dado que depende y mucho del diseño y la forma tanto del embalaje como del envase para lograr atraer la mirada de los clientes.

También se ha podido comprobar que para el diseño del envase no es necesario crear un plano de montaje de sus formas, algo que sí se debe hacer ante el diseño de productos de embalaje.

Entonces, como es lógico, para la realización de maquetas de bocetos de *packaging* siempre se hará referencia a los productos destinados a ser embalaje secundario o terciario dentro de la industria del *packaging*.

Hay que recordar también que se considera maqueta tanto al boceto ya destinado a formar parte de la composición gráfica que constituirá la impresión del embalaje (maquetación del mensaje bimedial) como a una maqueta real en sí; o lo que es lo mismo, una prueba real o en dimensiones reducidas de lo que va a ser el embalaje volumétrico o tridimensional final llevado a fabricación.

Aunque con el diseño de los envases y los embalajes se pretende llamar la atención o innovar de manera original, también se ha comentado en numerosas ocasiones que no está de más ceñirse a los estándares universales.

Estos estándares universales no dejan de ser importantes dado que muchas formas previamente estudiadas y definidas facilitarán el trabajo y serán más reconocibles para el público en general en sus lineales y demás expositores del punto de venta.

De hecho, muchos elementos de *packaging* son embalaje y expositores a la vez como se puede comprobar en las imágenes siguientes:

Embalajes de *packaging* que son a su vez expositores

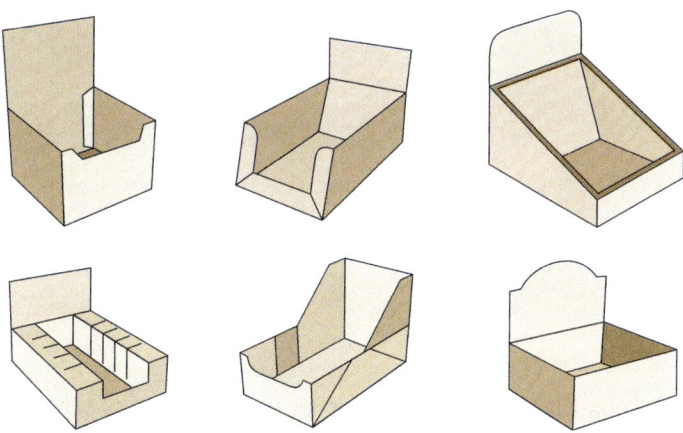

Las cajas expositoras responden a un sistema de embalaje secundario y pequeño expositor al mismo tiempo, con un tamaño que se corresponde con pequeñas dimensiones ya que está completamente ideada para colocarse sobre los estantes de los lineales de los comercios.

En estos casos es habitual encontrarse cajas con líneas perforadas sobre su superficie, que no solo permiten formar ventanas o accesos, sino también muchas otras diferentes posibilidades. De hecho es común que la ventana, acceso o apertura de la caja no se desprenda por completo, sino por tres de sus partes, lo que permite elevar y hacer diferentes figuras a esa tapa desprendida al ser plegada sobre sí misma a modo de pared sobreelevada o cartela con imágenes corporativas impresas o serigrafiadas.

En otros casos, se desprende de manera irregular por la línea de puntos la parte superior de la caja, permitiendo mostrar mejor el producto en su línea de fronteo, mientras que sus paredes laterales se van elevando hacia atrás a modo de cuesta hasta el final, donde la parte trasera actuará de protección total del *stock* de la mercancía presentada.

Muchas de las perforaciones pueden mostrar diferentes figuras que al elevarlas sirvan de reclamo, otras simplemente abrirán por completo la parte superior de la caja (la tapa) para poder acceder a los productos por la parte superior de la misma como se puede ver en la siguiente imagen.

Embalajes de *packaging* con perforaciones y solapas móviles

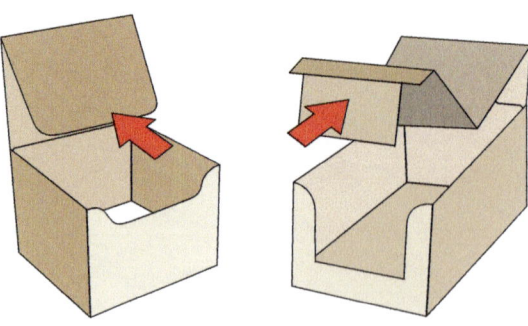

Siendo de una manera u otra, lo que es evidente es que hay que bocetar primero y llevar a formato impreso después un plano de montaje donde se muestren todas las caras de cada uno de los expositores. Y aunque se usen plantillas de formato universal siempre es aconsejable montar una de ellas a modo de maqueta real antes de considerar acabado el diseño y mandar como arte final a impresión y fabricación.

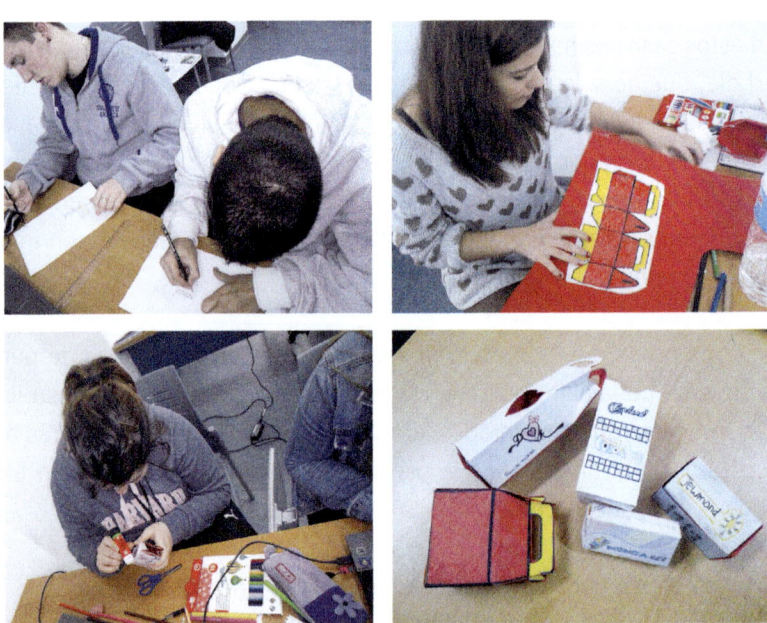

Bocetaje, plantilla, montaje y muestras de maquetas de packaging

Aplicación práctica

A Antonio Pérez, trabajador de la empresa de *packaging* El Paquete Verde SL, se le encarga un proyecto para el etiquetado de una línea de productos para envases en botella de una conocida marca de refrescos. Tras la realización de varios bocetos sobre el papel siguiendo el criterio habitual de etiqueta de papel pegada al envase, recuerda que la empresa ha adquirido recientemente una máquina con sistema de impresión flexográfica. Por este motivo, decide aprovechar las características del sistema de impresión y cambiar el concepto de sus bocetos; y al igual que se hace con otro tipo de envase como las latas, comienza a esbozar y bocetar atractivos diseños ocupando una mayor superficie de la botella, buscando un mayor impacto visual. ¿Cree que está actuando correctamente?

SOLUCIÓN

Sí, está actuando correctamente. El sistema de flexografía permite gracias a sus planchas de goma una mejor adaptación a las formas curvas del envase y una impresión directa sobre la superficie cilíndrica. El trabajador, consciente de las posibilidades que ese sistema de impresión ofrece, decide correctamente bocetar aprovechando ese mayor espacio y olvidar el antiguo concepto de etiqueta de papel pegada al envase. El impacto visual puede ser mayor, y con el uso correcto de la imagen corporativa, sus colores y su tipografía puede lograr un mayor impacto visual ante productos de la competencia de apariencia mucho más clásica. Hay que recordar que existe la posibilidad de que el cliente pueda rechazar ese concepto por alejarse de la monotonía y ser demasiado novedoso, pero se busca provocar un impacto visual que se puede conseguir de este modo. Será decisión del cliente, por tanto, decidir si apostar por un mayor impacto visual con un sistema alejado de los convencionalismos, o recurrir al etiquetado estándar de su línea de producto.

3. Características del producto multimedia

Se conoce como producto multimedia a aquel que no solo se limita al discurso bimedial clásico de texto e imagen, como se ha visto hasta ahora.

Son características del producto multimedia aquellas asociadas a la combinación de múltiples elementos como son el texto y la imagen, pero también el sonido, el vídeo o las animaciones.

Generalmente se asocia la palabra **multimedia** a internet o en general a todo aquello relacionado con la informática, aunque hay que saber que eso no es exactamente así y que un producto multimedia abarca muchas otras posibilidades.

Además, su uso no está limitado a la presentación de información o simple entretenimiento como suele ocurrir en el diseño de páginas web, sino que abarca otras áreas como pueden ser la educativa, el arte, la ingeniería, la medicina y la investigación científica o toda área de negocio conocida.

Por ejemplo, a nivel educativo o institucional, los productos multimedia son utilizados como recurso educativo en los tan actuales y utilizados cursos de aprendizaje *online* o a distancia.

 Nota

Es cada vez más habitual optar por la formación a distancia u online por la comodidad que sugiere el hogar y a la que generalmente se suele acceder desde el equipo informático particular de cada usuario.

Pero como se trata de información alojada en la red y por tanto su acceso ha de hacerse mediante conexión a Internet, es habitual que el usuario o alumno decida hacer sus gestiones desde los equipos informáticos, telefonía móvil o *tablets,* por lo que no se resume solo al formato de ordenador de sobremesa.

Esta educación virtual suele complementar los textos e imágenes fijas con vídeos o sonidos explicativos, así como de gráficos y en ocasiones animaciones que amenicen tal formación *online.*

Otra característica esencial de los productos multimedia es la capacidad de unir conocimientos a través del uso de Internet mediante la indicación de *links* o *hiperlinks* que conectan información con otros enlaces en la red con contenido relevante y en relación con lo que se ha buscado.

De este modo, la información se complementa y tiene como ventaja que acerca al usuario a buscar información en otras fuentes y aumenta la posibilidad de que el contenido se enriquezca con vídeos, audios o imágenes externas; pero tiene como claro inconveniente que a veces con el exceso del uso de los enlaces o *links* externos se acaba por desviar la búsqueda y en muchísimas ocasiones se acaba por llegar a un punto de no retorno en el que la información buscada se ha desvirtuado y es difícil volver al punto de partida o de inicio de búsqueda.

Bien es cierto que los productos multimedia, además de en el ámbito educativo, son muy característicos y reconocibles en la industria del entretenimiento, y muy habitual en la cinematografía actual plagada de grandes efectos especiales o en las películas de animación o dibujo animado.

Pero no hay que olvidar al otro gran sector del entretenimiento, como es el de los videojuegos. Los videojuegos son claros productos multimedia que conjugan todos los elementos: imagen, texto, animación, vídeo y audio.

 Sabía que...

Los primeros videojuegos se valían del sistema de grabado sobre cintas electromagnéticas como las antiguas cintas de casete o de vídeo, hasta que su sistema fue evolucionando llegando a los modelos y formatos actuales pasando por los disquetes de memoria y luego los discos compactos o CD.

La gran mayoría de ellos permiten a su vez ser utilizados con conexión a Internet, por lo que se crea una gran red de contactos interactivos a través de los juegos cooperativos o de enfrentamiento con personas de todo el mundo que estén conectadas al mismo momento con el usuario y que quieran acceder a cooperar o enfrentarse a él.

Pero como los productos multimedia no se limitan al entretenimiento ni a lo meramente educativo, hay que recordar que cada vez más, y sobre todo en el ámbito de las presentaciones en cualquier línea de negocio, se usan más recursos multimedia.

Formato de disco compacto que siguen los CD, DVD y blu-ray.

Las empresas de publicidad o comunicación llevan haciéndolo durante más tiempo, dado que las presentaciones al cliente final forman parte de dicho trabajo y porque sus productos casi siempre han sido de carácter multimedia al utilizar audio y vídeo desde casi sus inicios. Pero es difícil que en la actualidad exista alguna empresa que no tenga presencia en la red.

Es cada vez más habitual que toda nueva empresa, nada más consolidar su actividad empresarial, compre un dominio y se establezca en la red con una página web presentando su negocio. En la actualidad si no apareces en internet, prácticamente no existes.

Estas páginas pueden ser más o menos interactivas, pueden tener más o menos contenido multimedia, siempre al gusto o posibilidades de cada usuario. Algo que no se limita solo al alojamiento virtual de cada negocio, dado que cada vez más, y con el avance de las tecnologías, la presencia de los negocios en todo tipo de dispositivos pueden hacerse mediante el uso de aplicaciones propias y no solo a través del uso de la web como elemento.

3.1. Formatos y productos

En el anterior apartado se han podido anunciar ciertos formatos y productos en relación directa con los productos multimedia, pero será en este apartado en el que se hable en profundidad de cada tipo de formato y producto existente con estas características.

Es muy importante, antes de llevar a cabo la producción de un documento multimedia, tener claro el formato en primer lugar para luego elegir el producto más adecuado para su uso y reproducción.

Pero es aún más importante ante todo tener definido el público objetivo o a quién va a ir dirigido el producto para poder elegir el medio por el que se va a difundir o el tipo de formato y soporte más adecuado.

Otro factor que interviene en la toma de decisiones, como es lógico, es el presupuesto del que se dispone para cada tipo de campaña o de difusión de información, por lo que dependiendo del factor económico también se tomarán las decisiones oportunas para la elección de un soporte final u otro.

Los principales formatos y productos multimedia son los CD, DVD o *blu-ray* interactivos, cartuchos o tarjetas de datos, las páginas web, o las aplicaciones informáticas y otros tipos de dispositivos multimedia como los VR, *pen drive,* discos duros externos, reproductores de audio o audio y vídeo, etc. Aunque estos formatos cada vez están más en desuso gracias a la publicación en la nube, y a contenidos que se pueden visualizar o descargar *online.*

Principales formatos y productos multimedia

Como se comentaba en el anterior apartado, los formatos y los productos multimedia son elegidos para su uso y difusión según un criterio económico y un criterio de elección del público objetivo al que van a ir dirigidos. Los principales productos multimedia, por ser los más habituales, son los que se comentan a continuación.

Almacenamiento en la nube

El almacenamiento en la nube puede considerarse un formato o método para distribuir y acceder a productos multimedia. Aunque técnicamente no es un formato de archivo en sí mismo, el almacenamiento en la nube proporciona una forma de almacenar, acceder y compartir una amplia variedad de formatos multimedia, como imágenes, audio, vídeo, documentos, presentaciones, etc.

El almacenamiento en la nube permite a los usuarios cargar sus archivos multimedia en servidores remotos a través de internet. Estos archivos pueden ser accesibles desde cualquier dispositivo con conexión a internet, lo que facilita el acceso y la distribución de contenido multimedia en múltiples plataformas y dispositivos.

Aplicaciones informáticas

En la actualidad, el recurso multimedia más utilizado son las aplicaciones informáticas, sobre todo las destinadas a los dispositivos portátiles más utilizados hoy en día como son el teléfono móvil o su derivado más común: las *tablets.*

Dado que son productos muy difundidos y extendidos, se han convertido en un claro objetivo para las empresas en materia de publicidad y servicios.

Estas aplicaciones pueden ser de varios tipos, aunque quizá en estos casos sí que primen las aplicaciones destinadas al entretenimiento frente a otras con menos sector de influencia.

Generalmente las aplicaciones más utilizadas son las de comunicación a modo de mensajería interna, foros de debate o chat entre usuarios y los videojuegos, siendo también muy utilizadas las aplicaciones dedicadas a los sistemas de navegación o GPS y las de geolocalización.

Son de carácter multimedia dado que todas compaginan textos, imágenes, audios, vídeos y animaciones en su constitución.

En estas últimas (GPS y geolocalización), previo pago por parte de las empresas, pueden aparecer las identidades corporativas de los establecimientos en sus mapas, dando opción incluso a opiniones de los usuarios que hayan podido entrar físicamente en ellas. Siendo también habitual que empresas con poder adquisitivo acaben por comprar espacios publicitarios o *banners* que aparecen constantemente mientras dichas aplicaciones se van usando.

Hoy día, se utilizan a diario aplicaciones informáticas.

Pero es cada vez más habitual que en el resto de aplicaciones (ya sean videojuegos o de conversación entre usuarios) las empresas aprovechen los espacios animados o *banners* y ventanas desplegables que estas ofrecen para incluir en ellas su publicidad, siendo beneficiadas ambas partes, el producto o formato multimedia al ser financiado de ese modo y la empresa anunciada mediante su publicidad.

Otra ventaja de las aplicaciones es que permiten no solo la inserción de publicidad en sus sistemas, sino que se valen también de *links* o enlaces que redirigen a otras aplicaciones o redes para usarlas o descargarlas, o bien para mostrar otro tipo de recursos y publicidades.

Actividades

20. Haga una relación de los productos de tipo multimedia que hay en su hogar y refléjelos en una lista o esquema. Ahora haga un ejercicio de memoria y piense cuántas veces ha hecho uso en el día de hoy de herramientas o productos de carácter multimedia. ¿Cree que las personas son conscientes de que están insertas en una sociedad de elementos totalmente multimedia e interactivos?

Otros tipos de formatos y productos multimedia

Anteriormente se han nombrado los principales formatos y productos multimedia existentes, dados que son los más reconocibles y habituales en la actualidad. Pero existen otros tipos de formatos y productos multimedia que también son muy utilizados pero que quizá son menos llamativos en su concepto o menos conocidos.

Estos otros tipos de dispositivos multimedia son los conocidos como los VR, *pen drives,* discos duros externos, reproductores de audio o audio y vídeo, etc.

Dispositivos VR

Las siglas VR responden a las iniciales de las palabras anglosajonas *virtual reality;* o en castellano, realidad virtual. Aunque es un producto multimedia algo menos conocido o utilizado, hay que tenerlo en consideración dado que es un recurso más para la difusión informativa, educativa o de entretenimiento.

Generalmente, los formatos y productos multimedia de realidad virtual son creados a través de una herramienta de *software* conocida como Quick Time VR y facilita la creación tanto de panorámicas como de interiores en formato similar a película de vídeo.

Uso de sistema VR en las pantallas de un museo

 Nota

Existen otros sistemas generadores de formatos de realidad virtual, pero es el Quick Time VR el más conocido y usado.

Como particularidad, estas películas no son lineales y fijas, sino que ofrecen la posibilidad de avanzar o retroceder al antojo del usuario, así como interactuar con todo lo que en ellas se encuentra. De ahí que se conozca como realidad virtual, dado que permite simular un ambiente real de manera ficticia ya sea mediante el uso de tomas de imágenes reales como a través de la utilización de programas de diseño de animaciones en tres dimensiones.

Al poder interactuar con entornos en los que poder actuar en los 360 grados de las dimensiones, la sensación es completamente real.

Su uso está limitado al ámbito del videojuego, o en el caso del arte y la cultura, en edificios emblemáticos o museos, pero pese a que la invención de este sistema prometía un futuro muy halagüeño y esperanzador se ha quedado reducido a unos usos limitados como los indicados.

Pen drives y discos duros externos

Estos dispositivos no son más que soportes informáticos de memoria o almacenamiento de datos. El *pen drive* es más cómodo, reducido y ligero que los discos duros externos, pero son igualmente útiles, aunque de menor capacidad de almacenamiento.

Estos dispositivos permiten la difusión de documentos multimedia (audio, vídeo, textos, imágenes, etc.), y es por ello que no son descartados por las grandes empresas como medios de difusión de información o publicidad.

Muchos *pen drives* o discos duros de baja capacidad se ofrecen como regalos de empresa estando rotulados en su carcasa exterior por la marca de la empresa que ha efectuado el regalo, pero a veces incluso, y siendo bien utilizados para ello, pueden ofrecer mayor información.

No son pocas las empresas que insertan información empresarial relevante en la memoria de dichos dispositivos de regalo. Así cumplen la doble función de ofrecer un regalo a sus clientes (algo que siempre es bien recibido y positivo), y por otro lado se hacen publicidad tanto en su superficie externa como en el interior.

Los datos que se suelen incluir en dichos dispositivos de memoria suelen ser vídeos institucionales, imágenes, catálogos de productos, animaciones o incluso documentos de texto.

El inconveniente en estos casos es que generalmente el usuario suele eliminar tales documentos ya que las memorias de los dispositivos así lo permiten, pero siempre se espera que algún cliente acabe por ver parte o toda la información. Además, siempre quedará el recurso de la rotulación exterior de tales dispositivos con la identidad corporativa de marca.

Pen drive y disco duro externo

Reproductores de audio o audio y vídeo

Algo similar ocurre con los reproductores de audio o audio y vídeo a la venta en todo tipo de locales comerciales con este tipo de electrodomésticos. Las *tablets* o la telefonía móvil son también objeto de utilización de este tipo de recurso publicitario.

Al igual que en el caso anterior, muchas empresas, sobre todo en este caso dedicadas al sector discográfico o musical o bien cinematográfico, se ponen en contacto con conocidas marcas fabricantes de este tipo de dispositivos móviles, reproductores o *tablets* para financiar de manera conjunta una línea de producto.

Esa línea de producto llevará el nombre de la marca fabricante y como si se tratarse de un modelo de dicha marca, también irá marcada la identidad corporativa de la empresa asociada. De este modo se harán publicidad mutua y compartirán gastos.

A cambio, además de la doble impresión sobre la superficie del producto, la empresa asociada incluirá archivos multimedia tales como vídeos, aplicaciones, videojuegos, etc., en la memoria interna de tales dispositivos.

La ventaja en este caso es clara, por un lado se comparten los gastos y por otros se publicitan ambas empresas. Pero como desventaja es evidente que, como en los casos anteriores, el usuario puede eliminar tales archivos sin haberlos ni siquiera mirado una sola vez.

Sabía que...

En la actualidad existen otros sistemas multimedia cada vez más extendidos con formato en tres dimensiones muy reales para los que hay que usar unas gafas especiales que permiten captar tales dimensiones espaciales.

Aplicación práctica

Un cliente se dirige a una empresa de diseño web y le comunica que quiere hacer una página atractiva, y que a ser posible use la estructura de página que ofrece el formato *flash*. Le comunica al empresario que le había encargado el trabajo que no tendría inconveniente en hacerlo, pero que si lo hace de ese modo no va a tener presencia en Internet y que los buscadores no van a poder localizar dicha página. Al cliente no le importa y le indica que lo haga de ese modo. ¿Cree que es una decisión acertada?

SOLUCIÓN

No. El cliente no ha sopesado bien las consecuencias de sus actos, prefiriendo una imagen más divertida y dinámica de su empresa que no le va servir para ser localizada en búsquedas de internet. Es por todos sabido que si no se tiene presencia en Internet es como si esa empresa no existiera, y la labor de comunicación y publicidad del empresario ahora ha de ser mucho mayor que antes dado que no habrá otro modo de acceder a la página que mediante la comunicación directa de la empresa con sus clientes.

3.2. Técnicas de representación

Para que los productos multimedia tengan sentido han de prepararse ciertos sistemas o técnicas de representación que los haga atractivos pero a la vez intuitivos y fáciles de utilizar por los usuarios de tales tecnologías.

Todos ellos deben plantearse en un primer momento mediante bocetos o esbozos de cómo se pretende que se actúe en cuanto a las técnicas de presentación de los productos multimedia.

Generalmente se hace a través de organigramas. Un organigrama es una representación gráfica de un sistema basado en estructura o jerarquía, y por ello siempre es necesario en este tipo de productos multimedia.

Los productos multimedia, al ser interactivos, necesitan de un modo de presentación o pantalla de inicio que sea a la vez atractiva e intuitiva para que el usuario pueda seguir interactuando con los diferentes elementos del formato multimedia.

Como claros ejemplos se pueden enumerar las páginas de inicio de las páginas web, que suelen ser introductorias y donde aparecerán botones o pantallas emergentes que dirigirán al usuario a través del contenido de la misma (información, contacto, presentaciones, vídeos, fotografías, etc.). Pero en formatos como el de las aplicaciones informáticas o videojuegos existen las denominadas **presentaciones,** donde unas animaciones o vídeos musicales de colores llamativos y rápidos movimientos serán de atractivo visual para el usuario, que decidirá acceder al contenido del juego gracias a esa principal llamada de atención.

Todas estas menciones hablan de sistemas de representación en productos y formatos multimedia, que antes hay que jerarquizar en los mencionados organigramas para luego esbozar los diseños que finalmente serán llevados a cabo en la producción de los productos multimedia finales.

Estos organigramas serán ampliamente explicados en el apartado posterior dedicado a las maquetas de bocetos multimedia.

En las páginas web y en aplicaciones tales como las redes sociales de contacto o foro y chat entre usuarios, existe lo que se denomina *landing page;* o lo que es lo mismo, página de aterrizaje o en castellano página de inicio. Esa primera página, que es en la que **aterriza** el usuario al entrar en cada página o red mencionada, se suele intentar llamar la atención o atraer al usuario mediante todo tipo de recursos multimedia.

Las técnicas de representación se basarán en las directrices de representación de los elementos de audio, vídeo, animación, color, texto, imagen o composición, como es evidente.

Generalmente, en las redes y en las web tradicionales se suele jugar con una página de inicio o *landing page* que provoque atractivo pero a través del uso simplemente de la imagen y el texto, algunas veces acompañadas de música. Esta técnica de representación se convierte en elemento de atracción para que el usuario siga interactuando con las demás secciones o enlaces que ofrece el formato multimedia y que permanezca un mayor tiempo navegando por sus secciones.

 Importante

No hay que olvidar que cada vez más se están implantado sistemas y formatos multimedia en formato de tres dimensiones con el uso de gafas como dispositivo obligatorio para percibir tal información tanto en el sector del video juego como en el cinematográfico.

En los DVD, *blue ray,* etc., suele utilizarse el recurso del menú principal. Es un recurso muy útil e intuitivo que agrada al usuario y que suele estar configurado por ventanas o paneles emergentes apoyados sobre un fondo multimedia que suele estar asociado con un bucle de imagen y sonido.

Las aplicaciones y videojuegos sin embargo suelen utilizar como técnica de representación las mencionadas **presentaciones,** donde se intenta atraer al observador gracias al uso de recursos gráficos más llamativos y evidentes como las animaciones bidimensionales o tridimensionales, de rápidos movimientos y música con la única finalidad de despertar el deseo y la llamada de atención al posible usuario.

Todas estas técnicas de representación son muy efectivas y son objeto de estudio y continua evolución con los tiempos, ya que cada vez resulta más difícil destacar de manera original frente a la competencia, y por ello hay que intentar innovar constantemente en los formatos multimedia.

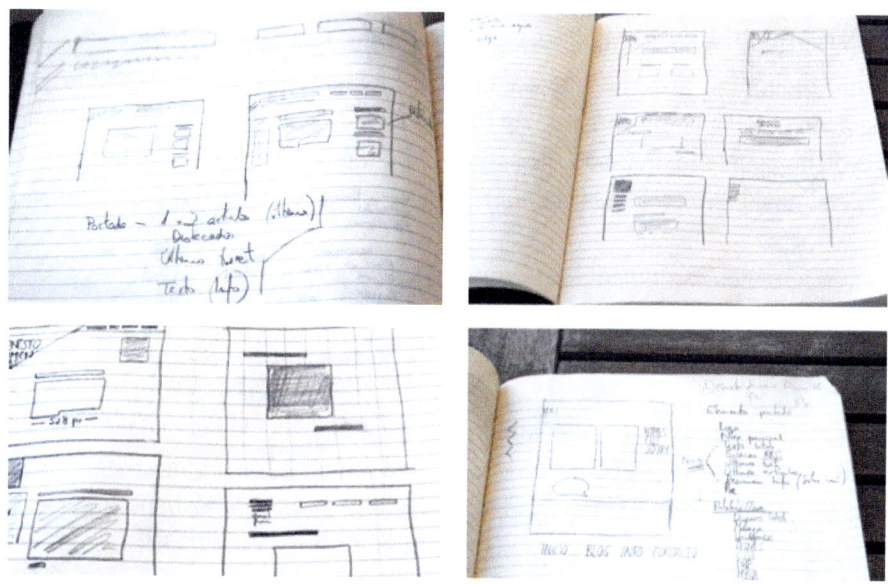

Bocetos de cada página enlazada del organigrama

 Actividades

21. ¿Por qué cree que la venta de productos cinematográficos en formato DVD y *blue ray* han desaparecido prácticamente? ¿Qué hábitos de consumo y plataformas han aparecido para que cese esta venta? Razone su respuesta.

3.3. El movimiento

Uno de los factores más relevantes e importantes para la generación de productos multimedia visualmente atractivos, es el del uso del movimiento.

Pero con movimiento no solo se hace referencia a las presentaciones animadas que se han comentado con anterioridad, sino que este término hace referencia a muchas otras acepciones.

Está científicamente demostrado que ante un estímulo fijo (como puede ser un bloque de texto en una página web, aplicación o menú de inicio), si aparecen objetos en movimiento, el ojo humano, por simple curiosidad, seguirá a dicho elemento animado. Por ello es tan importante el movimiento en los documentos o formatos multimedia.

Los formatos multimedia, al permitir todo tipo de interactuaciones entre elementos tales como imágenes, textos, audios y vídeos, necesitan del uso del movimiento para centrar la atención del usuario.

Pero el movimiento no queda reducido a simples bucles de vídeo o representaciones animadas a modo de presentación o inicio, sino que existen otros tipos de recursos que pueden ayudar a centrar la mirada del usuario que también se valen del movimiento para llamar la atención.

Muchos módulos publicitarios tanto en páginas como en aplicaciones se basan en el parpadeo para centrar la mirada del usuario. Esto se logra con rápidos movimientos de imágenes mediante el uso de *software* de animación bidimensional, que consigue emular el parpadeo de una iluminación intermitente que consigue que al menos se atienda a ese estímulo y preste atención durante unos momentos.

 Nota

Los *banners* animados son muy típicos en páginas y aplicaciones, y usan la técnica de los parpadeos o el movimiento para provocar la llamada de atención.

Pero en ocasiones el movimiento se consigue al hacer emerger ventanas de una forma atractiva, o logrando que estas se **paseen** por la estructura de la página. Son técnicas muy llamativas pero que generalmente no suelen ser agradables para el usuario, que prefiere imágenes en movimiento pero estáticas en ciertas zonas o módulos de la estructura de página o aplicación.

Otro recurso siempre útil es el de la aparición de texto en movimiento de izquierda a derechas en el que se muestra información. Este recurso, cada vez más utilizado sobre todo con carácter informativo, permite a la vez provocar o centrar la mirada del usuario sobre una zona en concreto, como alargar el periodo de tiempo de visita en páginas o aplicaciones, siempre beneficioso para conseguir mayores patrocinadores y ratios de visita.

Se conoce como movimiento en cuanto a conectividad en páginas y aplicaciones como el *scroll* de página. El *scroll* es el movimiento tanto horizontal como vertical que se ejerce en cada página o aplicación cuando se pretende continuar leyendo un texto o ver una imagen que está cortada o cercenada por el tamaño de pantalla, pero que permite gracias a unas barras laterales o en la zona baja de la misma avanzar y por tanto seguir viendo el contenido de la página deslizando esta hacia arriba o abajo o en los laterales.

Si el movimiento de *scroll* es lento o no se puede efectuar de una manera cómoda, o se queda ralentizado, el usuario opta por abandonar la aplicación o la página.

Pero serán las animaciones y los vídeos los que generen un mayor movimiento en todo tipo de formatos multimedia, y por ello son los recursos más utilizados.

 Actividades

22. Imagine que una empresa del sector de la compraventa de automóvil requiere de sus servicios para la creación de su página web. Dado que se trata de una empresa de

Continúa en página siguiente >>

<< Viene de página anterior

ámbito nacional, le indica que necesita de una página de inicio con gran impacto visual, con una barra de menú superior que enlace con secciones como servicios, venta de vehículos, compra de vehículos, ¿quiénes somos?, aviso legal, galería de imágenes, contacto y redes sociales. Coja lápiz y papel y realice el organigrama que constituirá el cuerpo de página. Ahora esboce tanto la página de inicio como la página maestra de cada sección o enlace a través de unos sencillos bocetos sobre el papel.

3.4. El tiempo

Es igualmente importante el movimiento en los productos multimedia como lo es el tiempo, otro factor importantísimo para conseguir la plena satisfacción de los usuarios.

Al igual que ocurre con el movimiento, el tiempo en cuanto a formatos multimedia tiene otra acepción diferente a la concepción normal.

Cuando se habla de tiempo en cuanto a formatos o productos multimedia no se hace relación con la duración. O lo que es lo mismo, no se mide en que un formato sea mejor que otro por ser más breve o más extenso en la duración de su contenido; pues de ser así, los videojuegos, evidentemente, ocuparían el primer escalafón de la lista de productos multimedia más duraderos al ser en los que más tiempo hay que dedicar para poder disfrutarlos por completo, seguidos de películas, documentales o vídeos institucionales y siendo quizá los que menos tiempo de visita necesitan las páginas web.

Se puede considerar el tiempo con esa acepción de durabilidad, pero en el caso de formatos multimedia es más relevante que el tiempo que se ha dedicado al navegar por el producto sea efectivo, a que en teoría la duración completa del propio formato multimedia sea mayor.

Con esto se hace referencia a que un videojuego, una aplicación o una película pueden estar diseñados para durar un cierto número de horas, pero si estos dejan de ser atractivos y no se abandona, sin terminarlos, no habrán cumplido el objetivo real.

De todos modos, y en cuanto a tiempos establecidos, al igual que existen formatos universales en cuanto a tamaños o extensiones de documentos o materiales, existen unas directrices temporales para estandarizar formatos.

Así, por ejemplo, se conoce que los *spots* o anuncios de productos no deben ser nunca más extensos de treinta segundos, las películas no exceder las tres horas a ser posible o los vídeos promocionales o publirreportajes no deben superar los treinta minutos.

 Importante

Básicamente, el tiempo en formatos multimedia se resume a tiempo efectivo o de aprovechamiento del medio.

Un ratio importante tanto en web como en aplicaciones o redes sociales se basa en el tiempo que un usuario ha dedicado en permanecer interactuando con dicho elemento multimedia hasta que finalmente lo cierra o abandona. Ese tiempo efectuado se valora positivamente dado que indica que todos los elementos de dicho formato han funcionado correctamente y han permitido una correcta conectividad.

Cuando en una página web, red social o aplicación los contenidos tardan mucho en ofrecerse, no se cargan dichos contenidos o simplemente los enlaces están rotos, el usuario abandona esa web, aplicación o red social.

Por eso, el tiempo en este tipo de formatos multimedia muchas veces se valora más en cuanto a rapidez de carga de los elementos que componen el documento multimedia que por el supuesto tiempo que habría de invertirse para ver por completo dicho documento multimedia.

Es aconsejable por tanto que las imágenes utilizadas no excedan una resolución indicada, o que los vídeos, audios o animaciones sean referidos mejor mediante *links* que cargados directamente y ocupando mayor espacio y recursos de red.

3.5. La resolución

Unos de los motivos por el cual se demora el tiempo de carga de las imágenes y vídeos presentes en los productos y formatos multimedia alojados en la red es por casos de excesiva resolución como información visual de la imagen.

Los formatos de imagen se basan en sistemas conocidos como mapas de bits que, como su nombre indica, son un tipo de archivo de imágenes compuestos por un entramado de puntos de información, denominados **píxeles.** Cada píxel contiene una cantidad de información de color que, junto a los píxeles que le rodean, componen un mapa de imagen que a la vista del ser humano funcionan como una figura real y compleja.

Estos píxeles pueden ser de diferentes tamaños y pueden extenderse en menor o mayor cantidad por el entramado, logrando, según su disposición sobre el mismo, mayor o peor nitidez (conocido como resolución o definición) de la imagen a interpretar, siendo generalmente de mejor calidad los archivos con mayor cantidad de píxeles por pulgada.

Este tipo de imágenes relacionadas con fotografías sobre todo, pero también con los vídeos digitales, son las que se suelen obtener a través de *tablets,* teléfonos móviles o cámaras digitales y *webcams* en la actualidad, pero no siempre ha sido así. Como es de imaginar, en sus comienzos, y dado que los conocimientos informáticos del momento no lo permitían, las imágenes digitales de formato píxel comenzaron a extenderse cuando aún la tecnología informática no estaba depurada, por lo que en un principio el entramado de píxeles (primero monocromo, luego a tres o cuatro colores) no se basaba en un proceso de imitación fotográfica, sino que emulaba la ilustración o dibujo manual mediante un esquema de píxeles muy básico que permitían simular objetos y personas reales. Era un trabajo duro y artesanal, nada comparable con los que se pueden lograr ahora con mayor facilidad y comodidad en los diferentes programas de *software* específico para el diseño gráfico.

? Sabía que...

Uno de los videojuegos más conocidos, el Pac-Man o Comecocos, consiguió sobrevivir en el tiempo a las nuevas tecnologías pese a su diseño pixelado y basado en una paleta de apenas seis colores, simplemente gracias a su jugabilidad. Hasta tal punto de que en salones recreativos llegó a convivir con otros videojuegos muchos más modernos con modelado en tres dimensiones y paletas cromáticas de millones de colores, convirtiéndola en la más rentable de las máquinas de juegos de la historia.

Posteriormente, se logró desarrollar la tecnología digital fotográfica basada en píxeles al admitir una mayor calidad de captura de imágenes mediante periféricos que ya jugaban con paletas de color mucho más amplias basadas en interpolación de tramas de píxeles de millones de colores.

Actualmente, los usuarios están muy familiarizados con este tipo de archivos, ya que es difícil encontrar un grupo familiar que no posea una cámara, *tablet* o móvil con función de cámara digital y desconozca su funcionamiento o descarga de archivos hacia un equipo u ordenador personal.

Los inconvenientes de este tipo de formatos gráficos, sobre todo desde que las cámaras digitales se han perfeccionado hasta el punto de registrar imágenes de tan alta calidad, son su peso en cuanto a ocupación de memoria de los equipos y su resolución.

Este tipo de archivos de imágenes ocupan mucho más espacio en los equipos que los denominados **vectoriales** en el caso de la fotografía, o que las animaciones en dibujo o en *flash,* en el caso del vídeo. Ese peso o memoria digital viene determinado según la cantidad de información que contengan tales archivos y en la actualidad la calidad de las imágenes hacen que estos archivos sean tan pesados.

El principal inconveniente actual en referencia a la definición o resolución de la imagen representada en el mapa de bits vendrá referido a la cantidad de píxeles por pulgada que la imagen contenga. A mayor resolución en píxeles por pulgada que se hayan tomado o escaneado la imagen original, mayor será su nitidez, y será más complicado observar el entramado de píxeles, siendo necesaria una mayor ampliación mediante zoom digital de la imagen digital en cuestión.

Para aplicaciones móvil, redes sociales, páginas webs o demás formatos que se valgan o requieran el uso de la red de internet, la resolución de tales archivos de imagen ha de ser baja.

Se ha comentado con anterioridad que todo formato o producto multimedia alojado en la red debe contener archivos de baja resolución o *links* con enlaces externos dado que, si no, se ralentizaría la carga de cada página o aplicación, algo que no solo no se desea, sino que puede propiciar a que el usuario acabe por abandonar tal página o aplicación.

No en vano, mientras que una fotografía digital tomada con un dispositivo con cierta calidad ronda entre los 300 y 1.500 píxeles por pulgada, se recomienda que las imágenes en la web no pesen más de 72 a 96 píxeles por pulgada, y algo similar ocurrirá con los vídeos a los que se les bajará la resolución notablemente en favor a que la carga y espera de la página sea mucho menor.

Las redes sociales ya realizan el proceso de compresión de imágenes y aunque un usuario suba un archivo de vídeo o imagen a una red con alta calidad, esta automáticamente la reduce a esos 72 píxeles por pulgada requeridos, ya que como es lógico las redes sociales son las primeras que no desean que su conexión o carga sea lenta y provoque un abandono de sus usuarios.

 ### Aplicación práctica

Está revisando el funcionamiento de una página web que usted ha creado para un cliente y descubre que sus imágenes cargan de manera muy lenta. Decide acceder desde varios equipos informáticos e incluso desde su teléfono móvil, pero por más que lo intenta siempre le ocurre lo mismo. De repente cae en el error y decide comprobar la calidad de las imágenes con un programa de retoque fotográfico y tras observar dichas imágenes una a una comprueba que la resolución de las mismas es de 400 píxeles por pulgada cada una. ¿Qué debe hacer al respecto?

Continúa en página siguiente >>

<< Viene de página anterior

SOLUCIÓN

Ya que posee un programa de retoque fotográfico en su equipo, solo ha de reducir su resolución a 72 o 96 píxeles por pulgada como máximo. Las páginas web cargan de una manera más rápida y de una forma más cómoda sus contenidos, cuando estas imágenes son menos pesadas en términos de resolución. Una vez se hayan subido de nuevo esas imágenes a menor resolución se habrá solucionado el problema de la velocidad de carga de dichas imágenes.

3.6. La conectividad

En relación con los apartados anteriores, y para concluir con el tema de las calidades en los formatos multimedia, hay que mencionar la importancia que tiene el concepto de **la conectividad.**

En primer lugar hay que hacer mención a que existen dos acepciones distintas con respecto a conectividad, una podría referirse a la conectividad de los elementos internos de un formato o producto multimedia y otra a los elementos externos.

La conectividad interna viene relacionada con la propia composición y formato de cada producto multimedia. Como se ha estado viendo hasta el punto actual, un formato o producto multimedia se considera así porque contiene en su propia composición multitud de formatos diferentes (audio, vídeo, texto, fotografías, juegos, animaciones, etc.) con los que poder interactuar según sea conveniente o a gusto de cada usuario.

Cuando se interactúa con cada uno de esos elementos ya sea a través del ratón de ordenador, mando a distancia o con los dedos o un puntero en las pantallas táctiles, se hace un ejercicio de conectividad.

Cada vez que se pulsa un enlace o un formato distinto a través de ese tipo de acciones, se accede a él, se conecta con él. De ahí surge el nombre antes descrito de la conectividad.

Los productos multimedia que haga uso de una pantalla de menú de inicio interactiva deben conectar cada una de esas opciones con el contenido de cada opción. Algo similar ocurre con las pestañas y los botones de las páginas webs o de las aplicaciones y videojuegos.

Consejo

Siempre se ha de comprobar que todos los enlaces, botones y menús con los que se interactúa en cada formato o producto multimedia funcionen a la perfección. De hecho, se revisarán constantemente hasta la puesta en marcha a su fabricación definitiva.

En el caso de aplicaciones informáticas y páginas webs, dado que se pueden modificar constantemente y a tiempo real, la revisión ha de ser mucho más exhaustiva y se ha de comprobar que la conectividad se produce sin problemas y no se ha roto un enlace o se ha perdido dicha conexión. No hay nada más desaconsejable que una página en blanco o con texto de error en la carga de sus contenidos.

Enlace roto o no encontrado

Pero como se ha comentado con anterioridad, existe otro tipo de conectividad conocida como **conectividad externa** y que está relacionada con la globalización cada vez más reinante en la sociedad actual.

A día de hoy se comenta que si no se tiene presencia en las redes, es como si no se existiera. Cada individuo, pero sobre todo cada empresa, debe estar presente en la red global que supone Internet para poder ser conocido o localizado a nivel personal y profesional.

No en vano se aconseja que aunque se posea una página web o un blog, la presencia se haga más notable, incluyéndose también en cada red social existente, en cada aplicación de geolocalización, e incluso en aplicaciones y redes sociales de empleo.

Y si se hace así y se amplía la presencia a todas estas redes, se han de enlazar, se ha de efectuar la conectividad entre todas ellas. Por es cada vez más raro entrar en un blog o web que no tenga conectividad externa a las redes sociales en las que está presente también esa persona o empresa.

Pero también es objeto de conectividad externa que las aplicaciones y las redes sociales faciliten su interactuación con otros elementos de los dispositivos, y es por eso que ahora resulta tan cómodo y fácil que si se toma una fotografía o un vídeo con la cámara de una *tablet,* ordenador portátil o teléfono móvil, y teniendo conexión a internet, se puedan estos enviar al instante mediante una sencilla combinación de conectividad con aplicaciones de mensajería o *chat,* o con las diferentes redes sociales.

Eso sí, no hay que olvidar que su tiempo de carga variará según la calidad del dispositivo, dado que la aplicación o red social habrá de comprimir dicho documento para bajar su resolución y que este sea menos pesado y más fácil de conseguir que la rápida conectividad sea posible.

Aplicación práctica

Un cliente que ya posee una página web creada con anterioridad en otra empresa de la competencia le comunica que quiere modificarla y actualizarla. Usted, antes que nada, decide acceder a ella desde el ordenador de su empresa y comienza a probar los diferentes enlaces de sus pestañas y ventanas emergentes y descubre la existencia de muchos enlaces caídos o ventanas en blanco que no contienen información alguna. El cliente, que estaba sentado a su lado, le dice que no sabía que eso le estaba ocurriendo y que ha hecho un gran trabajo comprobándolo y comunicándoselo. Tras ello, le dice qué contenidos han de aparecer en dichos enlaces caídos. ¿Han actuado ambos correctamente?

SOLUCIÓN

Por supuesto que sí. Unos de los principales motivos de revisión en las páginas web es el que está relacionado con la conectividad de sus contenidos. El trabajador, consciente de que podía existir esa posibilidad y antes de que el cliente abandone las instalaciones de la empresa, ha decidido acceder a la antigua web y comprobar cómo estaba funcionando, descubriendo ante los ojos del empresario los errores de conectividad. Evidentemente eso es algo que se premia, y como no podría ser de otro modo el cliente siempre quedará agradecido.

3.7. El impacto visual

Como en todo recurso gráfico, el impacto visual es algo también de vital importancia en el tema de los productos especiales como son los de carácter multimedia.

No en vano, es igualmente necesario llamar la atención con este tipo de formatos o productos para poder hacerlos atractivos para el usuario, y que este a su vez aconseje su uso a otros posibles clientes.

Como los formatos o productos multimedia son de por sí muy completos y admiten todo tipo de documentos que despiertan absolutamente todos los sentidos (animaciones, audios, vídeos, textos, imágenes, etc.), el impacto visual está en parte garantizado, pero aun así hay que tener ciertos criterios compositivos y algunos recursos a utilizar en cada caso.

Como se puede comprobar haciendo una rápida inspección por la red, la gran mayoría de las páginas webs convencionales contienen elementos de movimiento, imágenes y mucho texto, pero cada vez es más difícil encontrar páginas acompañadas por música o sonidos.

Hubo un tiempo en que esto no era así, y se consideraba un elemento multimedia más para provocar una llamada de atención al sonido, y por eso toda web que se preciara tenía un bucle musical constante.

Pero con el tiempo se dieron cuenta de que al contrario. Esto resultaba antiproducente, y que el usuario abandonaba rápidamente las páginas por el aburrido bucle musical continuado.

En la actualidad, solo contadas webs entre las que se encuentran las dedicadas a grupos musicales cuentan con sonido constante. Pero además ahora se permite la opción de apagar o desactivar el sonido. Es por ello que si antes el impacto visual en las webs era importante ahora lo es mucho más.

 Importante

El impacto visual se logra con el diseño gráfico. Y al igual que en otras acepciones de este tipo de arte, se consigue mediante una buena conjunción del color, las imágenes y los textos de forma armónica.

En el caso de las aplicaciones, las redes sociales, las webs o los blogs, se suele hacer una página de inicio o *landing page* que sea lo suficientemente atractiva como para que se siga navegando por los diferentes apartados de cada formato indicado.

Las denominadas webs 2.0 rompen con lo establecido hasta ahora y prefieren recurrir al impacto visual y al recurso de los gradientes, colores llamativos y botones con formas agradables y novedosas a las estructuras cuadriculadas y clásicas. En otras ocasiones se valdrán del movimiento con cabeceras de imágenes acompañadas de texto que van rotando constantemente para llamar la atención del usuario.

Ejemplo de página web 2.0 de gran impacto visual

Pero hay que recordar que existen otros tipos de formatos multimedia, y en estos casos el sistema para provocar el impacto visual ha de ser diferente. En los videojuegos y en las aplicaciones de entretenimiento también en formato videojuego, no solo se hará uso del color y de la composición de textos, sino que en este caso sí que será importante el movimiento, las animaciones o incluso los vídeos.

Hay que pensar que tanto en el sector del videojuego como en el cinematográfico la llamada de atención se ha de hacer con el movimiento, ya que es elemento esencial en ambos formatos o productos multimedia. En estos casos, además de los colores y las animaciones llamativas, sí que tiene elevada importancia el sonido, que debe acompañar armoniosamente los constantes cambios de imágenes, animaciones o vídeos.

Ejemplo de presentación animada de videojuego

 Actividades

23. Retome el ejercicio anterior de creación del organigrama y bocetaje de los enlaces y página de inicio de una web de una empresa dedicada a la compraventa de vehículos. Si puede recurrir y sabe usted manejar *software* específico de diseño o maquetación web, lleve a cabo de manera informatizada esos bocetos a diseño gráfico digital; si no dispone de ese tipo de recursos, coja lápices o rotuladores de color y pase a limpio sus bocetos. Haga lo mismo con cada una de las página maestras y de inicio de la web. De este modo habrá conseguido realizar un elaborado producto que serviría para ser presentada a un supuesto cliente para corregir, limar posibles errores o solucionar problemas, antes de llevar a cabo el proyecto.

24. ¿Por qué cree que deben reflejarse las redes sociales en las que alguien se encuentra presente en cada blog o página tanto personal como de empresa? ¿Cree que es realmente necesario? Coméntelo brevemente.

3.8. Maquetas de bocetos multimedia

Para terminar, hay que comentar la importancia de las maquetas de bocetos multimedia, que tienen mucho que ver con la esquematización de contenidos formando jerarquías u organigramas.

Se ha podido comprobar que los formatos y los productos multimedia son muy variados, y que por eso mismo son muy diferentes entre sí según el sistema o público al que vayan destinados.

Pero hay algo que tienen en común todos estos formatos multimedia, y es que necesariamente se valen de la interactuación entre los elementos que lo componen y de la conectividad de sus campos de menús, submenús o subcategorías, ventanas emergentes o botones.

Es por ello esencial el bocetaje previo del organigrama, antes que idear siquiera la composición de cada una de sus páginas o menús. El organigrama definirá el esquema o jerarquía de los elementos de composición de los formatos o productos multimedia.

Este organigrama definirá los campos que deben aparecer en la barra de navegación (donde se encuentran los botones o pestañas de accesos a otras secciones o categorías) y en la *landing page,* página de inicio o menú principal, y a qué elementos o apartados dará acceso.

Y luego a modo de esquema se irá definiendo cada uno de esos apartados o subcategorías con su propia jerarquía interior.

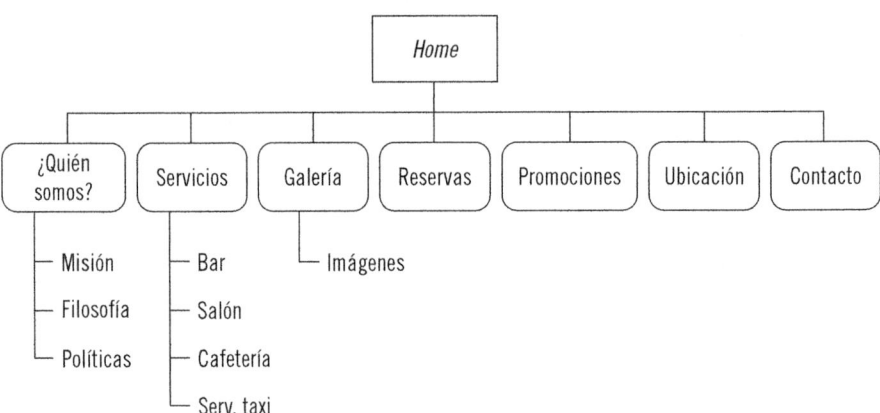

Organigrama de una página web al uso

Los organigramas son también conocidos como **guion gráfico** o **guion jerárquico,** y aseguran una previa visualización de los contenidos antes de cometer errores de conectividad o repeticiones tanto en menús interactivos como en los enlaces en páginas web.

Es una representación simple o una manera más fácil y cómoda de ver cómo quedarían distribuidos los elementos del menú o página, previo al diseño gráfico y al diseño de la estructura.

Posteriormente, y después de ese paso, se puede empezar a bocetar y maquetar los elementos que compondrán cada enlace del menú, cada enlace a otro vínculo, así como el diseño de las posibles pestañas, botones o marcos de pantalla.

Los bocetos en este caso pueden ser muy esquemáticos también, como cuando se hacían los primeros esbozos de una página maestra en maquetación de documentos, o bien se pueden hacer de un modo mucho más artístico. Sea como fuere, definirán el estilo gráfico y el color que reinará en toda la composición de los menús o páginas.

En este apartado, cuando se comienza con el bocetaje de cada sección o categoría de la página, se suele crear una página maestra por sección, aunque en muchos casos la maquetación de todas las secciones o categorías son similares y solo varía la página de inicio o *landing page.*

Es aconsejable que cada sección o categoría tenga su propia maquetación o diseño de página maestra, y que cada subcategoría de dichas secciones mantenga el diseño de la página maestra diseñada para dicha categoría principal.

Por ello, en la fase de bocetaje ha de quedar muy clara la estructura del organigrama de la página, y así se realizará un diseño para cada una de esas páginas maestras que definirán las secciones o categorías y otro aún más atractivo o llamativo para la página de inicio, menú principal o *landing page.*

Una vez aceptados los bocetos y su posterior paso por el diseño gráfico de cada elemento y estructura de los menús interactivos, se aconseja la creación de un primer prototipo o maqueta, conocido como **beta,** que permita comprobar que el formato o producto multimedia va por buen camino y puede ser factible llevar a programación y producción.

 Sabía que...

Las pruebas beta suelen darse a personas ajenas a la creación o programación del producto o formato multimedia para que decida acerca de los posibles errores o fallos. Son llamados "probadores de betas" o *betatesters*.

Esta beta será una muestra del sistema para comprobar si existen errores o fallos y poder solucionarlos antes de su puesta en marcha final. Hay que usar todos los campos, y no olvidar testear cada botón, cada enlace de la aplicación, dado que este paso es completamente necesario para no sacar a la venta un producto con errores en su estructura.

 Aplicación práctica

Rocío López, trabajadora de una empresa dedicada al diseño de páginas web, ha estado realizando unos bocetos para su producto multimedia a mano alzada y, tras elegir aquella página de inicio que es más de su agrado y las diferentes páginas maestras de cada una de las secciones, comienza a hacer la maqueta que va a usar a modo de presentación para su cliente. Construyendo la estructura de la página en el *software* específico que ha elegido para ello, descubre que los bocetos no se corresponden del todo con las diferentes secciones y que ha esbozado páginas maestras para enlaces que no eran más que subcategorías de dichos enlaces, y sin embargo no ha hecho lo propio para enlaces que sí que formaban parte de la barra de navegación y que por tanto necesitan de su propia sección y página. ¿Qué le ha podido ocurrir?

Continúa en página siguiente >>

<< Viene de página anterior

SOLUCIÓN

El problema que le ha surgido a Rocío López es que no ha seguido los pasos oportunos. Si en lugar de empezar a bocetar tan apresuradamente hubiese planteado primero un organigrama de las secciones, eso no le habría ocurrido. Es muy importante seguir los pasos establecidos, dado que facilitarán y mejorarán el trabajo. Lo primero que hay que hacer es representar el organigrama y de este modo comprobar el orden jerárquico de la información. Así hubiera comprobado qué secciones formarían parte de la barra de navegación y cuáles son subcategorías de cada sección; y, por tanto, manteniendo la maquetación de la página maestra de la sección a la que pertenece. Solo siguiendo adecuadamente los pasos se puede evitar dicho error y localizar posibles problemas de conectividad previo al diseño de la maqueta.

4. Resumen

Todo producto que tenga relación con las artes gráficas ha de sufrir un proceso precio de bocetaje y esbozo. Las ideas han de ser previamente plasmadas en el papel para poder llevarlas a cabo a los diferentes programas o *software* informáticos y no encontrarse con problemas posteriores debido a una mala organización.

Los denominados productos especiales, como son los derivados del *packaging* o los multimedia tienen el mismo tratamiento. No en vano tanto unos como otros forman también parte del sector delas artes gráficas.

Los elementos de *packaging* pueden ser muy variados, desde envases a embalajes, pasando por etiquetas y pequeños expositores, pero tienen algo en común: deben ser llamativos y diferenciarse de su competencia para destacar en los lineales de los puntos de venta en los que son presentados y puestos a disposición de los posibles clientes.

Los formatos o productos multimedia son muy diferentes a estos dado que su metodología radica en la originalidad y en la interactuación de sus elementos que los componen, ya sean imágenes, textos, vídeos, música y sonidos, animación bidimensional o tridimensional, etc.

Pero no en vano unos acaban por valerse de otros, y aunque muchos de los productos y formatos multimedia solo pueden ser utilizados de manera virtual gracias al uso de Internet, otros han de ser adquiridos en establecimientos comerciales, como los videojuegos o productos del sector cinematográfico y demás aplicaciones para los equipos informáticos.

En ese caso, se han de valer del *packaging,* de sus cajas y diseños llamativos, de sus expositores de ventas, ya que sin ellos no destacarían entre los demás productos de su competencia directa.

Ejercicios de repaso y autoevaluación

1. **El impacto visual en productos de *packaging* se logra...**

    a. ... si se usa imagen de tipo fotográfica.
    b. ... si se usa el color o la identidad corporativa de forma llamativa.
    c. ... con el uso de tipografía original o de identidad corporativa.
    d. Todas las opciones son correctas.

2. **¿Cuál de las siguientes opciones describe mejor una razón del declive en las ventas de DVD y *Blu-ray?***

    a. La popularidad creciente de las tiendas físicas especializadas en películas.
    b. El acceso limitado a plataformas de *streaming* en línea.
    c. La preferencia por la comodidad y la inmediatez del *streaming* digital.
    d. La escasez de títulos disponibles en formato digital.

3. **Complete el siguiente texto según las opciones que aparecen.**

    El material conocido como _____ era muy usado en los transportes en barco antiguamente. Hoy en día su uso es menor, pero sigue estando muy generalizado como grandes contenedores de productos o para contener elementos considerados de lujo, como botellas de vino o licor de cierto carácter lujoso, surtidos de productos alimenticios caros, etc.

    a. arcilla
    b. cemento
    c. madera
    d. cristal

4. **De las siguientes afirmaciones, indique cuál es verdadera o falsa.**

    a. En las páginas web y en aplicaciones tales como las redes sociales de contacto o foro y chat, entre usuarios existe lo que se denomina *landing page;* o lo que es lo mismo, página de aterrizaje o página de inicio.

    ☐ Verdadero
    ☐ Falso

b. Un envase o embalaje ha de ser cómodo y manejable tanto al ser cogido o asido con las manos como para su posterior transporte. Estos factores, que son los que forman parte del impacto visual de los productos, están al servicio del consumidor.

☐ Verdadero
☐ Falso

5. **¿Cuál de las siguientes afirmaciones describe mejor la función de un manual de identidad corporativa?**

a. Proporciona instrucciones sobre cómo crear productos multimedia.
b. Define los valores y la misión de una empresa.
c. Establece pautas para garantizar la coherencia en la presentación visual de una marca.
d. Ofrece consejos sobre estrategias de *marketing* digital.

6. **Se hace un ejercicio de conectividad cuando se interactúa con cada uno de los elementos que componen los formatos de cada producto multimedia ya sea a través de...**

a. ... el uso del ratón de ordenador
b. ... el mando a distancia.
c. ... los dedos o un puntero en las pantallas táctiles.
d. Todas las opciones son correctas.

7. Busque en esta sopa de letras las cuatro palabras que definen el método AIDA

A	T	E	U	T	V	L
Z	I	O	S	Q	W	A
V	A	Y	I	L	N	Z
L	T	R	S	O	F	Ñ
O	E	R	I	E	E	Y
B	N	C	E	T	S	D
D	C	T	K	Z	E	E
A	I	L	A	A	R	S
A	O	O	T	O	E	P
C	N	R	E	L	T	O
C	A	S	L	M	N	A
I	E	Z	I	R	I	B
D	O	S	D	O	D	C
A	T	I	A	C	C	X
D	M	E	D	I	T	U

8. Complete con las siguientes palabras: productos, medida, suelo, línea, longitud y góndolas.

Un _____ es un sistema de _____ formado por diferentes muebles, sean similares o no. Se entiende como tal a toda la _____ que ofrecen varios muebles unidos entre sí de punta a punta. Y tal es así, relacionado con una unidad de medida, que también forman parte del lineal aquellos _____ situados en el suelo o sobre palés en la zona baja de muchas estanterías y _____ que lo permiten.

9. **Relacione cada técnica o tecnología de impresión con su sistema de impresión.**

   a. Sistema basado en el realce de caracteres y figuras.
   b. El agua es expulsada mediante principio litográfico, dejando solo la tinta sobre las planchas.
   c. La tinta queda impregnada en hendiduras de la plancha impresora.

   __ Huecograbado
   __ Flexografía
   __ Imprenta *offset*

10. **Indica si la siguiente oración es verdadera o falsa:**

    a. El esbozo o boceto es una representación esquemática dibujada sobre un papel de aquello que se pretende realizar en las fases productivas posteriores.

       ☐ Verdadero
       ☐ Falso

11. **La ergonomía de los productos se rige en una serie de factores como son:**

    a. La ligereza y la comodidad.
    b. La conservación de los contenidos.
    c. La limpieza y la seguridad.
    d. Las opciones a y c son correctas.

12. **El sistema litográfico de impresión se basa en la repulsión o ley natural de sustancias _____ por las que la tinta grasa absorbe nueva tinta y se expulsa el agua.**

    a. *offset*
    b. hidropónicas
    c. hidrofóbicas
    d. afines

13. **No se posicionarán bien las páginas web en los buscadores más usados si...**

    a. ... se han usado correctamente palabras clave.
    b. ... han sido programadas en html.
    c. ... han sido programadas en *flash*.
    d. ... no han sido programdas en *flash*.

14. **Tache con una X los factores a tener en cuenta cuando se desarrolla un producto multimedia.**

    a. El movimiento.
    b. El instinto visual.
    c. La resolución.
    d. Los menús y las presentaciones.
    e. La ilegibilidad.
    f. La conectividad.

15. **Tache la palabra menos adecuada en referencia a la afirmación que se hace.**

El (embalaje) (envase) es considerado embalaje primario ya que, de no existir este primer elemento, sería imposible almacenar ciertos tipos de productos, sobre todo en los dedicados a la difusión y la venta de productos líquidos, gaseosos o en (grano) (grumo), y son los que se reconocen en el mercado como botellas, (bolas de purexpán) (aerosoles) o latas, entre otros. El embalaje secundario sería por tanto la (botella) (caja) donde el embalaje primario suele estar inserto y que garantiza que el contenido no se mueva y su (soltura) (seguridad) tanto en el transporte como en el manejo de la mercancía en las estanterías de los almacenes.

Bibliografía

Monografías

❚ BOLTERJHAN, G.: *Tratado elemental de las artes gráficas.* Buenos Aires: Blume, 2001.

❚ JACKSON, H.: *Introducción a la práctica de las artes gráficas.* México: Trillas, 1988.

❚ JANRICH Parsons, J. y OJA, D.: *Conceptos de computación y diseño gráfico.* México: Cengage Learning, 2008.

❚ LEWELL, J.: *Aplicaciones gráficas del ordenador.* Londres: Blume, 1999.

❚ MEGGS, P: *Historia del diseño gráfico.* México D.F.: McGraw-Hill, 2015.

❚ SAYOOD, K: *Introducción a la compresión de datos.* Londres: Morgan & Kaufmann, 2005.

Textos electrónicos, bases de datos y programas informáticos

❚ Artes gráficas, de: <http:// www.alabrent.com>.

❚ Instituto Nacional de Tecnologías Educativas y de Formación del Profesorado, de: <http://recursos.cnice.mec.es>.